U0689603

播音主持艺术丛书

丛书主编

杜晓红

播音主持创作
基础实训教程

BOYIN ZHUCHI CHUANGZUO
JICHU SHIXUN JIAOCHENG

李静 于舸 王一婷◎编著

ZHEJIANG UNIVERSITY PRESS
浙江大学出版社

序　言

　　播音员、主持人是凭借语言完成广播电视节目创作的。古人曰："工欲善其事，必先利其器。"那么作为准播音员、主持人，播音主持专业学生理应加强语言训练。著名语言学家吕叔湘先生在《语言和语言学》一书中说："语言修养自然包括说话和写文章，拿这两件事来比较，说话尤其不容易，一则应时触发，没有从容润色的时间；二来呢，不但要照顾说话的内容，还要同时照顾说话的声音和姿态，把说话称为一种艺术，一点也不过分。"播音员、主持人语言表达可谓一门艺术，除了要达到语言规范准确、圆润集中等基本要求外，还必须掌握语言表达的内外部技巧，并遵循语言表达规律，合理地去处理停连和重音，准确地把握语气和节奏等。只有这样，播音员、主持人语言才能准确鲜明地表情达意，进而有效地激发观众的情感，展现出强大的吸引力。《播音主持创作基础实训教程》正是为提高播音员、主持人语言表达能力而编写的实训教材。该教程将理论讲授和强化训练结合起来，力求使学生较系统地掌握播音创作的基本方法，以达到思想感情与完美语言技巧的统一，从而准确、鲜明、生动地传达出稿件的精神实质。

　　本教程具有以下特点：

　　一、科学性和规范性相结合。以张颂先生《播音主持创作基础》为指导，教程将语言表达的内、外部技巧训练分为八章。为了便于教学，每章都安排有训练内容、训练目的、训练要求、理论概述、示例分析、训练指导。无论是理论概述还是训练指导，均符合教学大纲要求，彰显出科学性和规范性。

　　二、理论与实践相结合。本教程各章都有理论概述。理论概述部分对各种语言表达规律予以梳理，总结概括出专业理论的基本线索。这将有助于学生快速地把握各环节知识点，为高效地开展语言表达技能训练奠定了基础。在理论概述后，又依据训练目标选用了大量各种类型的实例，并结合专业理论进行细致的分析指导。在专业理论指导下开展实践操作，避免了训练的盲目性，将会大大提高学习效率。

　　三、稳定和拓展相结合。本书结构和内容既有稳定性也有适度的拓展。结构方面基本按照语言表达内外部技巧划分，训练内容在保留多年来专业训练经典内容的基础上,又依据这些年来广播电视的发展变化及教育教学新成果,选取了一些新内容。这些训练材料既能锻炼学生的专业基本功,又能增强学生训练时的播讲愿望,专业训练效果将会有所提升。

《播音主持创作基础实训教程》为播音、主持专业大学二年级专业基础课《播音主持创作基础》的配套实训教材。全书共分为八章:一至四章主要是内部语言表达技巧训练,包括备稿、情景再现、对象感、内在语;五至八章是外部语言表达技巧训练,包括停连、重音、语气、节奏。各章内容包括理论概述、示例分析、训练指导等,其中,示例分析、训练指导部分是实训的重点。训练材料经过严格甄选确定,内容和样式呈现出丰富性和多样性。为了帮助学生更好地把握要领,教材不论是语段训练还是完整稿件的训练,均配有训练方法和训练提示,指导老师可针对学生实际情况选择使用。

《播音主持创作基础实训教程》由浙江传媒学院播音主持艺术学院编撰完成,分工如下。

第一章:备稿——王一婷

第二章:情景再现——李静

第三章:内在语——王一婷

第四章:对象感——李静

第五章:停连——于舸

第六章:重音——于舸

第七章:语气——于舸

第八章:节奏——王一婷

全书由李静统稿。

由于编者经验有限,本书的编写难免有一些纰漏或不足,敬请批评、指正。

编者

2019 年 5 月于杭州

目　　录

第一章 备 稿

训练内容：广义备稿、狭义备稿。

训练目的：帮助学生理解正确创作准备的重要性，明确备稿的两种方法，尤其是广义备稿的意义所在，通过课堂的训练熟练掌握备稿步骤，对稿件进行感之于外、受之于内的创作与表达，将内外部技巧更好地结合，完整地表达稿件内容。

训练要求：通过讲解和练习，使学生明确备稿过程，熟练掌握不同类型稿件的备稿方法，在实际处理稿件中灵活运用备稿六步，为播音主持创作打下坚实的基础。教师讲解与学生练习充分结合，并进行指导。此部分是基础部分，要求扎实稳固，不妨在稿件上用文字或符号的形式就划分、归并、提炼重点等进行标记。

第一部分 理论概述

一、备稿的必要性

（一）播音主持工作不是个人的随意活动

播音主持是一项再创造的劳动，稿件（包括全文本、半文本）是我们再创造的依据。播音员、主持人的创作活动受宣传目的、稿件基础的制约，只有通过对稿件的深刻理解和具体感受，明确稿件播出的目的，才能激起强烈的播讲愿望。这就要求我们必须深刻、具体、形象地理解稿件。

（二）书面语转换成有声语言，不是简单的见字出声

稿件文字是一度创作者的思维活动的成果，读者在阅读时展开的是无尽的想象空间，播音员、主持人在转换成有声语言进行创作时，要能满足绝大多数受众的想象，引领和提升他们的审美品位和艺术追求，深化受众的理解层次。因此绝不等同于简单的念字出声，而要能把文字语言中所蕴藏的生命力充分挖掘和表现出来。

(三)稿件内容、形式多样，提前备稿以防出错

我们在工作中所接触的稿件纷繁复杂，不少稿件内容专业性极强，不同的节目形式对同一稿件在播报主持风格上要求也不尽相同，这都需要播音员主持人提前学习、准备。低标准要求是不念错字，不说错话，高标准要求是能深入浅出、锦上添花，获得话筒前的自信。播音员主持人要避免因自己不熟悉稿件导致曲解稿件意思、误导受众的问题。成熟的播音员主持人能拿到稿件就播就说，并不是不备稿，而是多年备稿经验的积累，厚积薄发。

二、备稿的概念

备稿包括两方面含义：广义备稿和狭义备稿。

(一)广义备稿

指在平时的工作生活中不断地学习和积累。播音员主持人要具有新闻敏感和较高的政策水平，有较宽的知识面，较好的文学修养。同时要深入生活，了解群众，把握时代脉搏，培养新闻宣传工作者的素质。

从哪几个方面入手培养我们的知识结构呢？

1. 提高政治觉悟和理论水平

(1)我们应该知道在节目中什么能说，什么不能说，什么时候说，什么时候不能说，有些内容应该以什么方式说，等等。

(2)认真研读马克思主义新闻理论，批判地吸收西方的大众传播理论。

(3)密切关注国家出台的政策、有关法律的制定和规章制度的实施。

(4)关心重大新闻事件并从中分析国内外形势、事件的意义及影响等。

2. 善于学习，多读书、读好书，深入社会生活，增加人生阅历，细化情感体验

3. 自觉地接受各种艺术形式的熏陶，并在审美层面将它们打通，达到"通悟"的境界

(二)狭义备稿

一次具体的播音主持工作前的准备过程。这个准备不仅包括熟练分析稿件，还包括创作心理的准备、创作状态的调动等等，半文本和无文本的主持还需要进行腹稿的梳理、结构的构思。而从全文本稿件的分析来说，可以分为划分层次、概括主题、联系背景、明确目的、分清主次、把握基调这六个步骤。

三、备稿的方法

(一)划分层次

划分层次包括归并和划分两方面内容。我们拿到一篇稿件，首先要扫除稿件中的文字障碍，然后对层次进行归并，即以稿件的自然段为单位，把内容联系紧密的自然段归为一层，如果稿件的篇幅较长，内容较多，我们还可以把联系紧

密的层次再进行划分,分为更小的层次。有一点要注意的是,划分的依据是以服从逻辑的表情达意需要来进行。

我们以常见的稿件类型为例,看看层次划分的一般规律:新闻消息类,通常按照导语、主体、背景的自然段进行归并;论说文,则以提出问题、分析问题、解决问题为归并划分的依据;通讯、故事等叙事为主的稿件,我们可根据情节的发展、矛盾的展开或者以事件的发生、发展、高潮、结尾的时间顺序和逻辑顺序来划分层次;知识类、对话类、服务类的稿件,一般是围绕一个主题的几件事或者一件事的几个方面来展开话题,我们可依据引入话题、说明情况、解释问题、提供建议的顺序进行归并和划分。总之,通过划分层次,理顺稿件内容的脉络,使播音员和主持人心中有数。

(二)概括主题

主题,就是稿件的中心思想,是稿件中提出的主要问题,或作者通过具体人物、事件所反映出来的看法、主张、态度等,概括主题的目的是为了便于创作者调动思想感情。

概括主题要求准确、具体、言简意赅。概括时不可含糊其词、包罗万象,也不可东拉西扯、长篇大论。

(三)联系背景

背景,《现代汉语词典》这样表述:"背景是对人物、事件起作用的历史情况或现实环境。"在广播电视节目稿件上我们做进一步的细分,可分为历史背景、写作背景和播出背景。

我们常说的背景一般指播出背景,它包括两方面的内容:一是指与稿件反映内容有关的党和国家的路线、方针、政策(即上情);二是指国际、国内的形势以及社会上时刻变化着的现实情况(即下情)。下情包括主流和支流,主流是指现实情况发展变化的好的方面、积极的方面,而支流是指现实情况发展变化的不好的方面、消极的方面。把上情和下情的主流和支流分析清楚了,我们才能明白这篇稿件对什么人播,什么人最关心这方面的内容,使我们在明白针对性的同时与受众的需求靠得更近些,贴近群众的同时能更好地引领。

联系背景不是生拉硬拽的事,而是我们在分析理解稿件时,把平时储存在大脑中的有关信息迅速地反映出来。

(四)明确目的

明确目的就是要明确播讲目的,明确此次播音主持创作过程所要实现的社会意义和作用。如宣传政策、表彰先进、普及知识、传播消息、娱乐放松等等。

明确播出目的,对播音主持工作起着统帅作用,为什么呢?因为有了明确的播出目的,可以使创作态度积极,可以准确把握重点,使主题鲜明突出,缩短与受众的心理距离。播讲目的的不同,播讲方式和态度分寸的把握就不同,有的采用谈心的方式来解释党的方针政策;有的采用警告的方式来表明党的方针、立场;有的耐心劝导;有的严肃批评……

(五)分清主次

我们说,划分层次、概括主题是解决稿件"是什么"的问题,联系背景、明确目的是搞清"对谁播"和"为什么"的问题,那么,分清主次、把握基调就是解决"怎么播"的问题。

分清主次,首先要抓住重点。什么是重点呢? 重点就是稿件比较集中、比较生动、比较直接地表现主题和宣传目的的语句、小层次、段落等,是稿件的作者下最大力气的部分,是最详细、最生动、最深刻的部分,是作者极力让受众理解和接受的部分。

重点的分布,大体有两种情况:集中和分散。集中就是指重点集中在一两个部分、层次、段落,其他都是非重点。分散是指重点分散在各部分、各层次、各段落中。我们在看待集中和分散时一定要灵活,不一定重点的小单位一定存在于重点的大单位中;也不一定分散的重点都分布得很均匀,可能有的重点部分没有重点层次,有的重点段落中没有重点句子,也有可能有的重点层次中有几个重点段落,要根据稿件的实际情况,围绕目的确定重点。

其次,要处理好主次关系。要以宣传目的来统帅播音,心中有全局、心中有重点,弄清次要的地方与重点的关系,是铺垫说明,是交代过程,还是对比映衬,等等,使稿件各部分形成一个有机的整体,共同完成突出重点、体现目的的任务。

总之,抓好重点和处理好主次关系,有助于稿件内容表达的具体、鲜明、生动。

(六)把握基调

基调就是文章总的感情色彩和分量。我们在把握基调的时候应该把着眼点放在全篇稿件上,而不是盯住一句话、一个层次、一个段落。因为每个句子、小层次、段落的感情色彩和分量不一定相同,也不一定与稿件总的感情色彩和分量相符。我们在确定全篇稿件的基调时有必要忽略个别句子和段落在感情色彩和分量上与整体的差异。

把握基调的要求:一是基调要贴切,态度要鲜明;二是基调统一又有变化。

基调要贴切,态度要鲜明。基调贴切是稿件精神实质的要求,态度鲜明是播出目的的要求,两者是一致的。一篇稿件的基调不应呈中性色彩,更不应是相反色彩。

基调统一又有变化。基调统一要求播音有整体感,就是一篇稿件总的感情色彩要鲜明突出。我们在统一的前提下,基调应随内容发展而有相应的变化。因为除了稿件总的感情色彩,我们还要把握具体的感受,具体的态度,这常常是使播音生动感人的重要因素。

基调的表述不一定限制在某种固定的格式中,但一般用形容词＋动词、形容词＋形容词,或表程度的副词＋形容词,少用句子,多用词组。例如:热情颂扬、细腻清新、悲愤凝重等。

以上是对备稿六步的初步阐述,我们在播音创作前,一定要按六步来分析稿件,要动脑筋,不能走过场;备稿分析不要写"八股文",文字要灵活一些,个人色彩浓一些。而在具备一定基础后可以尝试快速简要备稿练习,抓目的、基调、重点。

备稿一方面是为了把别人的话变成自己的话,在播读二度创作过程中要把文字语言转变为有声语言;另一方面随着节目类型的发展,主持人很多时候要完成的是半文本形式及无文本形式的有声语言创作表达,这同样要求有备稿的过程,尤其注意心理的准备和预热,这是把思维语言转变为有声语言的表达准备工作。做到有稿播音锦上添花,无稿播音出口成章。

第二部分　示例与示例分析

一、示例

最后一只藏羚羊
——选自第九届齐越节名家名篇朗诵会
（原作者:彭波　朗诵:金北平）

夕阳西下,晚霞轻柔地洒在可可西里的土地上,宁静而贫瘠的土地仿佛又多了几分生机。我呆呆地伫立在寒风中,影子拉得很远很远……脚下是我刚刚死去的妻子和女儿,她们已被踩蹦得面目全非。四周满是我部族的尸体,他们的皮全部被扒光。空气中充满了血腥,地上血流成河。在夕阳的照耀下,愈加显得惨烈。

我,这场大屠杀中唯一的幸存者,便成了可可西里最后的一只藏羚羊。

就在几年前,我们藏羚羊还是一个拥有着二十万之多的种族。那时,我们几个部族一起在荒无人烟的高原上驰骋,烟尘蔽日,黄土满天,场面极为壮观!每逢产仔季节,妻子们便要和丈夫告别,成群结队地去到北方,当几千只母藏羚同时产下小藏羚时,整片大地都泛出了血光。当她们带着孩子再次返回南方后,我们的部族便又增添了生机与希望。

我曾为我是一只藏羚羊而感到无比自豪。我们生活在遥远的可可西里,那里气候恶劣,土地贫瘠,但我们却拥有着惊人的耐力。什么水草丰茂的地方,对于我们没有任何的吸引力，我们常常悠然地卧在雪中，或是在猛烈的冰雹下嬉闹。那时的可可西里啊，无疑是世外桃源，这梦一般的世界曾经是那么的美好……

然而，当第一声枪响穿透了可可西里的黎明，我的梦也被击得粉碎。当一辆辆吉普在高原上飞驰时，我的无数同伴也都好奇地紧随其后，要和它们比个高低，追逐嘛，这是我们常玩儿的游戏。但这一次他们只猜对了开头，却猜不着这结局，一支支乌黑的枪举了起来，对准了我的同伴……那一刻，（对）我的种族的大杀戮便开始了，静谧的可可西里被枪声毁掉了。

我清楚地记得，就在那个夏天，几千只母藏羚羊结队到北方产仔，却永远地留在了那里。她们本已带着孩子，准备返回南方骨肉团聚，但迎接她们的，却是人类一杆杆的猎枪。一时间，产仔的圣地变成了血腥的屠宰场，她们的尸体几百只几百只地堆在了一起，她们的皮被完全剥去，有的甚至是被活活剥下！孩子们虽然没遭到杀戮，但也没能逃过这一劫，都在回家的途中饿死了。于是，几千个母亲和几千个孩子就这样被人类残忍地杀害了！

我开始后悔我是一只藏羚羊了。我们其实并不美丽，只是这身皮毛价值连城，但就是这身皮毛，给我们带来了杀身之祸，几年来不知有多少兄弟姐妹都惨死人类的枪下，他们的皮都是被完全剥去，鲜血淋漓的肉啊，露在外面，可可西里你不再是"美丽的少女"，而是恐怖的墓地，十几万只藏羚羊长眠在这里。

为了活命，这个夏末，我们这个唯一一个幸存的部族和其他几个部族的幸存者开始迁徙，几千只藏羚羊浩浩荡荡地向北方前进。途中，我由于身体不适掉了队，落在后面休息了一会儿。这个时候，这个时候远处传来了密集的枪声，我绝望地闭上了双眼……

我俯下身子舔着我的爱妻，她的眼睛还是那么大，那么明亮，只是充满了惊恐，我又去亲吻我的小女儿，她的眼中也只是好奇与惊诧，毕竟她还小，不明白发生的这一切。我甚至能够想象，当面对人类的猎枪，她可能还想跑过去玩耍，然而却倒在了血泊中。

女儿啊，你是至死也不会明白。其实我也不明白，为什么人类在自己亲人死去时可以悲痛欲绝，却能够坦然地杀死别人？难道他们开枪时没有一丝犹豫么？他们动手剥皮时没有一点怜悯么？当他们的亲人惨遭杀戮时他们无力还击，他们又会怎么样呢？

此时，一丝声响在身后响起，我慢慢转过身，眼前是乌黑的枪口，在惨淡的夕阳下，在同伴的尸体中，我竟露出了一丝惨淡的笑容。无知的人类啊，你们究竟要愚昧到几时？你们毁灭了我们，其实正是在毁灭你们自己。你们今天可以踏在我们的尸体上，总有一天，你们的尸体将会被自己践踏！尽管开枪吧，开枪吧！你们唯一的"贡献"便是在已灭绝动物的名单上又增添了一笔，你们把毁灭人类的日期又提前了一天……

枪响了,我大睁着双眼倒在了地上,嘴角仍挂着笑容,眼角却滴下一滴浑浊的泪……

望着夕阳,我仿佛又看到了我的妻子和女儿,还有那梦中的可可西里。几万只藏羚羊在高原上奔跑,烟尘蔽日,黄土满天。夕阳照在他们的皮毛上,泛着金光……

(朗诵参考视频网址:http://video.tudou.com/v/XMjAwMzExNzQ0OA==.html? fr=oldtd)

二、示例分析

(一)层次

这篇作品分为四个层次。

第一层次是第一、二自然段,以自己作为最后一只藏羚羊的第一视角身份角度描述了刚刚结束的一场大屠杀后的惨状,倒叙引出故事情节。

第二层次是第三、四自然段,插叙,回忆从前生活的美好,描述藏羚羊种群的习性特征,为自己是藏羚羊而感到自豪满足。

第三层次是第五至八自然段,"然而",一个转折,命运急转而下,开始控诉藏羚羊种族的悲惨遭遇。

第四层次是第九至十三自然段,"我"在目睹了同伴、亲人被杀戮之后,也惨死在猎枪之下。全文主题在这里得到升华,留给人无限的惋惜和回味。

(二)主题

通过最后一只藏羚羊的自述,表达了对猎杀者的憎恶和藏羚羊命运的惋惜,呼吁人们保护濒危野生动物,减少杀戮。

(三)背景

上情是国家出台相关法律保护珍稀濒危物种,明令禁止猎杀野生动物。下情主流是环保组织和民间团体纷纷响应号召,为保护野生动物不遗余力;支流是猎杀者为了营利,有组织有预谋地进行屠杀,人们购买珍稀动物皮毛产品,无形中滋长了这一非法产业链的发展。

(四)目的

以拟人的笔触,优美的文字,饱满的感情,激起人们的怜悯之心,呼吁保护动物,人人有责。

(五)重点

第四层次。

(六)基调

深情、激愤。

第三部分　训练指导

一、新闻播报

方法：新闻消息类稿件的备稿是播音主持工作的常态，无论是消息内容的熟悉准备还是消息播报方式的斟酌推敲，都需要经过认真的分析。一般新闻类材料备稿首先了解新闻背景，确定基调，然后根据新闻写作的基本结构划分层次。常规新闻导语部分是新闻最重要、最精彩的内容，提纲挈领、牵引全文。所以播读时也要注意引起受众注意。

提示：同一条新闻内容，有时候因为播出平台（重要性）、播出时间（时效性）的不一样，会在播出基调上略有变化。在联系背景、确定基调的基础上，要注重层次的划分和归并，以达到准确清晰地传播信息的目的。

需要注意的问题：有些时候，新闻稿件到播音员、主持人手上时来不及做细致的备稿，这个时候，主要靠播音员、主持人平时的经验积累、语感自然带动。但是，在平时的训练和日常的工作中，详细备稿是必需的步骤，必须养成习惯。

赤身狂奔国旗化翼　刘翔坦言未料能破纪录

新华网　北京时间 7 月 12 日凌晨，中国飞人刘翔继勇夺雅典奥运会冠军之后再度令世界瞩目，他在刚刚结束的 2006 年瑞士洛桑田径超级大奖赛男子 110 米栏的比赛中，以 12 秒 88 打破了沉睡 13 年之久、由英国名将科林·杰克逊创造的 12 秒 91 的世界纪录。

身着绿色背心的刘翔从起跑就一马当先，最终撞线的最后一步，巨大的冲力令他的身体似乎腾空而起。当他看到计时器上打出 12 秒 88 的成绩，刘翔立刻沸腾起来，他高高举起双臂仰天长啸，好像在宣泄身体中剩余的力量。刘翔手指一挥，现在谁还能怀疑他是世界男子 110 米栏的王者？获得第二名、成绩也打破了世界纪录的美国 34 岁老将阿诺德跑过来，和比他小了 10 岁的中国后生紧紧拥抱在一起……

世界纪录是刘翔的，更是中国的。刘翔激动地脱下背心扔到一边，冲向看台接过了一面鲜艳的五星红旗，张开双臂，飞人将国旗化为他骄傲的羽翼，绕场奔跑。此刻，刘翔融入了国旗之中。这不得不让所有人回忆起雅典奥运会上他身披国旗跳上领奖台的那一幕，同样的自豪，同样的幸福。

站在计时器前留影纪念的刘翔，脸上展露出大男孩般的笑容，他用双手打出两个"V"字，双倍的胜利，来得有点意外和突然，就在北京时间凌晨 3 点，在大多数中国人还沉睡的时候,刘翔又一次震动了田径场,震动了世界。换上蓝色无袖背心后的刘翔更加帅气,镁光灯下,他从容地接过了国际田联颁发的破纪录奖金,一块金砖和一张支票并不是最重要的,它们可以被轻轻举过头顶;在刘翔心中,最重要的是他始终没有从身上拿下来的那面五星红旗。

（2006 年 7 月 12 日新华网）

训练提示:这条新闻是刘翔夺冠的好消息,故而基调色彩不难确定。要注意的是这条新闻的写作手法接近通讯稿的体裁,行文色彩浓烈,画面感鲜活生动,在播出时要注意情感分寸尺度的拿捏,既不能过于冷静,又不能失去新闻的客观真实的语言特质。在训练时可以与通讯稿的播报形式进行对比练习,加强对稿件基调的把握能力。

1. 层次:这则新闻共四个自然段。

第一层次是第一自然段,进行比赛概况介绍,并在导语中点明意义。

第二层次是第二、三、四自然段,浓墨重彩描述比赛精彩过程,并进行简短评论,突出新闻内容价值点。

2. 主题:介绍刘翔比赛的情况以及他的夺冠的意义所在。

3. 背景:上情是体育大国向体育强国转变背景下的竞技体育事业的发展与国家形象构建。下情分为主流和支流。主流是体育是国家软实力的理念深入人心;支流是对体育盛事的漠不关心。

4. 目的:介绍刘翔的比赛情况,激发民族自豪感和自信心。

5. 重点:第二自然段。

6. 基调:自豪、赞扬。

福岛核电站核污染

央视网消息(新闻联播):国际原子能机构总干事天野之弥 5 号在联合国大会上表达了对福岛第一核电站污水泄漏问题的关切,并敦促日本尽快就核污水处理制订计划。今天上午,国际原子能机构的两名专家前往福岛第一核电站附近海域调查核污水情况,而福岛核电站内部的最新画面也在 6 号公布。

国际原子能机构的两名专家来自摩纳哥环境实验室,是海水辐射物质监测方面的权威。他们今天主要通过海路监督日方人员在福岛第一核电站附近海域进行的海水取样调查和分析作业等相关工作。专家出发和返回的地点位于福岛县南部的磐城,这里距离福岛第一核电站约 70 公里。

采集回来的水样将送往福岛第一核电站内的数据分析楼,在两名专家的监督下进行分析。

8 号,这两名专家还将选择陆路的方式前往福岛第一核电站,并于 11 号在东京听取日方有关海水监测现状的报告。

与此同时,福岛第一核电站内部情况依然不容乐观。储存有大量核燃料棒的4号机组的内部最新画面6号公布,可以看到部分燃料棒浸泡在乏燃料池中。

据东京电力公司介绍,考虑到4号机组情况不稳定,东电本月将取出4号机组乏燃料池内的核燃料棒,将其转移到安全地点存放。东电表示,取出核燃料棒是核反应堆报废的第一步,也是关键的步骤,考虑到巨大的危险性,东电将在整个过程尽力做到谨慎和精确。不过目前,东电还没有公布取出燃料棒作业的具体日期。

（中央电视台《新闻联播》2013 年 11 月 7 日播出）

训练提示:

1. 层次:这则新闻共六自然段,总分总的层次结构。

第一层次是第一自然段,说明核污染的最新情况。

第二层次是第二自然段到第五自然段,介绍检查过程。

第三层次是第六自然段,总结核污染的处理情况。

2. 主题:介绍日本核电站核污染情况及相关善后工作,表达国际社会对日本核污染事件的密切关注。

3. 背景:上情是国际社会高度关注全球核大国情况,对于日本核污染现状,敦促其尽快进行相关技术处理。下情分为主流和支流。主流是部分国家对核能进行科学合理开发和利用,造福于民;支流是部分国家进行军备核能竞赛,对全球安全造成严重威胁。

4. 目的:介绍日本核污染情况,解答民众关注的相关问题,客观指出核污染的后果及其严重性。

5. 重点:第一自然段。

6. 基调:理性、客观、关切。

二、通讯

方法:通讯类稿件有较多描述叙述性强的句子,要注意层次的归并与划分,把握好句子的意群关系,注意句子的归堆、抱团。在整体基调确定的基础上,背景的介绍和细节的描述有点有面,有机结合。

提示:备稿过程中对新闻通讯的主题、播出目的要有明确认识,分析播出背景时尤其要注意联系实际,基调的把握要贴切鲜明,重点要突出。演播室的播出和新闻画面配音要注意气氛语气的衔接,以信息传达为首要任务,语句的层次表达要清晰晓畅。

需要注意的问题:要注意通讯类稿件与文学作品、新闻的区别和联系。

最美90后消防战士

央视网消息(新闻联播):在这次四川德阳的抗洪救灾中,90后消防战士陈建冒着生命危险强渡洪流,在即将淹没的孤岛中坚守四个小时解救被困人员,感动了无数人,大家亲切地把他称为"最美的90后消防员"。

画面中这名正在激流之中拼命压着绳子的消防战士就是陈建,1992年出生。7月8日下午4点钟,突发洪水让德阳的石亭江形成了一个激流中的孤岛,陈建主动请缨要横渡到对岸实施救援。到达孤岛后,陈建立即引导其中一名被困人员展开逃生,当他试着对第二名被困者进行营救时,惊险的一幕发生了——牵引绳索断了。

消防官兵一次又一次尝试着把安全绳投到对岸,绳子一次又一次被大水冲走,陈建和被困者黄健两人所在的孤岛正被洪水一点点侵袭。下午6点多钟,安全绳终于投到了对岸,而猛烈上涨的洪水已经冲上了孤岛。危险可能在一瞬间发生,这时陈建做出了一个决定。

为了让黄健能有足够的高度,减少洪水的冲击,陈建用自己的身体拼命压住绳子一端。

黄健最终安全到岸。此时,人们都把焦急的目光投向陈建,洪水的浪头已经超过孤岛,体能几乎耗尽的陈建必须在没有安全绳的情况下独自穿越肆虐的洪水。

雨越下越大,夹杂着闪电和雷声,40米距离的绳索横渡,对于陈建来说,训练中只需要几十秒的时间,而此时,每爬一步都要停下来重新积攒力量才能再爬出下一步。40米的距离,他整整爬了一个小时,晚上8点钟,陈建终于成功到达岸边。

(2013年7月14日,央视网消息《新闻联播》)

训练提示:

1.层次:这篇通讯可以分为两个层次。

第一层次是第一自然段,导语说明最美90后消防战士是谁,做了什么事。

第二层次是第二至六自然段,详细叙述救人事迹。

2.主题:通过叙述陈建解救被困人员的过程,赞扬90后消防官兵敬业、无私、忘我的精神。

3.背景:上情是国家乐于助人和恪尽职守的道德规范。下情主流是社会上有很多像陈建一样的英雄存在,90后正在成长为新时代的中坚力量;支流是由于部分90后缺乏职业精神和理想,社会上对90后这一群体的观点褒贬不一。

4.目的:赞美90后消防战士,鼓励人们向他致敬、学习。

5.重点:第一自然段。

6.基调:赞扬。

"我还想回到售票台"

央视网消息(新闻联播):在呼和浩特火车站售票大厅有一个13号窗口,售票员孙奇就是在这里创造了日售车票2745张的行业纪录。然而三年前她患卵巢癌离开了岗位,如今病床上的孙奇最大的心愿就是再回到售票台。今天的"德耀中华"我们为您介绍第四届全国道德模范候选人孙奇。

眼下虽说是暑期铁路客运最忙的日子,但孙奇的姐妹们依然惦记着她的病情。星期天,几位同事相约来到了孙奇的家。虽然因为癌症,孙奇已经离开售票台三年,但每当同事们来看望她,孙奇总是兴致勃勃地询问谁的售票速度又提高了,自动售票机启用了没有。

孙奇热爱售票这行可以用"痴迷"形容,然而9年前当她从铁路贵宾室转行当售票员时,因为一天售票量只是其他售票员的一半,差点被师傅除名。于是,孙奇每天起早贪黑,仅用了25天就将过往旅客列车的1120个停车站代码全部背会了,还摸索出售票机快速操作方法。

不仅如此,孙奇还总结出十二句服务规范用语和"七字售票作业法",她的这些方法竟成了全站售票员上岗的教材。2008年,孙奇经常感到腹痛,由于正值春运,看病的事一拖再拖,直到晕倒在售票台上,她才被送进医院。

8月18日,孙奇执意要让同事推着去看看曾经工作过的13号售票口,她想为旅客们再服务一回。

尽管癌细胞扩散让她的视力急剧下降,手也不灵活了,但那份真诚的微笑、礼貌的话语一句也没有少。

(中央电视台《新闻联播》2013年8月29日播出)

训练提示:

1. 层次:本篇通讯采用了总分总的方式,分三层次。

第一层次是第一自然段,总体介绍孙奇的事迹。

第二层次是第二至五自然段,详细举例说明孙奇对工作的热爱。

第三层次是第六自然段,对孙奇事迹进行总结,人物形象升华。

2. 主题:通过倒叙的方式,以真实记录的笔触赞扬了孙奇对工作尽职尽责的精神。

3. 背景:上情是国家的职业道德要求。下情分为主流和支流,主流是社会上像孙奇这样爱岗敬业的工作者有很多,把他们的事迹报道宣传出来有利于社会正能量;支流是有部分人对待工作敷衍了事,需要进行教育。

4. 目的:鼓舞人心,宣传正能量,希望人们像孙奇一样爱岗敬业。

5. 重点:第一自然段。

6. 基调:赞扬,温暖。

三、文学作品

方法: 文学作品的备稿首先可以按照写作的线索进行层次的划分,联系作者的写作年代、生平事迹和创作背景,分析当下播出作品的意义价值来明确播出背景,不可脱离时代背景。这样能够从整体进行广义备稿。其次要分清文章段落层次,把握基调。

提示: "我们大家都好了"这一线索性的语句反复出现,注意内在语表达时细微的差别。在缓缓又平静的叙述中,作者内心涌动的情感此起彼伏。作品中细节的描述很多,注意较大自然段中的层次细分。

需要注意的问题: 文中的第三自然段,随着作者的视线转移描述小姑娘的种种细节,注意表达中的层次、各种感受的叠加和丰富。

小橘灯　冰　心

这是十几年前的事了。

在一个春节前一天的下午,我到重庆郊外去看一位朋友。她住在那个乡村的乡公所楼上。走上一段阴暗的仄仄的楼梯,进入一间有一张方桌和几张竹凳、墙上装着一架电话的屋子,再进去就是我的朋友的房间,和外间只隔着一幅布帘。她不在家,窗前桌上留着一张条子,说是她临时有事出去,叫我等着她。

我在她桌前坐下,随手拿起一张报纸来看,忽然听见外屋板门吱的一声开了,过了一会儿,又听见有人在挪动那竹凳子。我掀开帘子,看见一个小姑娘,只有八九岁光景,瘦瘦的苍白的脸,冻得发紫的嘴唇,头发很短,穿一身很破旧的衣裤,光脚穿一双草鞋,正在登上竹凳想去摘墙上的听话器。看见我似乎吃了一惊,把手缩了回去。我问她:"你要打电话吗?"她一面爬下竹凳,一面点头说:"我要××医院,找胡大夫,我妈妈刚才吐了许多血!"我问:"你知道××医院的电话号码吗?"她摇了摇头说:"我正想问电话局……"我赶紧从机旁的电话本子里找到医院的号码,就又问她:"找到了大夫,我请他到谁家去呢?"她说:"你只要说王春林家里病了,他就会来的。"我把电话打通了,她感激地谢了我,回头就走。我拉住她问:"你的家远吗?"她指着窗外说:"就在山窝那棵大黄果树下面,一下子就走到的。"说着就噔、噔、噔地下楼去了。

我又回到里屋去,把报纸前前后后都看完了,又拿起一本《唐诗三百首》来,看了一半,天色越发阴沉了,我的朋友还不回来。我无聊地站了起来,望着窗外浓雾里迷茫的山景,看到那棵黄果树下面的小屋,忽然想去探望那个小姑娘和她生病的妈妈。我下楼在门口买了几个大红橘子,塞在手提袋里,顺着歪斜不平的石板路,走到那小屋的门口。

我轻轻地叩着板门,刚才那个小姑娘出来开了门。抬头看见我,先愣了一下，后来就微笑了，招手叫我进去。这屋子很小很黑，靠墙的板铺上，她的妈妈闭着眼平躺着，大约是睡着了，被头上有斑斑的血痕，她的脸向里倒着，只看见她脸上的乱发和脑后的一个大髻。

门边一个小炭炉，上面放着一个小沙锅，微微地冒着热气。这小姑娘让我坐在炉前的小凳子上，她自己就蹲在我旁边，不住地打量我。我轻轻地问："大夫来过了吗？"她说："来过了，给妈妈打了一针……她现在很好。"她又像安慰我似的说："你放心，大夫明早还要来的。"我问："她吃过东西吗？这锅里是什么？"她笑着说："红薯稀饭——我们的年夜饭。"我想起了我带来的橘子，就拿出来放在床边的小矮桌上。她没有作声，只伸手拿过一个最大的橘子来，用小刀削去上面的一段皮，又用两只手把底下的一大半轻轻地揉捏着。

我低声问："你家还有什么人？"她说："现在没有什么人，我爸爸到外面去了……"她没有说下去，只慢慢地从橘皮里掏出一瓣一瓣的橘瓣来，放在她妈妈的枕头边。炉火的微光渐渐地暗了下去，外面变黑了。我站起来要走，她拉住我，一面极其敏捷地拿过穿着麻线的大针，把那小橘碗四周相对地穿起来，像一个小筐似的，用一根小竹棍挑着，又从窗台上拿了一段短短的蜡头，放在里面点起来，递给我说："天黑了，路滑，这盏小橘灯照你上山吧！"

我赞赏地接过来，谢了她。她送我到门外，我不知道说什么好，她又像安慰我似的说："不久，我爸爸一定会回来的。那时我妈妈就会好了。"她用小手在面前画一个圆圈，最后接到我的手上："我们大家也都好了！"显然地，这"大家"也包括我在内。

我提着这灵巧的小橘灯，慢慢地在黑暗潮湿的山路上走着。这朦胧的橘红的光，实在照不了多远，但这小姑娘的镇定、勇敢、乐观的精神鼓舞了我，我似乎觉得眼前有无限光明！

我的朋友已经回来了，看见我提着小橘灯，便问我从哪里来。我说："从……从王春林家来。"她惊异地说："王春林，那个木匠，你怎么认得他？去年山下医学院里有几个学生，被当作共产党抓走了，以后王春林也失踪了，据说他常替那些学生送信……"

当夜，我就离开了山村，再也没有听见那小姑娘和她母亲的消息。

但是从那时候起，每逢春节，我就想起那盏小橘灯。

12 年过去了，那小姑娘的爸爸一定早回来了。她的妈妈也一定好了吧？因为我们"大家"都"好"了！

（《中国少年报》1957 年 1 月 31 日）

训练提示：

1. 层次：大的叙述层次可以分为三个层次。

第一层次是第一自然段，倒叙回忆引出故事情节。

第二层次是第二至十一自然段,小橘灯的故事主体。这一大层次中,可以细分小层次:按照我和小姑娘初次见面,我决定去探望小姑娘和她的妈妈,我和小姑娘再次见面,我回到朋友的住处知道了小姑娘父亲的情况作为叙述线索。

第三层次是第十二至十三自然段,回到当下的情境,点明"我们大家都好了"的深意。

2.主题:文章形象地刻画了一位在艰难的生活逆境中渴望光明的善良坚强的农家少女的形象。作者在叙事之后所写的一段抒情文字,是全篇的点睛之笔,它深化了主题,揭示了小橘灯的象征意义——象征着蕴藏在人民心中的希望和火种,象征着光明。

3.背景:上情是《小橘灯》的故事发生在1945年,此时抗战即将结束,国民党却加紧了白色恐怖,陪都重庆更是浓雾迷蒙、黑云压城。下情主流是长期生活在战争离乱和黑暗统治中的人们对光明充满了无限渴望;支流有部分人信心不足,缺乏勇气,缺少关爱。

4.目的:《小橘灯》以饱蘸深情的笔墨,歌颂了人们勇敢面对困难的乐观精神,朴质温婉中蕴含着深厚的意蕴和催人奋进的精神力量,鼓舞人心。在当下播出,依然能够为人们的精神注入新的、充满活力的力量。

5.重点:第二层次。作者从小处着手,选取了小姑娘打电话、照看妈妈、与"我"攀谈、做小橘灯送"我"这几件平凡的事情,由表及里,由浅入深,层层推进,将一个早熟、坚强、勇敢、乐观、善良、富于内在美的乡村贫苦少女的形象描绘得有血有肉。

6.基调:温暖、赞扬、坚定。

第四部分 补充练习

一、新闻

(一)

本台消息:今天是第12届全运会的首个比赛日,总共决出18枚金牌。射击赛场产生了4枚金牌,由王智伟、刘毅和于炜组成的山西队以1730环的成绩获得男子10米气手枪团体冠军,这是全运会开幕后的首枚金牌。

自行车今天进行了山地越野赛事的争夺,安徽队的姬建华获得男子组冠军,江苏选手任成远蝉联女子组项目的冠军。

今天是跳水最后一个比赛日,广东选手何姿以总分392.45分问鼎女子三米板冠军。今晚全运会还将进行击剑、跆拳道、武术套路等项目的决赛。

（中央电视台《新闻联播》2013 年 9 月 2 日播出）

（二）他乡春节，别样温暖

今年春节，有不少地震灾区的孩子在外地过年。尽管远离家乡，他们的春节同样快乐、温暖。

今天，200 名在吉林长春就读的四川地震灾区孩子来到净月潭滑雪场。一下车，孩子们就被这儿漂亮的雪雕所吸引，而最让他们兴奋的还是滑雪。

在河北省玉田县银河中学的爱心园，"5·12"地震后，唐山农民宋志永把 246 名四川孩子接来学习生活，春节期间有 130 多名孩子留在这儿过年。

来自四川灾区的 10 名孩子今年春节被深圳市民李建国接到家里过年。去年 7 月，深圳市民李建国收养了他们，并把他们送到河南老家读书。这两天，李建国带着孩子们在深圳四处参观游玩，去游乐场、花市，让孩子们的脸上笑开了花。

来自四川绵竹的高中生薛枭在参加了中央电视台的春节晚会后，和父母一起来到曾救过他的北京军区某工兵团的官兵们中间，欢度春节。在这儿，薛枭见到了曾经亲手把他救出来的战士之一张健强。

官兵们举行联欢会，为薛枭表演了一个个反映部队生活的节目，还带薛枭到天安门广场观看了升国旗仪式。

（中央电视台《新闻联播》2009 年 1 月 29 日播出）

（三）到群众中去 山西：开门搞活动 诚心听民意

党的群众路线教育实践活动开展以来，山西各级党员干部，采取个人深入学、集体交流学的形式，开门搞活动，对比查找自身问题，拓展征求意见、建议的宽度和深度。

围绕落实"八项"规定、解决"四风"问题，山西省委常委带头，分多路走访联系点、扶贫点，连续召开 50 多个不同层次座谈会、专题议政会，诚心实意听取群众意见，查找不足。

目前，山西省已确定文山会海、"三公"经费、窗口单位"阳光政务"、建楼堂馆所和豪华装修以及超编超标配车、评比达标及节庆活动等 6 个调研课题，每一个课题由两名省委常委负责，通过座谈会、问卷调查、个别访谈等方式征求群众意见，进行深度专题调研。全省已有 12 万名干部分别派驻 2 万多个乡村，一些群众反映强烈的突出问题正在边听边查边改。

（中央电视台《新闻联播》2013 年 8 月 9 日播出）

（四）

据《苏州日报》报道 世界上最小的一尊佛像昨天在苏州市工艺美术研究所问世,这是年仅 32 岁的副工艺师沈为众继独创发丝微雕绝技后在微雕艺术上的又一突破。这尊象牙佛像,盘坐在一个莲花座上,身后是佛龛和光圈,整个体积只有一粒米的五分之四大。皈行佛礼的手指仅一根头发丝的三分之二粗。透过显微镜,可以清晰地看到这尊深浮雕坐佛玲珑别透、光滑可鉴;面容慈祥可掬,衣褶纹晰丝缕,可谓巧夺天工的稀世珍奇。至此,全世界佛像的两个之最,已全部在我国。最大的佛像是四川省乐山县城东南凌云山前的乐山大佛,建于唐开元元年到贞元十九年,也就是公元 713 年至 803 年,高 71 米,气魄雄伟,名震中外。如今,沈为众以妙手绝技开创了佛像的另一个之最。这件以纤巧见宏大的艺术杰作,最近将携带中国人民的友谊,前往泰国、新加坡等地巡展。

（高蕴英:《教你播新闻》,中国广播电视出版社 2005 年版）

二、通讯

新闻特写:肩背出来的"输油线"

连日来,强降雨造成四川多条省道出现塌方,道路中断。当地政府在组织抢修道路的同时,抓紧天气有所好转的有利时机,派出工作组给受困乡镇送去急需的物资。

本台记者霍磊:我现在所在的位置就是北川县禹里乡和开坪乡的交界处,顺着我手指前方 9 公里外的地方就是受灾最为严重的开坪乡。由于道路塌方,里面的物资供应已经全部中断。所以里面抢修道路的工程车一度是面临断油的窘境。今天早上天气刚刚好转,当地政府组织了 20 多名民兵,一会儿他们就要背背 1300 升柴油,徒步进入前方。

我们队伍刚刚出发不到两公里,就遇到了一个巨大的困难。大家顺着我手指的方向看去,一块巨大的落石把路完全阻断,而且刚才还不时有飞石在往下落。

半个小时的抢通,挖掘机开辟出一条非常狭窄的路,现在我们运油的队伍正在缓慢前进。这条路非常的危险,工作人员在不停观察上面有没有落石。刚刚我们经过的一个路段,公路上就被一个巨石砸开了一个 3 米多宽的大坑,公路的破损情况非常严重,如果降水还持续发生的话,这截公路随时有塌方的可能。

经过近 3 个小时的徒步搬运,我们的运油分队及时把油送到了工程车的手中,这也意味着抢修道路的工作不会中断,未来在天气允许的情况下,他们还要持续不断地往开坪乡运物资。

（中央电视台《新闻联播》2013 年 7 月 14 日播出）

西藏军区总医院：托起生命的绿洲

央视网消息（新闻联播）：西藏军区总医院常年深入偏远藏区，为各族群众送去健康和幸福的同时，也培养出一支支不走的医疗队。

拉巴次仁，是地处海拔 4500 米的当雄县人民医院副院长，七年前接受西藏军区总医院全科医生培训，眼下正独立完成他受训以来的第 100 台手术。

针对西藏边远地区缺医少药的现状，西藏军区总医院从 2000 年开始，启动了"全科医生人才培养计划"，与 25 个县乡医疗机构结成帮扶对子，从技术、科研、人才、管理等方面给予扶持。目前，已培养出 5100 多名全科医生。

这是不久前流动医院到藏北阿里地区巡诊途中的情景，经过一天一夜的艰难行进，来到海拔 4900 多米的双湖特区多玛乡，脚未立稳，就送来了一位急重病人，当时病人已出现呼吸、心脏骤停，院长李素芝迅速进行口对口人工呼吸。

经过半个多小时紧急抢救，终于把患者从死亡线上拉了回来。如今，流动医院和医疗队巡诊 1400 多次，足迹遍布西藏所有县乡，免费服务群众 190 多万人次，占西藏常住人口的 60％以上。

（中央电视台《新闻联播》2013 年 7 月 14 日播出）

港澳市民喜看国庆 60 周年庆典

新华网香港 10 月 1 日电（记者张雅诗 孙浩 张家伟）　万众期待的国庆 60 周年庆典 10 月 1 日在北京举行。身在港澳的民众，有的守在家里看电视，有的听收音机，有的走到大街上观看商场大屏幕直播。和很多香港市民一样，家庭主妇何女士安坐家中收看北京的庆典直播。"看见军队整齐列队，还有各有特色的方阵，虽然未能亲身参与其中，但如此声势浩大的场面，从电视上看也让人感到很震撼。"她说，看到国家发展一日千里，心情特别激动，对国家的未来更加充满信心。1 日早上守在电视机前观看庆典直播的，还包括香港民建联副主席张国钧。他在港岛出席国庆活动时向记者表示，心情特别激动，作为中国人为自己的祖国感到自豪！虽然 1 日是国庆节假期，但任职大厦管理员的杨先生仍然要上班。今天，他特意在工作台的位置上贴上了小型的国旗和区旗作装饰，增添节日气氛。由于要坚守工作岗位，杨先生未能看电视直播庆典的盛况，他只好打开收音机，聆听现场沸腾热闹的声音和主持人的详细介绍。"今天要上班，看不了电视直播，但收音机也说得很生动细致，这样也不错呢。"杨先生边说边向记者展示刊有国庆阅兵的前瞻报道，说可以边听边对照。

位于香港港岛的世贸中心广场,特意准备了大屏幕直播国庆庆典,不少市民很早就手持国旗和区旗兴奋地等待。气势恢宏的场面,威武整齐的方阵,令不少市民一边观看,一边赞叹。市民沈小姐告诉记者:"在户外和大家一起观看国庆庆典很激动,感觉节日气氛更浓厚,真的感觉到国家强大起来了。"

(新华网 2009 年 10 月 1 日)

三、专题评论

时评:首个"全国交通安全日"

12 月 2 日,是我国正式确立的首个"全国交通安全日"。一个多月来,"凑够一撮人就走,与红绿灯无关"的"中国式过马路"成为网络热点,并引发广泛争议。它既概括了这一司空见惯的不文明现象,更直戳中国交通现状之痛。

最新数据显示,2011 年中国发生道路交通事故超过 21 万起,造成 6 万多人死亡,23 万多人受伤,直接经济损失超过 10 亿元。道路交通伤害已经取代自杀,成为"伤害死亡"的首要原因。

我们在从小学甚至是幼儿园开始,家长和老师就告诉我们"红灯停、绿灯行"。然而直到现在,"凑够一撮人就走,绿灯行、黄灯行、红灯依然行"的"中国式过马路"现象仍然存在。今年,首个"全国交通安全日"的主题是"遵守交通信号,安全文明出行"。从这 12 个字中不难发现,首个"全国交通安全日"主要聚焦在于看似平常的"遵守交通信号"和当前亟待加强的"安全文明"两方面。

尽管经过多年努力,中国道路交通事故稳中有降,但是总量仍然较大,并且 80% 以上的道路交通事故因交通违法导致。今年 1—10 月份,平均每天 2.6 人死于"闯灯"、86 人死于"越线",这样一组数字让人触目惊心。在中国很多城市,横穿马路、乱闯红灯、违规变道等违反基本交通安全规则的行为每天都在上演。之所以将 12 月 2 日确定为交通安全日,主要是希望将"122"打造为交通安全符号,就像提到 120 就想起救死扶伤、提到 119 就想到消防安全一样,广大老百姓提到 122 就能想到交通安全,提醒自己安全文明出行。

在这个交通安全日到来的时候,提醒广大观众,出行时请记住有一种爱心叫等待,让我们一起做到:红灯停、绿灯行、黄灯亮时不抢行。

(中国广播网 2012 年 12 月 2 日)

迈向航天强国的火箭"心脏"有了,面对失败的"心脏"呢
以失败的名义,和航天一起走向更强

《中国青年报》·中青在线记者 邱晨辉

没有人喜欢失败,但不可避免地,我们都会遭遇失败,或迟或早,或大或小。如果把人生当作一场长跑,越大的失败,似乎来得越早越好。对于中国航天人,这几天就遭遇了一场失败,而且来得不算晚。

7月2日,中国最大运载火箭长征五号的第二次发射遭受失利。消息从文昌航天发射场指控大厅传出后,有的现场观众一脸愕然,毕竟几十分钟前还眼看火箭点火升空,眼看火箭消失在天际;有的参试人员瞬间落下了眼泪,十来年的心血在一夜之间以"失利"两字而暂时收场。

这并非中国航天发射史上第一次失利,却很可能是近些年最受关注的一次失利。曾经长征系列火箭的发射失利——包括不久前长征三号乙火箭的失利,某种程度上都是"航天大国"时代的产物。而长征五号从一出生就瞄向更高更强,早在去年首飞之时,国家航天局前局长栾恩杰就提到,这枚火箭是中国人迈向"航天强国"的入场券。

长期以来,谈及中国的某项技术或某个领域的发展,我们已经习惯用"大而不强"来形容。但航天正在将这种说法打破,而打破这种说法的第一拳就是长征五号。去年11月首飞成功后,同年12月国家航天局发布《2016年中国的航天》,其中就首次提出我国建设航天强国的发展愿景。

如今,这个"走向更强"的愿景,遭遇了现实中的第一次沉重打击。和曾经的"航天大国"所处历史阶段不同,在迈向"强国时代"进程中,人们的口味、喜好、诉求,以及整个社会环境、舆论思潮都有了翻天覆地的变化,相应地,航天人所要面对的,早已不仅是更大更重的火箭,以及更高更强的技术关卡,更有那些看不见的、却强度非常的舆论挑战和心理压力。

该以什么心态来迎接高密度发射?

失败,有时的确比成功更能引发人们的讨论。

不管是去年9月,美国私营航天公司太空探索技术公司(SpaceX)"猎鹰9号"火箭,在佛罗里达州卡纳维拉尔角空军基地测试时发生爆炸,还是今年6月,长征三号乙遥二十八火箭发射中星9A卫星过程中运载火箭出现异常,未能将卫星送入预定轨道,都刮起了一股不小的舆论旋风。

这一次也不例外。

关注航天的人,像往常一样,用诸如"失败是成功之母""一次失败是为了下一次更好的成功"甚至"对于中国航天,发射失败才是新闻"等话来安慰中国航天,为中国航天打气。

也有不少人提出疑问：最近的航天发射是否太过于频繁，有赶工期、赶进度的嫌疑？持续关注航天的人都了解，这两年的航天频发并非"一时兴起"，而是有其规划。

在去年年初，航天"十二五"收官之际，航天相关部门就对外公布，在"十三五"期间即未来的 5 年内，航天宇航发射任务将从"高强密度"迎来"高常密度"，年度发射预计为 15 到 20 次——这一个个看似冰冷的数字和高强度发射任务的背后，对应的却是我们中国人走向月球、走向火星，以及打造属于中国人空间站的宏伟梦想。

当时，人们看到的还是"十二五"的数据：我国专门致力于火箭和卫星研制的中央企业中国航天科技集团，共成功发射了 86 箭 138 星，发射成功率达 97.7%，创造了世界最高航天发射成功率。其中，2015 年共发射 19 箭 45 星，全部成功。

不少媒体同行都问了一个问题：随着发射次数增多，发射失利概率是否也会变大？

很多航天人从主观上来说，并不愿回答这样的问题，但从美俄的历史来看，恐怕是这样。

对比国内外航天发射时，除了要看成功率的高低，还要参考发射的次数——发射的总次数越多，其成功率低的可能性越大。公开资料显示，美国和俄罗斯（苏联）进行的发射远远多于其他国家，都达到了千次以上，而中国的火箭发射仅有 200 多次。未来随着发射次数增多，失利的概率可想而知。

……

科学试验，就是科学试验，既有成功，又有失败。

翻开世界航天史，一起起惨痛的事故让人揪心。

1971 年 6 月 6 日，苏联联盟十一号飞船从拜科努尔发射场点火升空。返回舱返回时，存在质量问题的减压阀被震开，舱内急剧减压，3 名航天员短时间内缺氧死亡！

1986 年 1 月 28 日，美国"挑战者"号航天飞机从肯尼迪航天中心出发，开始第 10 次太空之旅。飞行 73 秒钟后，飞机外挂燃料箱突然爆炸。此次事故，共造成 7 名航天员遇难！

2003 年 2 月 1 日，美国"哥伦比亚"号航天飞机按原计划返回肯尼迪航天中心。着陆前 16 分钟，航天飞机突然爆炸解体，7 名航天员全部罹难！

探索浩瀚天宇，是人类共同的梦想，梦想美好的背后，却是现实的残酷。也因此，我们要铭记每一次现实的残酷——失败，铭记是第一步，只有铭记，我们才会时刻提醒自己，拷问自己，让发生失败的可能性再少一点，让成功的几率再高一点。

1996 年，长征三号乙火箭首飞失败，星箭俱毁。时任火箭总设计师的龙乐豪一夜白发,3 天后,他拿出了一个整改方案,通过了包括美国专家在内的多国专家评审。

这一切的前提是,学会科学看待失败。

在航天界,有一个经典的故事,即美国阿波罗 13 没有把人送上月球,3 位宇航员在太空中经历了缺少电力、饮用水等问题,但仍然成功返回了地球,还被美国人称之为"辉煌的失败"。

毕竟,这正是科学路上必须积累的教训。遗憾的是,我们到目前为止似乎缺乏一种正视科学敢于失败的胸怀。百分之百的成功率是所有航天人和国人的追求,但却不现实,至少从科学上讲不通。

……

当然,科学看待失败,并不意味着回避失败,而是要直面失败,分析失败,记住失败,避免再次失败。

这一次长征五号失利后,有的人在网上开起了炮,说中国航天有"急功近利"嫌疑,以至于酿成两年里连续几次的"失利";也有的说航天系统存在诸多薪酬待遇、管理僵化以及体制机制等外界"看不见"的问题;也有的则将问题直指"浮躁",认为航天人抛头露脸太多,应该静一静,甚至认为他们应该"淡出"舆论视线。

对于这样的刺耳声音,航天人不妨当作一种"忠言逆耳",有则改之,无则加勉。毕竟几十年来,一个大系统快速发展如此迅猛,取得的成绩震惊中外,难免会有一些"bug"埋藏其中。以这件事为契机,来一次大扫除和全面的质量检查,也是为接下来进入"航天强国"做一次预先的体检。

正如钱学森所说:"科学试验如果次次都能成功,那又何必试验呢?经过挫折和失败,会使我们变得更聪明。"

这次事件之后,希望航天人不要淡出舆论视线,而应该更多地公开,就像美国航天局那样,不仅公开他们的成果,他们的成功,还要公开他们的失败。

说到底,航天人是探索宇宙的人类代表,他们往前走一步,我们整个人类就往前走了一步;他们绊倒了,整个人类依然会和他们站在一起,并肩作战。

作为媒体,作为普通民众,我们似乎也需要一个集体反思,面对这样的时刻,要不要急着贴标签、打棍子、扣帽子,还是先等问题原因查找出来之后,再做进一步的判断?记者一个深刻感受是,事件发生之后,航天圈里圈外的人变得很敏感,猜疑、谣言也是满天飞,我们在向航天部门要原因要答案的同时,可能也要反问自己——如今迈向航天强国的火箭"心脏"有了,但我们自己的国民,我们的航天人面对失败的"心脏"有了吗?

（原载于《中国青年报》2017 年 7 月 10 日第 12 版,略作删减）

四、文学作品

请过路吧 亲爱的藏羚羊　朱海燕

昨晚,约有 500 只藏羚羊带着刚满月的儿女们,通过可可西里青藏铁路建设工地,向黄河源头的扎陵湖、鄂陵湖迁徙。

为不惊扰这些可爱的精灵,可可西里至五道梁一线,铁路夜间停止施工,拔走彩旗,灯光休眠,机器熄火;作为高原生命线的青藏公路,过往车辆在夜间停驶 3 个小时。这里又呈现一种远古洪荒的宁静,只有高原的夜风为这群母子结成的队伍送行。

潜伏下来的观察哨称:跨越铁路线,母藏羚羊若无其事,像跨过自己家的门坎一样;小羊羔紧依着母羊,流露出一种莫名其妙的惊喜。

每年 6 月至 8 月,藏羚羊集结成群,长途跋涉,前往可可西里腹地的卓乃湖、太阳湖一带产崽,去完成一年一度的延续种群的历史使命。小羔羊满月后,再由母羊呵护着返回原栖息地。

今年 6 月 20 日前后,两万多只雌性藏羚羊北上产崽,铁路夜间停止施工 10 天,为它们开辟通道。一个多月里,两万只小羔羊诞生在那块神秘的"天然产床"上。估计,从 8 月 4 日到 8 月 15 日,将有 4 万只大小藏羚羊跨过铁路安然回迁。

藏羚羊是国家一级保护动物,有"羊绒之王"之称,因此也带来杀身之祸。近十多年,偷猎者大量涌入,每年有上万只藏羚羊遭到捕杀。1994 年,保护区工委书记索南达杰,为保护藏羚羊,在太阳湖与 18 名偷猎者搏斗壮烈牺牲。

青藏铁路开工后,环保理念渗透到建设者的血脉之中,青藏高原成为他们心目中的环保圣地。他们精心爱护每寸绿草,善待每一种动物。一年来,他们将五只失去母爱的小藏羚羊送到自然保护区机关,可爱的小宝贝得到妥善的保护。在他们的精神昭示下,没有一只藏羚羊在捕杀的枪声里倒下。

这块拥有野生动物 230 多种,国家重点保护的一、二级动物 20 多种的土地,正在恢复野生动物天堂的动人景象。

可可西里自然保护区党委书记才嘎说,铁路建设的一年间,藏羚羊增添了两万多只,到铁路建成之日,将由现在的 7 万只增至 15 万只。

据悉,青藏铁路在设计中专门设立了动物通道。铁路建成后,不影响野生动物正常生活和自由迁徙。

(注:本文获得第十三届中国新闻奖二等奖,原载《中国铁道建筑报》2002 年 8 月 17 日)

路，母亲，手推车　叶秀莲

　　童年记忆里，挥之不去的是故乡兰溪市柏社乡石塔头村的一条泥泞小路。这条通往县城的唯一的路，好像一条久经风霜随时可能扯断的绳索，战战兢兢地联系着山村与未来。多少春播秋收，母亲和她的手推车从未在这条路上离开过。

　　每逢收割，母亲不辞辛劳地推着手推车去五里外的小镇上粜米。手推车载着满满的四箩筐稻谷滚动在崎岖的小路上，不知在这条小路上碾过了多少轮迹。而母亲则小心翼翼地向前推着手推车，一天六个来回，不知在这条小路上洒下了多少汗水。

　　渐渐地，路直了，宽了。在我上高中的时候，小路进行了一次修整、拓宽。可好景不长，砂石路面被各种负重的车轮碾得凹凸不平。母亲手推车在凹凸的砂石路上颠簸得更厉害。

　　勤劳而又坚强的母亲照例一天六个来回地推行在这条路上。有好几次，我要求母亲让我来推手推车，可母亲执意不让我推，说年轻人身子骨软，一不小心闪了腰可就麻烦了。我终究拗不过母亲，只好在前面拉着手推车走，也可让母亲省点力气。前行中，我不禁流下了眼泪，不想让母亲发现，也不敢回头望望母亲那张挂满汗珠而又憔悴的脸！

　　岁月在母亲的手推车车轮下流逝着，我们仨姐妹也长大了。乡村康庄公路建设的实施让村村通上了水泥路。故乡的路焕然一新，可母亲的手推车依然出现在故乡的路上。

　　我曾劝母亲跟我到城里去住。可母亲却说：“一生劳碌惯了，闲不下来，水泥路上推车，省了不少力气。”这时，还是我儿子机灵，见我愣愣地站在一旁，就跑到母亲身边说：“外婆，我在前面帮你拉手推车好吗？路上我还可以唱歌给你听。”“哈哈……真乖！”母亲摸了摸他的头。看着外祖孙两人渐行渐远的身影，泪水再一次模糊了我的视线……

　　故乡的路不再是乡亲们望眼欲穿的期盼，是母亲守候了一生的牵挂。无论是田间小路、凹凸不平的砂石路，还是平坦笔直的水泥路，母亲一路走了过来，还有那辆久经磨砺、发出咯吱咯吱响的手推车。

（浙江电视台新农村频道《交通900》栏目2008年专题稿）

相信未来　食　指

当蜘蛛网无情地查封了我的炉台，
当灰烬的余烟叹息着贫困的悲哀，
我依然固执地铺平失望的灰烬，
用美丽的雪花写下：相信未来。
当我的紫葡萄化为深秋的露水，
当我的鲜花依偎在别人的情怀，

我依然固执地用凝霜的枯藤，
在凄凉的大地上写下：相信未来。
我要用手指那涌向天边的排浪，
我要用手撑那托住太阳的大海，
摇曳着曙光那枝温暖漂亮的笔杆，
用孩子的笔体写下：相信未来。
我之所以坚定地相信未来，
是我相信未来人们的眼睛——
她有拨开历史风尘的睫毛，
她有看透岁月篇章的瞳孔。
不管人们对于我们腐烂的皮肉，
那些迷途的惆怅、失败的苦痛，
是寄予感动的热泪、深切的同情，
还是给以轻蔑的微笑、辛辣的嘲讽。
我坚信人们对于我们的脊骨，
那无数次的探索、迷途、失败和成功，
一定会给予热情、客观、公正的评定。
是的，我焦急地等待着他们的评定。
朋友，坚定地相信未来吧，
相信不屈不挠的努力，
相信战胜死亡的年轻，
相信未来，热爱生命。

（《名家诗歌·中国卷》，华中科技大学出版社 2014 年版）

我愿意是急流　[匈牙利]裴多菲

我愿意是急流，
是山里的小河，
在崎岖的路上、
岩石上经过……
只要我的爱人
是一条小鱼，
在我的浪花中
快乐地游来游去。

我愿意是荒林，
在河流的两岸，

对一阵阵的狂风，
勇敢地作战⋯⋯
只要我的爱人
是一只小鸟，
在我的稠密的
树枝间做窠，鸣叫。

我愿意是废墟，
在峻峭的山岩上，
这静默的毁灭
并不使我懊丧⋯⋯
只要我的爱人
是青青的常春藤，
沿着我荒凉的额，
亲密地攀援上升。

我愿意是草屋，
在深深的山谷底，
草屋的顶上
饱受风雨的打击⋯⋯
只要我的爱人
是可爱的火焰，
在我的炉子里，
愉快地缓缓闪现。

我愿意是云朵，
是灰色的破旗，
在广漠的空中，
懒懒地飘来荡去，
只要我的爱人
是珊瑚似的夕阳，
傍着我苍白的脸，
显出鲜艳的辉煌。

（《裴多菲诗选》，人民文学出版社 1959 年版）

第二章　情景再现

训练内容：理论和实践相结合,通过描写语句、描写语段、电视直播稿件、电台直播稿件、文学作品等形式训练情景再现表达技巧。

训练目的：情景再现表达技巧在广播电视实践中具有重要作用。通过情景再现训练,引导学生以语言材料为依据展开想象和联想,加强语言感受力;引导学生把握情景再现的展开过程,提高学生调动情感的能力,使思想感情处于积极的运动状态,激发播讲愿望。

训练要求：通过大量的语段、直播稿件、文学作品的练习,让学生认识到情景再现表达技巧对广播电视实践的指导作用。在此基础上,使学生把握情景再现的展开过程,不断激发播讲愿望,高质量地完成语言表达的任务。

第一部分　理论概述

在播音创作中,创作主体不能没有想象,想象是创作主体进行再创作的前提。想象分为两种:创造想象和再造想象。创造想象是指这种想象能在不依据现成描述的基础上独立地创造出新的形象。比如,诗人创作的诗篇就属于创造想象的产物。再造想象是指在头脑中形成的某一事物的形象,是依据词的表述和条件的描绘(图样、图解、说明书等)获得的。比如,人们通过语言获得的作品中的形象,就属于再造想象的产物。播音创作主体的想象具有再造想象的特点。在播音创作过程中,创作主体需要通过想象把语言文字描述变成连续活动的画面,并接受由此带来的刺激,引发创作主体与稿件相一致的情感,同时也使受众受到感染和启迪。

创作主体的想象不能任意驰骋,必须以稿件提供的材料为原型。稿件已经规定了想象的目的、性质、范围、任务,那么创作主体就只能依据现成的文字描述展开想象,保证想象既符合稿件内容的需要,又符合受众视听的需要。创作主体为完成对稿件的开掘和驾驭,顺利地实现播讲目的,必须运用再造想象去调动情感,使思想感情进入到应有的运动状态。这种再造想象有着自己鲜明的特点,"情景再现"是创作主体再造想象特点的恰当概括。

稿件中的人物、事件、情节、场面、景物、情绪,在创作主体的脑海里不断浮现,形成连续活动的画面,这画面带有创作主体的感受、态度、感情,带有稿件本身蕴涵着的作者的感受、态度、感情及创作主体因此而产生的评价体验的"映象"。创作主体从对稿件的理解和感受中,不但感受到了内中的形象——"景",而且感受到了内中的神采——"情",从而达到了情景交融的境界,这个过程就是"情景再现"。

情景再现以情为主。脑海里有了活动的画面,这仅仅是第一步。最为关键的是接下来应伴随着画面的展现引发出相应的感情、态度,更好地为实现播讲目的服务,这是"情景再现"这一技巧的目的所在。

运用情景再现激发感情,必须通过创作主体的主动进取,其过程可分为四个步骤。

第一步:理清头绪

拿到稿件,经过备稿六步的理解感受后,还要从情景再现的角度去理清头绪。那连续活动的画面开头是什么? 接下去怎么变化? 以后又怎么发展变化? 结果是怎样的? 哪些是横向扩展,是怎样扩展的,详细到什么程度? 哪些是"特写镜头"? 哪些是"远景"? 哪些是"近景"? 是由近及远,还是由远及近? 对于这些,创作主体要做到心中有数。

第二步:设身处地

要求创作主体把稿件所叙述、描写的内容,作为亲眼所见、亲耳所闻、亲身所历的事情,设身处地、置身其中,进入到具体的事件、场面中去。设身处地的目的主要是为了获得现场感,感受到现场的环境,感受到现场的氛围,时刻感到"我就在",这对于情景再现是极为有利的。

稿件中的情景,有创作主体亲身经历过的,也有创作主体没有经历过的。一个人的亲身经历毕竟有限,人们对世间的事物很难做到事事皆知。因此,创作主体要借助于现代化的手段,开阔视野,增加自己的见识。通过观察、体验、分析、积累等方式,不断提高自己设身处地的能力,为下一步触景生情打下基础。

第三步:触景生情

稿件中的人物、事件、情节、场面、景物、情绪不断在创作主体的脑海里浮现,对于每一个画面,创作主体必须做出积极的反应,主动地接受画面的刺激,获得具体感受,做出准确判断,给以客观评价,以引发饱满、细腻的情感。

触景生情是情景再现的核心。播音创作中特别强调积极的反应,要求创作主体在毫无准备的情况下,一个具体的"景"的刺激,马上能激发起符合稿件需要的具体的"情"。要求创作主体要在刹那间调动起全部经验积累、张开全部认识神经达到"顿悟"。这种极高的要求只有通过刻苦的训练才能达到。

第四步:现身说法

稿件中的情景不断浮现在创作主体的脑海中,脑海里活动的画面和与之相应的感情不断融合、变化,丰富着稿件的语言文字。通过创作主体的消化吸收,加工制作,"溢于言表",使受众在体会到稿件中情景的同时,受到启迪和感染。既然稿件中的情景始终"我就在",那么,把这情景再现的过程转述出来,正是创作主体的责任。

依据文字稿件进行情景再现需要注意以下几个问题。

1.必须以播讲目的为中心,避免为"现景"而"现景"。创作主体脑海里浮现的画面,只能是为稿件主题和播出目的服务的。体现播讲目的的地方,情景要详细展开,次要的地方要一带而过。那种为了把稿件播"活",就不顾播讲目的、不放过任何"情景再现"机会的播音是不足取的,这种貌似"活"的播音将会导致对稿件精神实质的背离。

2.情景再现一定要产生于具体感受中。感受是把文字稿件转化为有声语言的关键环节。正是因为有了感受,创作主体才能从内心主动接受、容纳、消化文字稿件的多层次刺激,让情感犹如喷泉一般地涌出。感受是由理解到表达的桥梁。无视感受、轻视感受,就可能对稿件无动于衷,这样往往会使情景再现的过程有景无情。缺乏感受或感受肤浅,就不可能产生饱满、细腻的感情,传达不出稿件的精神实质。

第二部分　示例与示例分析

一、示例

母　爱

故事发生在西部一个极度缺水的沙漠地区。这里每人每天的用水量只有三斤,饮用、洗漱、洗菜、洗衣,包括喂牲口,全都依赖这三斤珍贵的水。这些水还得靠驻军从很远的地方运来。

人缺水不行,牲畜也一样。终于有一天,一头向来温顺的老牛挣脱了缰绳,闯到运水车必经的公路旁。运水的军车来了,老牛迅速冲上公路,司机紧急刹车,停了下来。老牛立在车前,任凭司机怎么呵斥驱赶,它就是不肯挪动半步。五分钟过去了,十分钟过去了,双方仍然僵持着。运水的战士以前也碰到过牲口拦路索水的情形,但它们都不像这头牛这般倔强。人和牛就这样对峙着,性急的司机反复按响喇叭,可老牛仍然一动不动。

后来,牛的主人来了。恼怒的主人扬起长鞭,狠狠地抽打瘦骨嶙峋的老牛。牛被打得哀哀叫唤,但还是不肯让开。它凄厉的叫声,和着沙漠中阴冷的风,显得分外悲壮。一旁的运水战士哭了,司机也哭了。最后,运水的战士说:"就让我违反一次规定吧,我愿意接受一次处分。"他从水车上取出半盆水,放在牛面前。

出人意料的是,老牛没有喝水,而是对着夕阳,仰天长哞,似乎在呼唤什么。不远的沙堆背后跑来一头小牛。老牛慈爱地看着小牛贪婪地喝完水,伸出舌头舔舔小牛的眼睛,小牛也舔舔老牛的眼睛。静默中,人们看到了母子眼中的泪水。没等主人吆喝,它们掉转头,在一片寂静中慢慢地往回走去。

（百度文库,佚名,2014－11－28）

二、示例分析

情景再现是一种想象联想活动,这种活动需要以深刻的理解、丰富的感受为基础。它不是任意驰骋的,必须以符合稿件的需要为前提,以稿件中提供的材料为原型。情景再现的过程分为四步,下面我们以《母爱》为例,分析其整个过程。

第一步:理清头绪

拿到一篇稿件,经过备稿六步的理解感受之后,还要从情景再现的角度理清头绪。看一看稿中材料是怎样开头的? 接下去是怎么变化的? 以后又怎样发展? 结果又是怎样的? 哪里是重点的特写? 哪里是简单勾勒? 这些都应在我们脑海中形成连续、活动的画面。

《母爱》讲述的是在一个极度缺水的沙漠地区,一头瘦骨嶙峋的老牛为了自己的孩子,奋不顾身拦住运水的军车索水的故事。老牛为了孩子甘愿忍受呵斥、鞭打,展现了母爱的无私与伟大。稿件先写环境的恶劣——一个极度缺水的沙漠地区,为后面的故事埋下了伏笔;接着写憨厚、忠实的老牛冒着生命危险拦住军车给孩子找水。面对司机的呵斥驱赶,甚至是主人狠狠地抽打,老牛也不肯让开,展示出以死抗争的悲壮场面;最后写老牛呼唤来了小牛,慈爱地看着小牛把水喝完,凸现了一份浓浓的母爱。字里行间情景交融,以情动人,最后一个段落应当为文章的核心。理清头绪后,文章的结构脉络也就清楚了。

第二步:设身处地

就是要借助想象和联想,把稿件所叙述、描写的内容都转化为亲眼所见、亲耳所闻、甚至亲身所历的事情。我们要置身于具体的事件和场面中,获得现场感,时时刻刻感觉到"我就在",真切感受到现场的环境、气氛、转换、变化。

我们要设想自己生活在西部极度缺水的沙漠地区,"这里每人每天的供水量严格限定为三斤。日常的饮用、洗漱、洗菜、洗衣,包括喂牲口,全都依赖这三斤珍贵的水。"看到这样的描写,我们要想到,三斤水也就是才三瓶装矿泉水那么多,倒在脸盆里也不过才半盆,可就是这么一点点水却有这么多用途,由此可知当地缺水的程度有多严重了。有了这样的体会,我们才能更深刻地理解下文中母牛所表现出来的伟大母爱。

就在这样的氛围里,试着把稿件各环节的描写以画面的形式在脑海里展现。发生了什么事?谁出现了?做了什么?谁又出现了?两者什么关系?他是怎么做的?结果怎样?借助想象和联想,你要置身于事件发生的现场,仿佛这些都是你亲眼所见、亲身经历的事情,真切体验到整个事件的气氛、转换、变化。

稿件情节一波三折,向我们展示了生动感人的画面:"老牛立在车前,任凭司机怎么呵斥驱赶,它就是不肯挪动半步。五分钟过去了,十分钟过去了,双方仍然僵持着。人和牛就这样对峙着,性急的司机反复按响喇叭,可老牛仍然一动不动。"→"牛的主人来了。恼怒的主人扬起长鞭,狠狠地抽打瘦骨嶙峋的老牛。牛被打得哀哀叫唤,但还是不肯让开。"→"老牛慈爱地看着小牛贪婪地喝完水,伸出舌头舔舔小牛的眼睛,小牛也舔舔老牛的眼睛。"看到这些描写,我们要大胆地展开想象,形成画面,借助日常生活的体验感受把握老牛、小牛的心理活动。同时设身处地,置身于当时感人的情景中,真切地感受老牛的倔强、悲壮,深深地体会母牛对小牛无私的母爱。

第三步:触景生情

触景生情是情景再现的核心,播音创作中特别强调积极的反应。脑海里不断浮现着画面的同时,我们要时时做出积极的内心反应,要主动接受画面的刺激,获得具体感受,引发饱满、细腻的感情。

不同的稿件会让我们有不同的情感体验。有的文章让我们振奋;有的文章让我们感动;有的文章让我们感慨……这篇稿件让我们产生了什么样的情感体验呢?伴随着文字稿件的描述,我们眼前主要应浮现这样的画面:

(1)西部沙漠地区极度缺水,在那里土地干裂着,人们见不到绿色。每天仅有的三斤水,除了饮用、洗漱、洗菜、洗衣,还要喂牲口。这些描述要激起我们对生活在那里的人们的同情。西部沙漠地区人们的生活是艰难的,每天三斤水对他们来讲,仅仅能维持生命,不能满足生活的基本需求,这种状况何时能改变呀!

(2)鞭子越抽越急,像雨点般地狠狠抽在这个瘦骨嶙峋的老牛身上,长鞭在空中"飕飕"地作响,直打得老牛皮开肉绽,可它只是"哀哀"地惨叫,不肯离开半步。它浑身伤痕,鼻子也被主人用力拉得鲜血直流。身上的鲜血"滴答""滴答"地流了下来,染红了脚下的沙土,连鞭子也被血染红了。可那老牛还是"哞哞"地哀求着,凄凉的叫声和着沙漠阴冷的寒风"呜呜"作响。那叫声传送得越来远,越来越凄惨,在旷野中显得是那样的悲壮。这一个又一个形象生动的画面,使我们沉浸在当时既悲壮又感人的情景之中,深深体会到母牛对小牛无私的爱,敬佩之情油然而生。

(3)运水的战士从车上取出半盆水放在老牛的面前。面对这来之不易的水,老牛又会怎么做呢? 老牛只看不喝,它把用生命换来的水全部给予了小牛。静默中,人们看到了母子眼中的泪水。此刻虽然静默无言,但这亲密的举动和泪水中又包含了多少爱啊! 这样的画面让我们再次读出母爱的无私与伟大,引发我们肯定、钦佩、赞赏的情感。

第四步:现身说法

稿件中的情景在创作主体脑海里连续地、不断地再现出来,这些画面和与之相应的感情不断融合着、变化着,经过自己的消化吸收,加工制作,然后"溢于言表",让受众听明白、感受到。这就是情景再现的"动于衷"和"形于外"的过程。

既然稿件中的情景始终"我就在",那么,把这情景再现的过程转述出来,正是创作主体的责任。在前三步完成后,那种向人们诉说的愿望就更强烈了。我们从情感的角度出发,歌颂老牛这种无私的爱;从情感升华的角度去说,感谢所有母亲对孩子无怨无悔的付出。我们的语言刺激了受众,受众会跟着我们的播讲一起进入到情节当中,从而达到情景交融的境地。受众觉得创作主体仿佛是在讲述自己的亲身经历,从而受到创作主体的感染和启迪,进而付诸行动。

第三部分　训练指导

一、抓住感受,调动情感

方法:多角度地选择一些描写片段进行练习。这些语段可以是描写空间场景的,也可以是描写真切感受的,还可以是描写人物神态、心理及行为活动的。要依据这些语言材料引发形象感受,调动相应的态度和情感。

提示:①感受是由理解到表达的桥梁,要用感受充实文字材料,为形之于声奠定基础。②依据文字描述展开想象,从文字材料中获得感受。③注意听觉、视觉、嗅觉、味觉、触觉、时间觉和空间觉的把握。④感受是手段,不是目的,要积极主动地将思维引向情感。

需要注意的问题:①要重视感受的作用。②要激发饱满的情感。

(一)依据文字,引发感受

训练提示:依据文字材料展开联想,充分调动听、视、嗅、触等感知觉,听到、看到、闻到文字符号所代表的种种事物，引发相应的心理感受，进而体味到文字符号所蕴涵的情与景。

1. 锅里的水吱吱地响，老大娘里屋外屋地忙。烧完热水，又端饺子又端鸡蛋，香味伴着腾腾的热气在屋里弥漫。

2. 在一只渔舟上，我们大开了眼界。一个白发老渔人从舱里捧出一捧珍珠来，只见那颗颗珍珠，有大如羊奶子头的，有小如红豆的，光华夺目，熠熠生辉。

（谢璞：《珍珠赋》，360doc 个人图书馆 2016-01-24）

3. 仿佛一个暮春的早晨，霏霏的毛毛雨默然洒在我脸上，引起润泽、轻松的感觉。新鲜的微风吹动我的衣袂，像爱人的鼻息吹着我的手一样。我立的一条白矾石的甬道上，经了那细雨，正如涂了一层薄薄的乳油；踏着只觉越发滑腻可爱了。

（朱自清：《歌声》，百度文库 2018-10-30）

4. 有时候，风从牧群中间送过来银铃似的丁当声，那是哈萨克牧女们坠满衣角的银饰在风中击响。牧女们骑着骏马，健美的身姿映衬在蓝天、雪山和绿草之间。她们欢笑着跟着嬉逐的马群驰骋，而每当停下来，就轻轻地挥动着牧鞭歌唱她们的爱情。

（碧野：《天山景物记》，《人民文学》1956 年 12 月）

5. 我情不自禁地走下路基，到不远处树木稀疏的山坡上。林子很静，松涛和偶尔的鸟叫声更显出寂静。突然，在草丛之间，我发现丛丛鲜红的如豆粒般大小的果子，颗颗圆润晶莹，在花草间，如同沉静的少女。我大着胆子摘了一颗，放进嘴里，酸甜适中，凉意可口，浆水充盈。我忍不住欢呼了一声，又摘了一把放进嘴里。

（段华：《北国红豆》，360doc 个人图书馆 2013-10-25）

6. 江南的雪，可是滋润美艳之至了；那是还在隐约着的青春的消息，是极壮健的处子的皮肤。雪野中有血红的宝珠山茶，白中隐青的单瓣梅花，深黄的磬口的蜡梅花；雪下面还有冷绿的杂草。蝴蝶确乎没有；蜜蜂是否来采山茶花和梅花的蜜，我可记不真切了。但我的眼前仿佛看见冬花开在雪野中，有许多蜜蜂们忙碌地飞着，也听得他们嗡嗡地闹着。

（鲁迅：《雪》，豆丁网 2015-07-31）

7. 众多绿茶品牌之中，我还有些偏爱太湖地域的碧螺春，单是那名字就起得形神兼具，细嫩的叶片微微卷曲，如塘边池畔一只只娇小的青壳田螺，报来春的气息。掀开杯盖，一汪绿水上浮一层细细绒毛，如涟漪一般荡漾开去。但若将碧螺春茶与西湖龙井相比，前者的香气有几分张扬，带些诱惑的意思在里头；而龙井的茶香，却是清幽得不动声色。

（张抗抗：《说绿茶》，中国教文网 2016-12-14）

8.月光如流水一般,静静地泻在这一片叶子和花上。薄薄的青雾浮起在荷塘里。叶子和花仿佛在牛乳中洗过一样;又像笼着轻纱的梦。虽然是满月,天上却有一层淡淡的云,所以不能朗照;但我以为这恰是到了好处——酣眠固不可少,小睡也别有风味的。月光是隔了树照过来的,高处丛生的灌木,落下参差的斑驳的黑影,峭楞楞如鬼一般;弯弯的杨柳的稀疏的倩影,却又像是画在荷叶上。塘中的月色并不均匀;但光与影有着和谐的旋律,如梵婀玲上奏着的名曲。

(朱自清:《荷塘月色》,中国散文网 2016 - 12 - 14)

9.雨静悄悄地下着,只有一点细细的淅沥沥的声音。橘红色的房屋,像披着鲜艳的袈裟的老僧,垂头合目,受着雨的洗礼。那潮湿的红砖,发出有刺激性的猪血的颜色和墙下绿油油的桂叶成为强烈的对照。灰色的癞蛤蟆,在湿烂发霉的泥地里跳跃着;在秋雨的沉闷的网底,只有它是唯一的充满愉快的生气的东西。它背上灰黄斑驳的花纹,跟沉闷的天空遥遥相应,造成和谐的色调。它扑通扑通地跳着,从草丛里,跳到泥里,溅出深绿的水花。

(张爱玲:《秋雨》,中国散文网 2017 - 05 - 18)

10.亲爱的朋友们,当你坐上早晨第一列电车驰向工厂的时候,当你扛上犁耙走向田野的时候,当你喝完一杯豆浆、提着书包走向学校的时候,当你坐到办公桌前开始这一天工作的时候,当你往孩子口里塞苹果的时候,当你和爱人一起散步的时候……朋友,你是否意识到你是在幸福之中呢?你也许很惊讶地说:"这是很平常的呀!"可是,从朝鲜归来的人,会知道你正生活在幸福中。请你意识到这是一种幸福吧,因为只有你意识到这一点,你才能更深刻了解我们的战士在朝鲜奋不顾身的原因。朋友!你是这么爱我们的祖国,爱我们的伟大领袖,你一定会深深地爱我们的战士,——他们确实是我们最可爱的人!

(魏巍:《谁是最可爱的人》,百度文库 2018 - 12 - 30)

(二)展开画面,体验情感

训练提示:将文字材料所描述的场景一一展现,形成连续的画面。在此基础上,仔细体味人物的心情或是作者的情感。注意静态描写和动态描写表达方式的差异。

1.太阳刚露脸的时候,我沿着小河往村里走,那么淡淡的清清的雾气,那么润润的湿湿的泥土气味,不住地扑在我的脸上,钻进我的鼻子,小河水清得一眼望到底,刚抽穗的麦子清清楚楚地倒映在水里。早上刚下过雨,岸上到处都是浅浅的牛蹄印儿。

(方之:《在泉边》,百度文库 2016 - 01 - 25)

2.我们在黎明的曙色中等待了大约半个钟头,才看到旭日露出小小的一角,辉映着朝霞,赛似刚从高炉里倾泻出来的钢水,光芒四射,令人不敢张开眼睛直视。过了一会儿,红日冉冉上升,光照云海,五彩纷披,灿若锦绣。那时恰好有一股劲的山风吹来,云烟四散,峰峦松石,在彩色的云海中时隐时现,瞬息万变,犹如织锦上面的装饰图案,每幅都换一个样式。这样的景色霞光,我们就是在彩色图片和彩色电影中也很难看得到的。

(黄秋耘:《落日的幻觉》,百度文库 2018-10-9)

3.在围墙沿河畔转角处,有一间小房子。说那是房子,实在降低了房子的标准,因为它太矮了。房盖比围墙还低,也太小了。从外看,并不比书报亭大。房盖是油毡纸的。窗上无玻璃,木条十字交叉钉着蓝塑料布。在它的旁边,是一个比它大些的棚子。棚子只有油毡纸铺的盖儿,没墙。却也不能说没墙,只不过那若算墙,也降低了墙的标准。所谓的"墙"是用拆散的纸板箱的纸板拼凑成的,下半截拼凑得还挺严实,上半截靠各色塑料布挡风遮雨……

(梁晓声:《烛的泪》,语文学科网 2017-04-14)

4.这次我看到了草原。那里的天比别处的天更可爱,空气是那么清鲜,天空是那么明朗,使我总想高歌一曲,表示我的愉快。在天底下,一碧千里,而并不茫茫。四面都有小丘,平地是绿的,小丘也是绿的,羊群一会儿上了小丘,一会儿又下来,走在哪里都像给无边的绿毯绣上了白色的大花。那些小丘的线条是那么柔美,就像只用绿色渲染,不用墨线勾勒的中国画那样,到处翠色欲流,轻轻流入云际。这种境界,既使人惊叹,又叫人舒服;既愿久立四望,又想坐下低吟一首奇丽的小诗。在这境界里,连骏马和大牛都有时候静立不动,好像回味着草原的无限乐趣。

(老舍:《草原》,中国散文网 2016-12-14)

5.瓦盆排列在墙脚,从墙头垂下十条麻线,每两条距离七八寸,让牵牛的藤蔓缠绕上去。这是今年的新计划,往年是把瓦盆摆在三尺光景高的木架子上的。这样,藤蔓很容易爬到了墙头;随后长出来的互相纠缠着,因自身的重量倒垂下来,但末梢的嫩条便又蛇头一般仰起,向上伸,与别组的嫩条纠缠,待不胜重量时重演那老把戏;因此墙头往往堆积着繁密的叶和花,与墙腰的部分不相称。今年从墙脚爬起,沿墙多了三尺光景的路程,或者会好一点儿;而且,这就将有一垛完全是叶和花的墙。

(叶圣陶:《牵牛花》,古诗文网 2018-10-26)

6.那是我唯一一次在雨中看见我家的屋顶,暴雨落在青瓦上,溅出的不是水花,是一种灰白色的雾气。然后雨势变得小一些,雾气也就散了,那些瓦片露出了它简洁而流畅的线条。我注意到雨水与瓦的较量在一种高亢的节奏中进行,无法分辨谁是受害的一方。肉眼看见的现实是雨洗涤了瓦上的灰土,因为那些陈年的旧瓦突然焕发出崭新的神采,在接受了这场突如其来的雨水冲洗后,它们开始闪闪发亮,而屋檐上的瓦楞草也重新恢复了植物应有的绿色。我第一次仔细观察雨水在屋顶上制作音乐的过程,并且有了新的发现:不是雨制造了音乐,而是那些瓦对雨水的反弹创造了音乐。

（苏童:《雨和瓦》,瑞文网 2018-05-01）

7.在天山的高处,常常可以看到巨大的天然湖。湖面明净如镜,水清见底。高空的白云和四周的雪峰清晰地倒映水中,把湖光山色天影融为晶莹的一体。在这幽静的湖上,唯一活动的东西就是天鹅。天鹅的洁白增添了湖水的明净,天鹅的叫声增添了湖面的幽静。人家说山色多变,而我看事实上湖色也是多变的。如果你站立高处瞭望湖面,眼前是一片赏心悦目的茫茫碧水,如果你再留意一看,接近你的视线的是那闪闪的鳞光,像千万条银鱼在游动,而远处平展如镜。湖色越远越深,由近到远,是银白、淡蓝、深青、墨绿,非常分明。传说中有这么一个湖,湖水是古代一个不幸的哈萨克少女滴下的眼泪,湖色的多变正是象征着那个古代少女的万种哀愁。

（碧野:《天山景物记》,瑞文网 2017-08-15）

8.天也是暗沉沉的,像古老的住宅里缠满着蛛丝网的屋顶。那堆在天上的灰白色的云片,就像屋顶上剥落的白粉。在这古旧的屋顶的笼罩下,一切都是异常的沉闷。园子里绿翳翳的石榴、桑树、葡萄藤,都不过代表着过去盛夏的繁荣,现在已成了古罗马建筑的遗迹一样,在潇潇的雨声中瑟缩不宁,回忆着光荣的过去。草色已经转入忧郁的苍黄,地下找不出一点新鲜的花朵;宿舍墙外一带种的娇嫩的洋水仙,垂了头,含着满眼的泪珠,在那里叹息它们的薄命,才过了两天的晴美的好日子又遇到这样霉气熏熏的雨天。只有墙角的桂花,枝头已经缀着几个黄金一样宝贵的嫩蕊,小心地隐藏在绿油油椭圆形的叶片下,透露出一点新生命萌芽的希望。

（张爱玲:《秋雨》,中国散文网 2017-05-18）

9.过了八公里长的瞿塘峡,乌沉沉的云雾突然隐去,峡顶上一道蓝天,浮着几小片金色浮云,一注阳光像闪电样落在左边峭壁上。右面峰顶上一片白云像银片样发亮了,但阳光还没有降临。这时,远远前方,层峦叠嶂之上,迷蒙云雾之中,忽然出现一团红雾。你看,绛紫色的山峰衬托着这一团雾,真美极了,就像那深谷之中反射出红色宝石的闪光,令人仿佛进入了神话境界。这时,你朝江流上望去,也是色彩缤纷:两面巨崖,倒影如墨;中间曲曲折折,却像有一条闪光的道路,上面荡着细碎的波光;近处山峦,则碧绿如翡翠。时间一分钟一分钟过去,前面那团红雾更红更亮了。船越驶越近,渐渐看清有一高峰亭亭笔立于红雾之中,渐渐看清那红雾原来是千万道强烈的阳光。

（刘白羽:《长江三峡》,语文学科网 2016-07-29）

10.这是入冬以来,胶东半岛上第一场雪。雪纷纷扬扬,下得很大。开始还伴着一阵儿小雨,不久就只见大片大片的雪花,从彤云密布的天空中飘落下来。地面上一会儿就白了。冬天的山村,到了夜里就万籁俱寂,只听得雪花簌簌地不断往下落,树木的枯枝被雪压断了,偶尔咯吱一声响。

大雪整整下了一夜。今天早晨,天放晴了,太阳出来了。推开门一看,嗬!好大的雪啊!山川、河流、树木、房屋,全都罩上了一层厚厚的雪,万里江山,变成了粉妆玉砌的世界。落光了叶子的柳树上挂满了毛茸茸亮晶晶的银条儿;而那些冬夏常青的松树和柏树上,则挂满了蓬松松沉甸甸的雪球儿。一阵风吹来,树枝轻轻地摇晃,美丽的银条儿和雪球儿簌簌地落下来,玉屑似的雪末儿随风飘扬,映着清晨的阳光,显出一道道五光十色的彩虹。大街上的积雪足有一尺多深,人踩上去,脚底下发出咯吱咯吱的响声。一群群孩子在雪地里堆雪人,掷雪球,那欢乐的叫喊声,把树枝上的雪都震落下来了。

(峻青:《第一场雪》,百度文库 2018－06－30)

(三)身临其境,激发情感

训练提示:置身于文字材料所描绘的场景之中,切实感受到现场的场景、氛围,获得“感同身受”的真切体验,从而激发和文字材料相一致的情感。要注意唤起生活的积累,表达真切感受。对事物的感受一定要细腻、深刻,对事物的态度一定要准确、鲜明,还要注意由感受到情感的升华。

1.当温热的肉体一接触冰冷的水时,它的感觉并不是冷,恰恰相反,倒像被火燎一下或是感到一把烧热的刀子在全身狠狠一刮,这个感觉倏地一过,那种透骨的凉意才刷地一下浸过来;紧接着像有千万支冰针穿皮肉而进,在骨头上啮着、锯着、钻着……

(邓刚:《迷人的海》,360doc 个人图书馆 2016－09－12)

2.高山的雪水汇入湖中,又从像被一刀劈开的峡谷岩石间泻落到千丈以下的山涧里。水从悬崖上像条飞练的白光。如果你走到悬崖跟前,脚下就会受到一种惊心动魄的震撼。俯视水练冲泻到深谷的涧石上,溅起密密的飞沫,在日中的阳光下,形成蒙蒙的瑰丽的彩色水雾。就在急湍的涧边,绿色的深谷里也散布着一顶顶牧民的蒙古包,像水洗的玉石那么洁白。

(碧野:《天山景物记》,瑞文网 2017－08－15)

3.大的一轮旭日从东面江上蒙蒙地升了起来,江面上浮漾在那里的一江朝雾,减薄了几分浓味。澄蓝的天上疏疏落落,有几处只淡洒着数方极薄的晴云,有的白得像新摘的棉花,有的微红似美妇人脸上的醉酡的颜色。一缕寒风,把江心的雾网吹开,白茫茫的水面,便露显出三两只叶样的渔船来。

(郁达夫:《纸币的跳跃》,百度文库 2018－06－30)

4. 天上那层灰气已散, 不甚憋闷了, 可是阳光也更厉害了许多: 没人敢抬头看太阳在哪里, 只觉得到处闪眼, 空中, 屋顶上, 墙壁上, 地上, 都白亮亮的, 白里透着点红; 由上至下整个的像一面极大的火镜, 每一条光都像火镜的焦点, 晒得东西要发火。在这个白光里, 每一个颜色都刺目, 每一个声响都难听, 每一种气味都混含着由地上蒸发出来的腥臭。街上仿佛已没了人, 道路好像忽然加宽了许多, 空旷而没有一点凉气, 白花花的令人害怕。

(老舍:《骆驼祥子》, 瑞文网 2018 - 08 - 06)

5. 我全身的肌肤都在呼吸真正的风、自由的风。池子周围落满了雪。我朝温泉走去, 我下去了, 慢慢地让自己成为温泉的一部分, 将手撑开, 舒展开四肢。坐在温泉中, 犹如坐在海底的苔藓上, 又滑又温存, 只有头露出水面。池中只我一人, 多安静啊。天似亮非亮, 那天就有些幽蓝, 雪花朝我袭来, 而温泉里却暖意融融。池子周围有几棵树, 树上有灯, 因而落在树周围的雪花是灿烂而华美的。

(迟子建:《伤怀之美》, 瑞文网 2017 - 02 - 15)

6. 然而我决不会麻木的, 我的头成天膨胀着要爆炸, 它装得太多, 需要呕吐。于是我写着, 在白天, 在夜晚, 有关节炎的手臂因为放在桌子上太久而疼痛, 患砂眼的眼睛因为在微小的灯光下而模糊。但幸好并没有激动, 也没有感慨, 我不缺乏冷静, 而且很富有宽恕, 我很愉快, 因为我感到我身体内有东西在冲撞; 它支持了我的疲倦, 它使我会看到将来, 它使我跨过现在, 它会使我更冷静, 它包括了真理和智慧, 它是我生命中的力量, 比少年时代的那种无愁的青春更可爱啊!

(丁玲:《风雨中忆萧红》, 学科网 2015 - 11 - 09)

7. 如果说进到天山这里还像是秋天, 那么再往里走就像是春天了。山色逐渐变得柔嫩, 山形也逐渐变得柔和, 很有一伸手就可以触摸到凝脂似的感觉。这里溪流缓慢, 萦绕着每一个山脚, 在轻轻荡漾着的溪流的两岸, 满是高过马头的野花, 红、黄、蓝、白、紫, 五彩缤纷, 像绵延的织锦那么华丽, 像天边的彩霞那么耀眼, 像高空的长虹那么绚烂。这密密层层成丈高的野花, 朵儿赛过八寸的玛瑙盘。马走在花海中, 显得格外矫健; 人浮在花海上, 也显得格外精神。在马上你用不着离鞍, 只要一伸手就可以捧到满怀的你最心爱的大鲜花。虽然天山这时并不是春天, 但是有哪一个春天的花园能比得过这时繁花无边的天山呢?

(碧野:《天山景物记》, 瑞文网 2017 - 08 - 15)

8. 我一个人走到甲板上, 这时江风猎猎, 上下前后, 一片黑森森的, 而无数道强烈的探照灯光, 从船顶上射向江面, 天空江上一片云雾迷蒙, 电光闪闪, 风声水声, 不但使人深深体会到"高江急峡雷霆斗"的赫赫声势, 而且你觉得你自己和大自然是那样贴近,就像整个宇宙,都罗列在你的胸前。水天,风雾,浑然融为一体,好像不是一只船,而是你自己正在和江流搏斗而前。"曙光就在前面,我们应当努力。"这时一种庄严而又美好的情感充溢我的心灵,我觉得这是我所经历的大时代突然一下集中地体现在这奔腾的长江之上。是的,我们的全部生活不就是这样战斗、航进、穿过黑夜走向黎明的吗?这是多么豪迈的生活啊!

(刘白羽:《长江三日》,瑞文网 2017－07－27)

9.六月十五那天,天热得发了狂。太阳刚一出来,地上已经像下了火。一些似云非云似雾非雾的灰气低低地浮在空中,使人觉得憋气。一点风也没有。祥子在院子里看了看那灰红的天,喝了瓢凉水就走出去。

街上的柳树像病了似的,叶子挂着层灰土在枝上打着卷;枝条一动也懒得动,无精打采地低垂着。马路上一个水点也没有,干巴巴地发着白光。便道上尘土飞起多高,跟天上的灰气联接起来,结成一片毒恶的灰沙阵,烫着行人的脸。处处干燥,处处烫手,处处憋闷,整个老城像烧透了的砖窑,使人喘不过气来。狗趴在地上吐出红舌头,骡马的鼻孔张得特别大,小贩们不敢吆喝,柏油路晒化了,甚至于铺户门前的铜牌好像也要晒化。

(老舍:《骆驼祥子》,瑞文网 2018－08－06)

10.春天,我在这片土地上,用我细瘦的胳膊,紧扶着我锈钝的犁。深埋在泥土里的树根、石块,磕绊着我的犁头,消耗着我成倍的体力。我汗流浃背,四肢颤抖,恨不得立刻躺倒在那片刚刚开垦的泥土之上。可我懂得我没有权利逃避,在给予我生命的同时所给予我的责任。我无须问为什么,也无须想有没有结果。我不应白白地耗费时间,去无尽地感慨生命的艰辛,也不应该自艾自怜命运怎么不济,偏偏给了我这样一块不毛之地。我要做的是咬紧牙关,闷着脑袋,拼却全身的力气,压到我的犁头上去。我绝不企望有谁来代替,因为在这世界上,每人都有一块必得由他自己来耕种的土地。

(张洁:《我的四季》,中国散文网 2016－12－14)

(四)依据文字,感知人物

训练提示:这些是描写人物神态、心理及行为活动的语段。要求依据这些文字材料的描述,对不同场景下的人物形成综合感受。要注意感受的整体性和深刻性,正确地把握描述的态度,准确地展现不同人物的个性特征。

1.天边的最后一丝光亮也被黑暗吞没了。满天堆起了乌云,不一会儿下起大雨来。我一再请求他放下我,怎么说他也不肯,仍旧一步一滑地背着我向前走。

突然,他的身子猛地往下一沉。"小鬼,快离开我!"他急忙说,"我掉进泥潭里了。"

我心里一惊，不知怎么办好，只觉得自己也随着他往下陷。这时候，他用力把我往上一顶，一下子把我甩在一边，大声说："快离开我，咱们两个不能都牺牲！……要……要记住革命！……"

（王愿坚：《草地夜行》，百度文库 2017 - 10 - 24）

2. 隔着草帽，他的头发已经全湿。地上的水过了脚面，湿裤子裹住他的腿，上面的雨直砸着他的头和背，横扫着他的脸。他不能抬头，不能睁眼，不能呼吸，不能迈步。他像要立定在水里，不知道哪是路，不晓得前后左右都有什么，只觉得透骨凉的水往身上各处浇。他什么也不知道了，只茫茫地觉得心有点热气，耳边有一片雨声。

（老舍：《骆驼祥子》，瑞文网 2018 - 08 - 06）

3. 黄昏以后，淑英被带进了妈妈的牢房。在昏暗的灯光下，淑英看见了妈妈，她几乎不认识妈妈了。妈妈是那样的可怕：全身的衣服都碎成了一片片破条条，沾满着变黑了的血迹。多皱的脸上，浮肿得像皮球似的，又青又亮，两只失神的眼睛，直盯盯地望着她。她尖叫一声，立刻要扑过去，抱住妈妈。但是，她用力地抑制着沸腾的情感，收住了脚步，望着妈妈惨然一笑，她想用笑来宽慰妈妈的心，表示她并没有受过什么苦楚。

（峻青：《党员登记表》，360doc 个人图书馆 2017 - 09 - 22）

4. 她的一双小手几乎冻僵了。啊，哪怕一根小小的火柴，对她也是有好处的！她敢从成把的火柴里抽出一根，在墙上擦燃了，来暖和暖和自己的小手吗？她终于抽出了一根。哧！火柴燃起来了，冒出火焰来了！她把小手拢在火焰上。多么温暖多么明亮的火焰啊，简直像一支小小的蜡烛。这是一道奇异的火光！小女孩觉得自己好像坐在一个大火炉前面，火炉装着闪亮的铜脚和铜把手，烧得旺旺的，暖烘烘的，多么舒服啊！哎，这是怎么回事呢？她刚把脚伸出去，想让脚也暖和一下，火柴灭了，火炉不见了。她坐在那儿，手里只有一根烧过了的火柴梗。

（［丹麦］安徒生：《卖火柴的小女孩》，百度文库 2019 - 01 - 06）

5. 郭靖忽然想起，说道："我给你带了点心来。"从怀里掏出完颜康送来的细点，哪知他背负王处一、换水化毒、奔波求药，早把点心压得或扁或烂，不成模样。黄蓉看了点心的样子，轻轻一笑。郭靖红了脸，道："吃不得了！"拿起来要抛入湖中。黄蓉伸手接过，说道："我爱吃。"郭靖一怔，黄蓉已把一块点心放在口里吃起来。郭靖见她吃了几口，眼圈渐红，眼眶中慢慢充了泪水，更是不解。黄蓉道："我生下来就没了妈，从没有谁这样记着我过……"说着几颗泪水流了下来。她取出一块洁白的手帕，郭靖以为她要擦拭泪水，哪知她把几块压烂了的点心细心包好，放在怀里，回眸一笑，道："我慢慢的吃。"

（金庸：《射雕英雄传》，豆瓣 2016 - 11 - 13）

6.只见他在台上来回踱了两步又站定,双手卡腰,怒气难抑。终于,炸雷般的喊声从麦克风里传出:"我的大炮就要万炮轰鸣,我的装甲车就要隆隆开进!我的千军万马就要去杀敌!就要去拼命!就要去流血!可刚才,有那么个神通广大的贵妇人,她竟有本事从几千里之外,把电话要到我这前沿指挥所!此刻,我指挥所的电话,分分秒秒,千金难买!可那贵妇人来电话干啥?她来电话是让我给她儿子开后门,让我关照关照她儿子!走后门,竟敢走到我这流血牺牲的战场上!我雷某不管她是天老爷的夫人,还是地老爷的太太,走后门,谁敢把后门走到我这流血牺牲的战场上,没二话,我雷某要让她儿子第一个扛上炸药包,去炸碉堡!去炸碉堡!!……"

(李存葆:《高山下的花环》,

载付成《实用播音教程(2)》,中国传媒大学出版社 2002 年版)

7.一阵狂风卷过,寒气阵阵袭来,矗立在签子门边的余新江浑身发冷,禁不住颤抖一下,屋瓦上响起了哗哗的声音,击打在人的心上,是暴雨?这声音比暴雨更响,更加嘈杂,更加猛烈。"冰雹!"余新江听见有人悄声喊着。他也侧耳听那屋瓦上的响声,在沉静的寒气里,在劈打屋顶的冰雹急响中,忽然听出一种隆隆的轰鸣。这声音夹杂在冰雹之中,时大时小。余新江渐渐想起,刚才在冰雹之前的狂风呼啸中,似乎也曾听到这种响声,只是不如现在这样清晰,这样接近;因为他专注地观察敌人,所以未曾引起注意。这隆隆的轰鸣,是风雪中的雷声么?余新江暗自猜想着:在这隆冬季节,不该出现雷鸣啊!难道是敌人爆破工厂,毁灭山城么?忽然,余新江冰冷的脸上,露出狂喜,他的手里激动得冒出了汗水,他突然一转身,面对着全室的人,眼里不可抑制地涌出滚烫的泪水。"听,炮声,解放军的炮声!"

(罗广斌:《红岩》,载付成《实用播音教育(2)》,中国传媒大学出版社 2002 年版)

8.烙印除掉之后,海丝特发出一声深长的叹息,从这一声叹息中,耻辱和苦闷的重荷,从她精神上离开了。啊!多么怡然轻松!在她没有感觉到自由以前,她是不晓得它有多么重!由于另一种冲动,她取掉那拘束着头发的一般规格的帽子,于是浓密乌黑的发落在她的双肩上,在丰茂中即刻现出光与影,而且使她的容貌增添了柔和的美。仿佛从女性内心涌出来的一种灿烂温柔的微笑,戏舞在她的嘴边,并从她的双眼里发射着光芒。在她那久已苍白的颊上,烧起一片红潮。她的女性,她的青春,以她全部丰茂的美丽,便从人们所谓"一去不复返"的往昔中重又返回来了,她那少女的希望和前所未有的幸福,就都一起聚集在此刻的幻术圈里。

([美]霍桑:《红字》,百度文库 2013-03-18)

9.她觉得自己本是为了一切精美的和一切豪华的事物而生的,因此不住地感到痛苦。由于自己房屋的寒伧,墙壁的粗糙,家具的陈旧,衣料的庸俗,她非常难过。这一切，在另一个和她同等的妇人心上，也许是不会注意的，然而她却因此伤心，又因此懊恼，那个替她照料琐碎家务的布列塔尼省的小女佣人的样子，使她产生了种种忧苦的遗憾和胡思乱想。她梦想着那些静悄悄的接待室，如何蒙着东方的帏幕，如何点着青铜的高脚灯檠，如何派着两个身穿短裤子的高个儿侍应生听候指使，而热烘烘的空气暖炉使得两个侍应生都在大型的圈椅上打盹。她梦想那些披着古代壁衣的大客厅，那些摆着无从估价的瓷瓶的精美家具；她梦想那些精致而且芬芳的小客厅，自己到了午后五点光景，就可以和亲切的男朋友在那儿闲谈，和那些被妇女界美慕的并且渴望一顾的知名男子在那儿闲谈。

（［法］莫泊桑：《项链》，360doc 个人图书馆 2014－07－04）

10.孔乙己是站着喝酒而穿长衫的唯一的人。他身材很高大；青白脸色，皱纹间时常夹些伤痕；一部乱蓬蓬的花白的胡子。穿的虽然是长衫，可是又脏又破，似乎十多年没有补，也没有洗。他对人说话，总是满口之乎者也，教人半懂不懂的。因为他姓孔，别人便从描红纸上的"上大人孔乙己"这半懂不懂的话里，替他取下一个绰号，叫作孔乙己。孔乙己一到店，所有喝酒的人便都看着他笑，有的叫道，"孔乙己，你脸上又添上新伤疤了！"他不回答，对柜里说，"温两碗酒，要一碟茴香豆。"便排出九文大钱。他们又故意的高声嚷道，"你一定又偷了人家的东西了！"孔乙己睁大眼睛说，"你怎么这样凭空污人清白……""什么清白？我前天亲眼见你偷了何家的书，吊着打"。孔乙己便涨红了脸，额上的青筋条条绽出，争辩道"窃书不能算偷……窃书！……读书人的事，能算偷么？"接连便是难懂的话，什么"君子固穷"，什么"者乎"之类，引得众人都哄笑起来，店内外充满了快活的空气。

（鲁迅：《孔乙己》，瑞文网 2018－04－05）

二、落实语句，整体推进

方法：由易到难选择一些稿件进行练习。刚开始可先练习一些篇幅短小的段子，逐渐循序渐进进入到篇幅长、内容复杂的直播稿件。

提示：①理清文字材料的逻辑关系，整体把握文字材料的内容。②调动生活积累来丰富词语感受。③将词语感受上升为符合文字材料的饱满情感。④重视现场氛围的营造，使现场氛围和文字材料融为一体。⑤要有身临其境的现场感。

需要注意的问题：①找准逻辑关系，让语言"穿线抱团"。②播出状态要积极。

（一）描写语段

训练提示：这部分材料总体地、宏观地介绍了事件、场景、情绪和氛围。从这些材料可以看到，内在的逻辑关系犹如经络贯穿于语段的始终。如果抓住了逻辑关系,就等于拎起了全段散乱的文字,有助于对文字内容的整体把握。朗读时,要清晰地把握语言的逻辑链条,依据对文字内容的理解,调动起丰富饱满的情感,一步步整体向前推进。

感人的歌声留给人的记忆是长远的。无论哪一首激动人心的歌,最初在哪里听过,哪里的情景就会深深地留在记忆里。环境,天气,人物,色彩,甚至连听歌时的感触,都会烙印在记忆的深处,像在记忆里摄下了声音的影片一样。那影片纯粹是用声音绘制的,声音绘制色彩,声音绘制形象,声音绘制感情。只要在什么时候再听到那种歌声,那声音的影片便一幕幕放映起来。

(吴伯萧:《歌声》,学科网 2014-03-27)

后生们的胳膊、腿、全身,有力地搏击着,疾速地搏击着,大起大落地搏击着。它震撼你,烧灼你,威逼着你。它使你从来没有如此鲜明地感受到生命的存在、活跃和强盛。它使你惊异于那农民衣着包裹着的躯体,那消化着红豆角老南瓜的躯体,居然可以释放出那么奇伟磅礴的能量! 黄土高原哪,你生养了这些元气淋漓的后生。也只有你,才能承受如此惊心动魄的搏击! 好一个黄土高原! 好一个安塞腰鼓!

(刘成章:《安塞腰鼓》,语文网 2018-03-29)

读书并不在多,最重要的是选得精,读得彻底,与其读十部无足轻重的书,不如以读十部书的时间和精力去读一部真正值得读的书;与其十部书都只泛览一遍,不如取一部书精读十遍。"旧书不厌百回读,熟读深思子自知",这两句诗可以作为每个读书人的座右铭。读书原为自己受用,多读不能算是荣誉,少读也不能算是羞耻。少读如果彻底,必能养成深思熟虑的习惯,涵泳优游,以至于变化气质;多读而不求甚解,譬如驰骋十里洋场,虽珍奇满目,徒惹得心花意乱,空手而归。世间许多人读书只为装点门面,如暴发户炫耀家私,以多为贵。这在治学方面是自欺欺人,在做人方面是趣味低劣。

(朱光潜:《谈读书》,360doc 个人图书馆 2011-12-17)

肖邦让黑白相间的钢琴键轻轻起伏,当清澄的和弦与如歌的旋律从中飞逸出来的时候,你有没有感受到他那一腔柔情? 他在向你诉说一个流亡者的孤独,诉说爱情带来的惆怅,还有那莫名的、却永远弥漫于心头的雾霭……贝多芬让百十来人的大乐队轰然作响,当铿锵嘹亮的号角音调震撼整个大厅的时候,你有没有体会到那股英雄的豪气? 他在向全世界宣告人类的理想,人类的力量,他伸出巨大的拳头,猛击在命运布下的锁链上! 柴可夫斯基深情地唱起俄罗斯农民的曲调,他是在告诉你,那广阔的土地上有着多么沉重的、三套马车印下的辙迹。舒伯特也把一个独行旅人的背影,悄悄印在菩提树绿荫间,你看到他吗? 别闭上你的心扉,瞧,他们正向你走来,凝视着你的眼睛,握住你的手。

(周小静:《音乐是一种心境》,360doc 个人图书馆 2011-07-24)

苏州园林里都有假山和池沼。假山的堆叠,可以说是一项艺术而不仅是技术。或者是重峦叠嶂,或者是几座小山配合着竹子花木,全在乎设计者和匠师们生平多阅历,胸中有丘壑,才能使游览者攀登的时候忘却苏州城市,只觉得身在山间。至于池沼,大多引用活水。有些园林池沼宽敞,就把池沼作为全园的中心,其他景物配合着布置。水面假如成河道模样,往往安排桥梁。假如安排两座以上的桥梁,那就一座一个样,决不雷同。池沼或河道的边沿很少砌齐整的石岸,总是高低屈曲任其自然。还在那儿布置几块玲珑的石头,或者种些花草:这也是为了取得从各个角度看都成一幅画的效果。池沼里养着金鱼或各色鲤鱼,夏秋季节荷花或睡莲开放,游览者看"鱼戏莲叶间",又是入画的一景。

(叶圣陶:《苏州园林》,语文网 2018－04－3)

(二)纪录片《大金湖》解说词

训练提示:这是一段介绍风景名胜的解说词。解说时,要依据文字展开想象,用声要自然、松弛,吐字要圆润轻柔,节奏要徐缓,感情要真挚但又不能陷得太深,要特别注意和朗诵的区别。

丹霞天踪,碧水灵趣。亿万年的天地造化成就了大金湖这片景象万千的佛山秀水。清代诗僧曾赋诗曰:"怪石都从天上生,活如神鬼伴人行。海之内外佳山水,到此难容再作声。"当今著名学者蔡尚思先生也惊呼:"金湖,天下第一湖山。"

从金湖码头出发,随意搭上一艘游船,便可开始朝拜金湖水上天然大佛寺的奇妙旅程。首先映入眼帘的是一道飞瀑,只见茫茫烟雾中,水中观音在彩虹间若隐若现,预示着这座水上天然大佛寺的神奇。

青山环抱,钟灵毓秀,这就是始建于 1132 年的醴泉岩寺,当年乾隆皇帝微服私访就曾路过此地。

天光一隙中,一股清泉从天而降,正是"石隐天开面,泉来月有声",令人叹为观止。甘露岩上的晨钟暮鼓在山水间回响。天钟、天鼓巍然耸立,甘露寺就建在这钟鼓之间,与其浑然天成,真可谓右鼓左钟,妙在其中。

青青芳竹前,一尊如来佛祖头像在这里镇守了 760 多万年,佛光依然普照着来来往往的万千信众。在佛教中,只有当一个寺庙的佛性达到最高境界时,才有可能出现"印身佛影"。在灵气祥瑞的甘露寺,有缘之人却可以看到佛祖的印身,感悟佛祖的存在。

(王明军、阎亮:《影视配音艺术》,中国传媒大学出版社 2007 年版)

(三)《中国绍兴建城 2500 年庆典晚会》浙江之声现场直播稿

训练提示:①熟悉播出内容。对整个节目的内容、形式有一个全方位的把握。②调整好话筒前状态。主持人要以积极的姿态推进节目的进程。③把握好基调。主持基调和表演节目的基调要合拍,整个节目要浑然一体。④营造身临其境的氛围。要利用现场气氛调动播出情绪,增强节目的现场感。

第一板块:仪式部分

飞扬:各位听众,大家晚上好!我是浙江之声主持人飞扬。

王萍:我是浙江之声主持人王萍。

飞扬:我们现在正在中国绍兴柯桥中国轻纺城会展中心,为您现场直播第六届世界合唱比赛开幕式暨中国绍兴建城 2500 年庆典晚会。

王萍:世界合唱比赛,被誉为合唱界的"奥林匹克",是目前世界上规模最大、规格最高、最具国际性和代表性的合唱活动,每两年一届。2000 年起,已在奥地利林茨、韩国釜山、德国不来梅、中国厦门和奥地利格拉茨举办了五届。2007 年,古城绍兴加入申办行列,并以深厚的人文底蕴和优美的城市环境,赢得了 2010 年世合赛主办权。

飞扬:今年是绍兴建城 2500 年。绍兴通过与国际文化交流基金会共同举办第六届世界合唱比赛,旨在向世界展示绍兴深厚的历史文化、优美的水城风光、改革开放的巨大成就,并以此为载体进一步增强绍兴人民的传承力和创新力。

王萍:世界合唱比赛,让世界进一步了解绍兴,也让有 2500 年建城史的绍兴,更自信地走向世界。世界合唱比赛,把来自不同国家、不同民族的人们联系在一起,用最美的声音唱响和平和友谊。

飞扬:今天的晚会分为三个部分,分别是开幕仪式部分、文艺表演及合唱展演。现在绍兴市市长钱建民主持开幕仪式。

为履行向全球作出的承办承诺,绍兴拉开"迎千年盛典、办合唱比赛、创文明城市"的帷幕,全城开展了大合唱。

王萍:开展"六个城市建设"。打造文化之城,推进文化繁荣;打造靓丽之城,优化市容环境;打造礼仪之城,推动文明服务;打造温馨之城,拓展志愿行动;打造畅通之城,整治交通秩序;打造平安之城,加强社会治安。场馆建设、艺术组织、旅游接待、安全保卫、卫生防疫、道路改造、环境改善战役全面打响。

飞扬:1 主 10 副 11 个比赛和演出场馆,7 个国际合唱村按时改造完工;472 个合唱团一团一车接待。70 家星级宾馆留房 3000 多间,街头柜员机插入外币卡可自由取出美元、欧元和人民币,18 家旅游企业和公交备车 550 辆,推出 10 条旅游购物路线,确保选手比赛和国外游客吃住行游玩和购物。

王萍:城市形象发生显著变化。投资 6.5 亿元的古越王城保护整合工程完工,更显 2500 年城市文化积淀和精神。投资 5 亿元的引清水入城工程完工,环城河、城市内河清波荡漾。投资 1.5 亿元的城市立面改造,青砖黛瓦、石板小路特色更加鲜明,夜晚,主城区的主建筑和府山等山上的楼、塔亮起霓虹轮廓线,更给古城增添几分现代气息。交通、市容环境和市场经营秩序十大整治行动,使城市更加有序。

飞扬:参与世合赛、服务世合赛,成为人们追求的荣耀。15000人报名做志愿者。2500张笑脸征集人们欢快响应。100多支合唱队排练,参加友好演唱会,17支脱颖而出,参加合唱比赛。1000多名市级机关干部,每周两晚在学校学习英语对话,23个社区千名大伯大妈自发学英语,40名本土英语老师学主持练临场,担当比赛外语主持人。

王萍:中国著名指挥家杨鸿年,为绍兴文理学院合唱团谱写参赛曲目《古越情怀》。世界著名小提琴协奏曲《梁祝》的作曲家何占豪教授,为绍兴艺校合唱团创作《梁祝》歌曲。他们亲自指导排练,要为合唱增添绍兴特色、中国风采。

飞扬:在25名少女伴随下,6名来自五大洲的代表,敲响了和平钟。钟声仿佛如同奥运会的火炬,把每一支合唱队对和平、友谊的美好祝愿,也把绍兴人民欢庆建城2500年的喜悦,传向全世界。

第二板块:文艺演出

飞扬:各位听众,现在是北京时间××,我们正在绍兴柯桥中国轻纺城会展中心为您现场直播第六届世界合唱比赛开幕式暨中国绍兴建城2500年庆典晚会。我是浙江之声主持人飞扬。

王萍:我是浙江之声主持人王萍。今天晚上柯桥的会展中心灯火璀璨,万人会场座无虚席。现在正在表演的节目是开场歌舞《绍兴欢迎你》。150名演员身着各行各业的服装,手持小彩旗和多名绍剧猴戏演员、越剧演员,载歌载舞,表达绍兴人民对世界各国贵宾和歌者的热情欢迎。

飞扬:古老的绍兴建城已有2500年了。2500年前,越王勾践在现在的绍兴城府山铲起建城第一锹土。这一年为公元前490年,正是勾践在吴国饱受三年凌辱后的回国之初。

王萍:越国,从大禹世孙无余立国到勾践继位的一千多年中,一直在会稽山腹地。大夫范蠡说,越国要报仇雪耻,角逐中原,必须从会稽深山迁徙到土地肥沃的沿海平原。范蠡受命新建都城。他选择了南靠会稽山脉、北临钱塘江,东西两翼有曹娥江和浦阳江为天然屏障,即现在的绍兴城为越国都城城址。

飞扬:范蠡建城留下两个思想:一是城市定位,强国、称霸;二是建城内涵,振奋民心、团结国人。

王萍:范蠡建城,勾践卧薪尝胆。每天劳作出入,都有人高喊:"勾践,你忘记耻辱了吗?"

飞扬:十年生聚、十年教训,越国人口大增,百姓家有三年余粮。公元前473年,勾践起兵攻入吴国姑苏,夫差自杀。勾践终成建国大业,成为春秋末年最精彩的篇章。

王萍:宋王朝南迁,使绍兴两度成为临时首都,成为这一时期的经济、政治与文化中心。公元 1131 年,南宋高宗取"绍奕世之宏林,兴百王之丕绪"上下句首字,改年号为绍兴,表示要继承和恢复北宋王朝的繁荣局面,并在绍兴元年十月升越州为绍兴府。越州知府欲将南宋年号"绍兴"冠为越州域名,宋高宗题"绍祚中兴"四字给绍兴府。绍,即继承;祚,赐福保佑;中兴,即中途兴旺。从此,"绍兴"作为越州城市之名,沿用至今。

飞扬:绍祚中兴,历史在不经意间为绍兴创造了一次大发展机遇。城市人口发展到近 30 万人,酿酒、越窑青瓷、造纸、丝绸业和城乡集市发达。城内水道密布桥梁众多相互贯通,商贾货运和交易十分便利。重教兴学,稽山书院、和靖书院引领一代学术风骚。

《绍兴欢迎你》扬起。

【歌舞《化蝶》】压混。

王萍:《梁山伯与祝英台》和《白蛇传》《孟姜女》《牛郎织女》并称为中国古代四大民间传说。梁祝故事在民间流传已有 1400 多年,成为爱情的千古绝唱,在中国家喻户晓。小提琴协奏曲《梁山伯与祝英台》,更使梁祝爱情在世界上产生广泛影响,被誉为"东方的《罗密欧与朱丽叶》"。

飞扬:梁山伯与祝英台是绍兴人,祝英台的故乡在绍兴上虞。梁祝传说已被列为国家级非物质文化遗产。

《化蝶》扬起。

【合唱组合《世界的和声》】。

飞扬:现在大家依次将听到的是《茉莉花》《阿拉木罕》《妈妈咪呀》和《歌声与微笑》曲目。这些歌曲大家一定是耳熟能详,你和我一定会在心底里共同唱起,一起让我们的歌声成为世界的和声。

王萍:我们参与、我们歌唱、我们快乐。第六届世界合唱比赛开幕式暨中国绍兴建城 2500 年庆典晚会,我们就为你直播到这里,感谢你的收听。

飞扬:本次直播,得到中国电信柯桥分公司的音频传输支持。

王萍:本次直播,主持:飞扬、王萍;录音:钟继平、郑斌、季强;技术发展:钟社宝;文稿:张晓频、盛玫;监制:卞学全。

(浙江广播电视集团浙江之声 2010 年 11 月 22 日现场直播文稿)

三、综合训练

方法:播讲前要认真备稿,把握作者的思路,为融入稿件奠定基础。

提示:①情景再现产生于具体的感受之中。在播讲时要善于捕捉一些关键语句,以引发思想感情的运动,从而唤起饱满的情感。②注意听觉、视觉、嗅觉、味觉、触觉、时间觉和空间觉的把握。③稿件中有些情景是播讲者不曾经历过的,我们可以用耳闻目睹的间接经验来补充和丰富,以引发真挚的情感。

需要注意的问题:①对词语要有感受。②找准播出的基调。

春 朱自清

训练提示:《春》是一篇借景抒情的散文。作者抓住春景的特点,运用比喻、拟人等手法,准确、生动地描绘出一幅幅动人的春景图,抒发了对春的赞美之情。

在文章中,作者满怀欣喜地描绘出春草、春花、春风、春雨的图景。这是一个生机盎然、令人神往的美景,我们要调动视、听、嗅、触、时间和空间等感知觉,感受春天绚丽多姿的美丽景色,体验热爱春天、讴歌春天的感情,由衷地赞美春天的新意、娇美和活力。可以分别练习描绘春草、春花、春风、春雨的段落,然后再练习整篇文章。

盼望着,盼望着,东风来了,春天脚步近了。

一切都像刚睡醒的样子,欣欣然张开了眼。山朗润起来了,水涨起来了,太阳的脸红起来了。

小草偷偷地从土里钻出来,嫩嫩的,绿绿的。园子里,田野里,瞧去一大片一大片满是的。坐着,躺着,打两个滚,踢几脚球,赛几趟跑,捉几回迷藏。风轻悄悄的,草软绵绵的。

桃树、杏树、梨树,你不让我,我不让你,都开满了花赶趟儿。红的像火,粉的像霞,白的像雪。花里带着甜味儿;闭了眼,村上仿佛已经满是桃儿、杏儿、梨儿。花下成千成百的蜜蜂嗡嗡地闹着,大小的蝴蝶飞来飞去。野花遍地是:杂样儿,有名字的,没名字的,散在草丛里像眼睛,像星星,还眨呀眨的。

"吹面不寒杨柳风",不错的,像母亲的手抚摸着你。风里带来些新翻的泥土的气息,混着青草味儿,还有各种花的香,都在微微润湿的空气里酝酿。鸟儿将巢安在繁花嫩叶当中,高兴起来了,呼朋引伴地卖弄清脆的喉咙,唱出婉转的曲子,跟轻风流水应和着。牛背上牧童的短笛,这时候也成天嘹亮地响着。

雨是最寻常的,一下就是三两天。可别恼。看,像牛毛,像花针,像细丝,密密地斜织着,人家屋顶上全笼着一层薄烟。树叶儿却绿得发亮。小草儿也青得逼你的眼。傍晚时候,上灯了,一点点黄晕的光,烘托出一片安静而和平的夜。在乡下,小路上,石桥边,有撑着伞慢慢走着的人;地里还有工作的农民,披着蓑戴着笠。他们的房屋,稀稀疏疏的,在雨里静默着。

天上风筝渐渐多了,地上孩子也多了。城里乡下,家家户户,老老小小,也都赶趟儿似的,一个个都出来了。舒活舒活筋骨,抖擞抖擞精神,各做各的一份事儿去。

"一年之计在于春",刚起头儿,有的是工夫,有的是希望。

春天像刚落地的娃娃，从头到脚都是新的，它生长着。

春天像小姑娘，花枝招展的，笑着，走着。

春天像健壮的青年，有铁一般的胳膊和腰脚，他领着我们上前去。

（朱自清：《朱自清散文集》，人民文学出版社 2003 年版）

红辣椒,黄包谷　卢兆盛

训练提示：这篇文章通过对红辣椒、黄包谷具体细致的描述，向人们展现出一幅秋天的优美画卷，歌颂了勤劳善良的人民，展示出人们对美好生活的信心。文章对红辣椒、黄包谷的描述可谓细致入微。播读时我们要充分调动视觉、触觉、空间觉等方面的感受，再现秋天乡村丰收的场面，以赞美之情讴歌社会、歌颂美好生活。

秋天，在乡村的屋檐下，总有一些耀眼的东西牵住你的目光，让你看了还想看。那东西是暖色的，给人一种温暖的感觉，一种温暖的享受。

那火红火红的，是辣椒，或尖长或圆实，一串串，悬挂得极有层次。那金黄金黄的，是包谷，通体饱满硕壮，一行行，排列得颇为壮观。

这红辣椒，这黄包谷，经秋阳朗照，青瓦映衬，便红的更红，黄的更黄，反射出一束束赤焰金光，仿佛要花了你的眼；那一颗颗晶亮的包谷籽儿，令人担心它们会随时膨胀炸裂，成为一朵朵极美丽的雪白的米花。

能够达到今天这个高度，并炫耀于灿灿秋日下，它们在地里时恐怕做梦都未曾想到吧。它们当然不会知道自己已被选定为种子，等来年又将摇曳一片春光一片秋色。而种它们育它们采摘它们的农人，在将它们高悬于屋檐下时，也许并未想到那红红黄黄的汗水的结晶会成为绝美的立体的风景吧。这绝美的立体的风景如画如诗如歌，属于乡村的秋天。

（卢兆盛：《秋天，乡村风景线》（二章），载《散文诗世界》2011 年第 10 期）

丑　石　贾平凹

训练提示：这是一篇逻辑性很强的叙事散文。播读时要特别注意把握语句间的逻辑关系。比如第一段"我常常遗憾我家门前的那块丑石呢"和下一句是因果关系；"谁也——谁也——"，这是并列关系；"只是——"和上一句之间是转折关系。理清这些逻辑关系不仅可以加强对文章内容的理解，还可以进一步确定每句话该用什么样的语气来表达，哪些词该处理为重音，以增强表意的准确性和严密性。播读时还要注意以作者对丑石态度上的变化为主线，避免把文章读散。

我常常遗憾我家门前的那块丑石呢：它黑黝黝地卧在那里，牛似的模样；谁也不知道是什么时候留在这里的，谁也不去理会它。只是麦收时节，门前摊了麦子，奶奶总是要说：这块丑石，多碍地面哟，多时把它搬走吧。

于是，伯父家盖房，想以它垒山墙，但苦于它极不规则，没棱角儿，也没平面儿；用整破开吧，又懒得花那么大气力，因为河滩并不甚远，随便去搬一块回来，哪一块也比它强。房盖起来，压铺台阶，伯父也没有看上它。有一年，来了一个石匠，为我家洗一台石磨，奶奶又说：用这块丑石吧，省得从远处搬动。石匠看了看，摇着头，嫌它石质太细，也不采用。它不像汉白玉那样的细腻，可以凿下刻字雕花，也不像大青石那样的光滑，可以供来浣纱捶布；它静静地卧在那里，院边的槐荫没有庇覆它，花儿也不再在它身边生长。荒草便繁衍出来，枝蔓上下，慢慢地，竟锈上了绿苔、黑斑。我们这些做孩子的，也讨厌起它来，曾合伙要搬走它，但力气又不足；虽时时咒骂它，嫌弃它，也无可奈何，只好任它留在那里去了。

稍稍能安慰我们的，是在那石上有一个不大不小的坑凹儿，雨天就盛满了水。常常雨过三天了，地上已经干燥，那石凹里水儿还有，鸡儿便去那里渴饮。每每到了十五的夜晚，我们盼着满月出来，就爬到其上，翘望天边；奶奶总是要骂的，害怕我们摔下来。果然那一次就摔了下来，磕破了我的膝盖呢。

人都骂它是丑石，它真是丑得不能再丑的丑石了。

终有一日，村子里来了一个天文学家。他在我家门前路过，突然发现了这块石头，眼光立即就拉直了。他再没有走去，就住了下来；以后又来了好些人，说这是一块陨石，从天上落下来已经有二三百年了，是一件了不起的东西。不久便来了车，小心翼翼地将它运走了。这使我们都很惊奇！这又怪又丑的石头，原来是天上的呢！它补过天，在天上发过热，闪过光，我们的先祖或许仰望过它，它给了他们光明，向往，憧憬；而它落下来了，在污土里，荒草里，一躺就是几百年了?!

奶奶说："真看不出！它那么不一般，却怎么连墙也垒不成，台阶也垒不成呢?""它是太丑了。"

天文学家说："真的，是太丑了。"

"可这正是它的美，"天文学家说，"它是以丑为美的。"

"以丑为美?"

"是的，丑到极处，便是美到极处。正因为它不是一般的顽石，当然不能去做墙，做台阶，不能去雕刻，捶布。它不是做这些玩意儿的，所以常常就遭到一般世俗的讥讽。"

奶奶脸红了，我也脸红了。

我感到自己的可耻，也感到了丑石的伟大；我甚至怨恨它这么多年竟会默默地忍受着这一切？而我又立即深深地感到它那种不屈于误解、寂寞的生存的伟大。

（贾平凹：《贾平凹作品集》，上海三联出版社2012年版）

军　礼　石钟山

训练提示：本文写的是红军长征中的一个故事。在"气温骤然降到零下三十多度"的情况下，红军军需处长把生留给了战友，却把死留给了自己。这是一曲深沉的悲歌，又是对红军战士的热情赞歌。文章篇幅虽短，却感人肺腑、扣人心弦。

文章前两句的表达非常关键。这两句不仅可以烘托气氛，还可以为全文定下基调。在朗诵之前可以先用想象力唤起内心视像，即看到眼前天空昏暗，有一支红军队伍在满天飞舞的大雪中艰难地行进，在看到这一切后再用凝重沉缓的声音说出文章的前两句。军长看到冻死的战士后，连说了三声"给我找军需处长"。这三句同样的话语应该用不同的方法来处理：第一次的语气是愤怒；第二次的语气是强压怒火；第三次是怒不可遏。文章中军长内心情感变化呈现出层次性，播读者可以运用情景再现的技巧来促进转换。

天下着鹅毛大雪。一支红军队伍在零下三十多度的酷寒中艰难地行进着。突然，队伍中有人喊起来："有人冻死啦！"军长一震，急步向前跑去。松树下，一位战士倚着树干，坐在雪窝里，一动也不动。他的右手夹着半截子用树叶卷成的烟，小心地放在胸前，仿佛在最寒冷的时刻还在渴望一支烟的温暖。他右手握着一个小纸包，脸上还挂着一丝早已冷却的笑容。军长用颤抖的手打开了那个纸包，一只红辣椒跳进了军长的眼帘。他轻轻拂去战士肩上的积雪，猛然发现他身上竟然穿得那样单薄，单薄得像一张纸。"棉衣，棉衣呢？为什么没发给他棉衣？"军长两眼发红："军需处长呢？"警卫员在发愣。"给我找军需处长。"还是没有人应声。"快，给我找军需处长！"警卫员哇的一声哭了出来："报告军长，他就是刚任命的军需处长。棉衣不够了……每人发的御寒辣椒也都没舍得吃一口……"

军长愣住了，他望着雕像般的军需处长，眼泪成串成串地流了下来。他高高地举起那只鲜红的辣椒，在铅灰色的天穹下，在迷漫的雪雾中，辣椒就像一把燃烧的火炬，照耀着前程。在这火炬下，一只又一只右手缓缓举起。军礼是那样庄重，整个队伍发出一片抽泣声，像一曲悲壮的哀乐，回荡在雪地上空。

人们不知道这位军需处长的名字。可是，永远也忘不了他留给我们的那只鲜红的辣椒。

（石钟山：《最后的军礼》，人民文学出版社 2007 年版）

走进世博园　　晓　雪

训练提示：世博园是什么样子的？里面会有哪些景观？这篇文章会带我们进入其中，让我们领略到花的世界、树的海洋。文章脉络清晰、内容丰富，给人以新鲜的感觉。朗读时不仅要调动视觉感受,还要调动听觉、时间觉和空间觉等方面的感受,再现世博园美丽而奇特的景观,把兴奋和惊叹的情绪传递给受众。让受众和我们一道享受大自然的乐趣,感受大自然带来的温馨。文章描写的内容较多,要注意理清头绪,在脑海中形成连续的画面。

走进昆明世博园,我一下子看见了全中国、全世界!一进园门,便见一座直径为 19.99 米的巨型世纪花钟。它是一条长 850 米、宽 40 米的花园大道的起点,这条大道由 45 万盆鲜花铺就,依次设有高 17 米、长 30 米的"花船",由报春花、三色堇、万寿菊、金鱼草汇聚成的"花溪",溪边"花开新世纪"的巨型雕塑,把我引入了梦幻般的天地。

北京的"万春园",山东的"齐鲁园",广东的"粤晖园",重庆的"巴渝园",山西的"槐香园",陕西的"唐园",江苏的"苏园",江西的"瓷园",云南的"彩云园",广西的"山林园",上海的"明珠园",西藏的"宝贝林卡",天津的"百龙嬉水",吉林的"白山天池",贵州的"黔山秀水",安徽的"水口园林",甘肃的"敦煌飞天",内蒙古的"草原之家",还有荷兰园、法国园、日本园、美国园、泰国园、缅甸园、老挝园,还有竹园、茶园、药草园、树木园……

我看到吉林的白桦、西藏的高山松、广东的大王椰、甘肃的火炬树、黑龙江的暴马丁香、湖北的海棠在这里深深扎根,长得郁郁葱葱!

我看到华盖木、伯乐树、金钱松、水青树、银杉、秃杉、水松、华榛、毛叶拐枣等国家一类、二类的珍稀保护树种,在这里安家落户,一派生机勃勃!

我看见春、夏、秋、冬,无数种奇花异卉同时在这里竞相开放,万紫千红!我看见东、西、南、北,无数种绿色植物一起在这里欣欣向荣,叠翠涌绿!

我看见四海奇树,五洲绝品,百邦园艺,万方花卉,在同一块土地上、同一片阳光下汇聚。

我在翠叶青青、小径幽幽的竹园漫步。

我在来自 700 多公里外、如今已有 400 多年历史的大茶树下徘徊。

我在神奇的跳舞草旁边,以 30 到 50 分贝的声音唱起一首情歌,只见绿衣仙子真的在抒情的歌声中慢慢起舞……

"人与自然——迈向 21 世纪"——多么重要、多么深刻、多么美好、多么富有诗意和哲理的一个主题。

(白龙:《播音员主持人训练手册》,中国传媒大学出版社 2001 年版)

天上的草原　阿木古郎

训练提示:这篇文章通过真诚倾诉,表达了作者对故乡的思念、眷恋、热爱之情。作者只身在外,这种依恋的情绪更加强烈,在他的心中草原是世界上最圣洁的地方。草原是辽阔的,感情是真挚、豪放的。在播读过程中,要运用情景再现的技巧,在脑海中将内蒙古草原的景象排列成连续的画面,并置身其中,激发情感,把草原的辽阔、壮观、豪迈展现出来。接下来,对内蒙古草原思念、眷恋、热爱的语句也要表达得深切、真诚,文章末尾两段要体现出坚定和迫切的心情。

在儿时依稀的记忆中,我是出生在飘着炊烟的白色毡房。茫茫的大草原啊,是我熟睡时的摇篮,是我歇息时的玩伴,也是我学习时的殿堂。养育我的这片土地,我当作自己一样爱惜,沐浴我的江河水呀,你为何总像母亲的乳汁一样醇香?

苍鹰在天穹中寻望,黑色的骏马在恣意飞奔,平顶山下成群的牛羊,还有你,我天上的草原,还有你悠扬的牧歌——夜夜伴我入梦乡。我喜欢纵马驰骋,放声歌唱,那就像回到了传说中的时代。我向往着,像我的祖辈那样,成为一匹苍狼——去周游世界,去看看祖父故事中那无边的海洋。

而现在,我是真的离开了你,来到这陌生的地方。不见了蒙古包,不见了牧场,只为了一个心中的小小的理想,而不停地奔忙。其间有欢笑,也有泪水,曾经骄傲,也曾经气馁。但是,但我从未曾后悔呀,因为每当我拖着疲惫的身体入睡时,我发现,你那悠扬的牧歌又在我的耳边回响,我发现,我的那颗心呀,一直跳跃在绿宝石似的草原上,如水晶般清澈的河水呀。

我真的发现了,那歌声就像是号角,而那颗心啊,源源不断地给我力量与希望。

腾格里塔拉,我天上的草原。直到现在我才明白,为什么我的祖辈千回百转历经艰险都要重回你的身旁?为什么我现在总觉得你在不住地把我盼望?

蒙古人是草原的儿子,草原的儿子就是这样的恋乡。

腾格里塔拉我天上的草原,请你听我讲,我也是草原的儿子啊,我也是草原的儿子啊!我今日所做的一切就是为了有朝一日能够重回你的身旁——替你抚去脸上的皱纹,替你驱赶那肆虐的风暴,让你昔日的笑容重新绽放。

等着我呀,我天上的草原,我长生天的故乡,我的亲娘。

(选自 2004 年 9 月 CCTV 朗诵艺术大赛)

想和做　胡　绳

训练提示:这篇文章具有很强的逻辑性。朗读时理清全文的逻辑关系,形成强烈的逻辑感受,有助于表达出文章的内涵。比如文章最后一段,第一句"无论什么人,不管他怎样忙,应该抽点功夫来想一想",概述了观点,是一个总括句。下面"想他自己做过的事,想自己做事得到的经验",是一个并列关系的分述句。"想什么"是对分述的领起,结尾"这样,他脑子里所有的就不是空想,他的行动也就可以不断地得到进步",又是一个体现递进关系的总结句。通过以上分析，最后一段的逻辑关系就明确了。不仅句子间有逻辑关系，文章的层与层、段与段之间也有逻辑关系。抓住这些逻辑关系，有助于实现整体推进。

有些人只会空想，不会做事。他们凭空想了许多念头，滔滔不绝地说了许多空话，可是从来没认真做过一件事。

也有些人只顾做事，不动脑筋。他们一天忙到晚，做他们一向做惯的或者别人要他们做的事。他们做事的方法只是根据自己的习惯，或者别人的命令，或一般人的通例。自己一向这样做，别人要他们这样做，一般人都这样做，他们就"依葫芦画瓢"，照样做去。到底为什么要做这件事，为什么要这样做，有没有更好的办法，他们从来不想一想。

我们瞧不起前一种人，说他们是"空想家"，可是往往赞美后一种人，说他们能够"埋头苦干"。能够苦干固然是好的，但是只顾埋着头，不肯动动脑筋来想想自己做的事，其实并不值得赞美。

这种埋头做事不动脑筋的人简直是——说得不客气一点——跟牛马一样。拉磨的牛成年累月地在鞭子下绕着石磨转，永远不会想一想为什么要做这件事，为什么要这样做，有没有更好的办法。能够这样想的只有人。人在劳动中不断地动脑筋，想办法，才清清楚楚地知道自己做这件事为什么目的，有什么意义，有什么缺点，才渐渐想出节省劳力，提高效率的方法。人类能够这样劳动，能够一面做，一面想，所以文化能够不断地进步。要不，今天的人类就只能像几万年以前的人类一样，过着最原始最简单的生活了。

一事不做，凭空设想，那是"空想"。不动脑筋，埋头苦干，那是"死做"。无论什么事情，工作也好，学习也好，"空想"和"死做"都不会得到进步。想和做是分不开的，一定要联结起来。

想和做怎样才能够联结起来呢？我们常常听说"从实际出发"这句话，这就是想和做联结起来的一条路。想的时候要从实际出发，就不能"空想"，必须去接近实际。怎样才能够接近实际？当然要观察。光靠观察还不够，还得有行动。举个例子来说，人怎样学会游泳的呢？光靠观察各种物体在水中浮沉的现象，光靠观察鱼类和水禽类的动作，那是不够的；一定要自己跳下水去试验，一次，两次，十次，几十次地试验，才学会了游泳。如果只站在水边，先是一阵子呆看，再发一阵子空想，即使能够想出一大堆"道理"来，自己还是不会游泳，对于别的游泳的人也没有好处。这样空想出来的"道理"其实并不算什么道理。真正的道理是在行动中取得的经验，再根据经验想出来的。而且想出来的道理到底对不对，还得拿行动来证明：行得通的就是对的，行不通的就是错的。

一面做，一面想。做，要靠想来指导；想，要靠做来证明。想和做是紧密地联结在一起的。

在学校里，有些同学很"用功"，可是不会用"思想"。他们学习语文，就硬读课文。因为只读不想，同一个语言文字上的道理，在这一课里老师讲明白了，出现在别一课里，他们又不理解了。他们学习数学，就硬记公式。因为只记不想，用这个公式算出了一道题，碰到同类的第二道题就又不会算了。从旧经验里得到的道理，不能应用在新事物上，这就是不会用思想的缘故。另外也有些同学，他们能想出些省力的有效的方法，拿来记住动植物的分类，弄清历史的年代。我们固然不赞成为了应付考试想出一些投机取巧的办法；但是我们承认，在学习各种功课和训练记忆力上，是可以有一些比较省力的有效的方法的。这些方法也得从学习的经验中取得。假如只是埋头苦读，不动脑筋想一想，那就得不到。除了学习功课以外，做种种课外活动，也要把想和做联结起来。例如开会，演说，办壁报，组织班会和学术团体，这些实际的行动，如果光凭一腔热情，埋头苦干，不根据已有的成绩和经验，想想怎样才能把这些事情做得更好，更有效果，那么，结果常常会劳而无功。

无论什么人，不管他怎样忙，应该抽点功夫来想一想。想什么？想他自己做过的事，想自己做事得到的经验。这样，他脑子里所有的就不是空想，他的行动也就可以不断地得到进步。

（胡绳：《胡绳全书》，人民出版社1998年版）

背 影 朱自清

训练提示：这篇散文通过对父亲给儿子送行情景的描述，表现了父亲对儿子无微不至的关怀和儿子对父亲的无限怀念之情。文章以"背影"为线索，在叙事中抒发父子深情，把父子之间的真挚感情表现得淋漓尽致。"背影"在文章中出现了四次，每次的情况有所不同，而思想感情却是一脉相承的。在播读时，要抓住"背影"这一线索，积极开展"情景再现"，重视人物心理和行动的刻画，注重叙述语言和人物语言的融合，尽情抒发真挚深沉、感人至深的父子深情。这篇稿件可以选择其中的某一部分进行训练，能力较强的学生可以整篇练习。

我与父亲不相见已二年余了，我最不能忘记的是他的背影。

那年冬天，祖母死了，父亲的差使也交卸了，正是祸不单行的日子。我从北京到徐州，打算跟着父亲奔丧回家。到徐州见着父亲，看见满院狼藉的东西，又想起祖母，不禁簌簌地流下眼泪。父亲说："事已如此，不必难过，好在天无绝人之路！"

回家变卖典质，父亲还了亏空；又借钱办了丧事。这些日子，家中光景很是惨淡，一半为了丧事，一半为了父亲赋闲。丧事完毕，父亲要到南京谋事，我也要回北京念书，我们便同行。

到南京时，有朋友约去游逛，勾留了一日；第二日上午便须渡江到浦口，下午上车北去。父亲因为事忙，本已说定不送我，叫旅馆里一个熟识的茶房陪我同去。他再三嘱咐茶房,甚是仔细。但他终于不放心,怕茶房不妥帖,颇踌躇了一会。其实我那年已二十岁,北京已来往过两三次,是没有什么要紧的了。他踌躇了一会,终于决定还是自己送我去。我再三劝他不必去;他只说:"不要紧,他们去不好!"

我们过了江,进了车站。我买票,他忙着照看行李。行李太多了,得向脚夫行些小费才可过去。他便又忙着和他们讲价钱。我那时真是聪明过分,总觉他说话不大漂亮,非自己插嘴不可,但他终于讲定了价钱,就送我上车。他给我拣定了靠车门的一张椅子;我将他给我做的紫毛大衣铺好座位。他嘱我路上小心,夜里要警醒些,不要受凉。又嘱托茶房好好照应我。我心里暗笑他的迂:他们只认得钱,托他们只是白托!而且我这样大年纪的人,难道还不能料理自己么?唉,我现在想想,那时真是太聪明了!

我说道:"爸爸,你走吧。"他往车外看了看说:"我买几个橘子去。你就在此地,不要走动。"我看那边月台的栅栏外有几个卖东西的等着顾客。走到那边月台,须穿过铁道,须跳下去又爬上去。父亲是一个胖子,走过去自然要费事些。我本来要去的,他不肯,只好让他去。我看见他戴着黑布小帽,穿着黑布大马褂,深青布棉袍,蹒跚地走到铁道边,慢慢探身下去,尚不大难。可是他穿过铁道,要爬上那边月台,就不容易了。他用两手攀着上面,两脚再向上缩;他肥胖的身子向左微倾,显出努力的样子,这时我看见他的背影,我的泪很快地流下来了。我赶紧拭干了泪。怕他看见,也怕别人看见。我再向外看时,他已抱了朱红的橘子往回走了。过铁道时,他先将橘子散放在地上,自己慢慢爬下,再抱起橘子走。到这边时,我赶紧去搀他。他和我走到车上,将橘子一股脑儿放在我的皮大衣上。于是扑扑衣上的泥土,心里很轻松似的。过一会说:"我走了,到那边来信!"我望着他走出去。他走了几步,回过头看见我,说:"进去吧,里边没人。"等他的背影混入来来往往的人里,再找不着了,我便进来坐下,我的眼泪又来了。

近几年来,父亲和我都是东奔西走,家中光景是一日不如一日。他少年出外谋生,独立支持,做了许多大事。哪知老境却如此颓唐!他触目伤怀,自然情不能自已。情郁于中,自然要发之于外;家庭琐屑便往往触他之怒。他待我渐渐不同往日。但最近两年不见,他终于忘却我的不好,只是惦记着我,惦记着我的儿子。我北来后,他写了一信给我,信中说道:"我身体平安,惟膀子疼痛厉害,举箸提笔,诸多不便,大约大去之期不远矣。"我读到此处,在晶莹的泪光中,又看见那肥胖的、青布棉袍黑布马褂的背影。唉!我不知何时再能与他相见!

(朱自清:《朱自清散文集》,西苑出版社 2006 年版)

中央电视台《新闻联播》

训练提示：男女主播配合要默契，要注意不同语境中声音的变化。应以平和、自然、端庄大方的仪态进行播报，以眼神、面部表情来辅助有声语言表达，语音规范、字正腔圆、简洁明快、准确无误。在播讲方式上，一般采用讲述式，可用小实声，气息下沉，吐字有力。播报口语化的消息，可以采用交谈式，语言较为自然随意。报道喜庆场面时，要有身临其境的意识，还要注意到整体基调的和谐、统一。

男主播：观众朋友晚上好！

女主播：晚上好！

男主播：今天是 11 月 17 号，星期五，农历九月二十九。欢迎收看《新闻联播》节目。

女主播：今天节目的主要内容有——

习近平应约同沙特国王萨勒曼通电话；

李克强结束出访回到北京；

全国政协召开双周协商座谈会，俞正声主持；

首批中央环保督察移交问题追责情况公布，1140 人被问责。

下面请看详细内容——

男主播：国家主席习近平昨天应约同沙特国王萨勒曼通电话。萨勒曼对中共十九大胜利闭幕和习近平再次当选中共中央总书记表示诚挚祝贺，强调中共十九大一定会指引中国人民取得更大成功。萨勒曼表示，当前，沙中关系取得巨大发展。沙方愿通过沙中高级别联合委员会深入推进两国合作，对接沙特"2030 愿景"同中国"一带一路"倡议，深化能源、金融等领域合作。沙特愿意成为中国在海湾地区的重要伙伴，致力于加强和深化沙中全面战略伙伴关系，这符合我们两国利益，也有利于世界与地区和平稳定。

习近平感谢萨勒曼来电祝贺。习近平指出，上个月闭幕的中共十九大对中国发展具有里程碑意义。会议确定了中国发展的指导思想，对中国现代化建设作出了战略部署。我们有信心带领中国人民，朝着中华民族伟大复兴的崇高目标迈进。

女主播：国务院总理李克强在成功出席于菲律宾马尼拉举行的第 20 次中国—东盟领导人会议、第 20 次东盟与中日韩领导人会议和第 12 届东亚峰会，并圆满结束对菲律宾的正式访问后，乘专机于昨天下午回到北京。

在出席本届东亚合作领导人系列会议期间，李克强宣布中国和东盟国家启动"南海行为准则"案文磋商，得到东盟国家广泛欢迎。

男主播：全国政协昨天在京召开第 75 次双周协商座谈会，围绕"推进粮食定价机制、补贴政策和收储制度改革"建言献策。全国政协主席俞正声主持会议并讲话。

委员们认为,当前,我国农业发展进入新的历史阶段,以最低收购价和临时收储政策为主要内容的粮食价格形成机制和收储制度,面临市场机制作用弱化、库存积压严重、财政负担加重、加工流通企业经营困难等问题,粮食价格形成机制和收储制度亟待完善。

委员们建议,要认真贯彻落实党的十九大精神,将"确保国家粮食安全,把中国人的饭碗牢牢端在自己手中"作为改革的基本原则和前提;坚持市场化改革取向与保护农民利益并重,分品种施策、渐进式推进;深化粮食收储机制和收储企业改革,探索相关激励约束机制,健全外部监管体系。

女主播:内蒙古、江苏、河南、广西等8省(区)昨天公布第一批中央环保督察移交问题追责情况,共1140人被问责。

2016年7月至8月,第一批中央环境保护督察组对内蒙古、黑龙江、江苏、江西、河南、广西、云南、宁夏等8省(区)开展环境保护督察,并于11月完成督察反馈,同步移交100个生态环境损害责任追究问题。8省区此次公布的问责情况就是对上述问题进行立案审查,依法依纪审理,查清事实后进行的。

在被问责的1140人中,有130人是厅级干部,包括正厅级24人;从问责情形看,受到党纪处分的为178人,受政纪处分的达到584人,移送司法机关12人,已被追究刑事责任9人。

男主播:各位观众,今天的《新闻联播》节目播送完了。

女主播:感谢您收看,再见!

男主播:再见!

(央视网 2017 年 11 月 16 日)

第四部分　补充练习

一、语句练习

啊!祖国明媚的春天,滋润着我的心田。春光洒遍了人间,春色布满了河山。

雪后,那绵绵的白雪装饰着世界,琼枝玉叶,粉装玉砌,皓然一色,真是一派瑞雪丰年的喜人景象。

天渐渐破晓，淡青色的天空镶嵌着几颗残星，大地朦朦胧胧的，如同笼罩着银灰色的轻纱。

天已经亮了，小窗上流进来清泉一般的晨光，枝头上，小鸟儿在唧唧喳喳地叫个不停。

大片大片的雪花从天上落下来，像玉一样洁白，像雾一样轻盈，被风刮得在天空中直打转。

刚刚还是晴朗的天空，转眼间云朵滚滚向东涌去，狂风不停地呼啸而来。

风轻轻地吹遍了田园，把花粉吹到远处；湖里的水，被风吹起了碧绿的波纹；湖边的垂柳，也被风吹得摇曳着青嫩的新枝。

雨滴像百万大军从天而降，滂沱大雨铺天盖地！雨像疯狂的野兽，带着巨大的怒吼声，不顾一切宣泄着！

宁静的夏夜月朗风清，总是能给我一种清逸娴静的感觉。明净清澈如柔水般的月色柔和而透明，轻盈而飘逸。

一道闪电，天空被劈成两半，撕心裂肺的雷声响了起来，不一会儿天空就乌云密布，好像披上了一件黑纱袍。

五月的微风，飘着道边槐花的清芬，轻轻地吹拂着路人的面颊与发鬓，吹拂着人们的胸襟，温柔的慰抚，有如慈母的双手。

太阳跃出灰蒙蒙的海面，小半轮紫红色的火焰，立刻将暗淡的天空照亮了，在一道道鲜艳的朝霞背后，像是撑开了一匹无际的蓝色的绸缎。

突然，头顶的天空中一道耀眼的、惊人的闪光冲破了黑暗，把天幕划开了一条银蛇般的裂口，紧接着一声霹雳，震得地动山摇。

正当我们尽兴而返的时候，天渐渐黑了。霎时间，四面八方，电灯亮了，像千万颗珍珠飞上了天。这排排串串的珍珠，叫天上银河失色，叫满湖碧水生辉。

早上下过一阵小雨,现在虽放了晴,路上还是滑得很,地里的秋庄稼,却给雨水冲刷得青翠嫩绿、晶莹剔透,空气里也带着一股清新湿润的香味。

秋雨沙沙地下着,这是它在演奏。奏黄了一片片稻田,奏红了一棵棵枫树,奏出了遍地金黄,奏出了象征着成熟、丰收的秋色。

夕阳似乎在金红色的彩霞中滚动,然后沉入阴暗的地平线后面。通红的火球金边闪闪,迸出两三点炽热的火星,于是远处树林暗淡的轮廓便突然浮现出连绵不断的浅蓝色线条。

浓密的树叶在伸展开去的枝条上微微蠕动,却隐藏不住那累累的硕果。看得见在那树丛里还有偶尔闪光的露珠,就像在雾夜中耀眼的星星一样。

天已近黄昏,太阳慢慢地钻进薄薄的云层,变成了一个红红的圆球。西边天际出现了比胖娃娃的脸蛋还要红还要娇嫩的粉红色。

夏日炎炎,小鸟不知躲藏到什么地方去了;草木都低垂着头;小狗热得吐出舌头不停地喘气。

烈日似火,大地像蒸笼一样,热得使人喘不过气来。走在路上,迎面的风似热浪扑来。

小河洋溢着满河的春水,带着来自上游的残冰碎块,高兴地流淌着。每一个小小的漩涡,都是一片笑意,映着蓝天白云和两岸初春的嫩绿,流动着柔和欢快的声音,啊!

蔚蓝色的天幕,在阳光照射下,那紫边镶金的彩云,夹着如雪的棉朵,在空中飘荡。似峰峦叠嶂的群山;如草原上滚动的羊群;似牧场里追逐的奔马……

有人爱春天,那是因为她花如海,柳如烟;有人爱夏天,那是因为她生机勃勃,绿如墨染;有人爱冬天,那是因为她冰封雪漫,气象万千。而我对秋天独有钟情,衷心赞美。

从飞瀑中喷溅出来的小水珠细如烟尘,弥漫于空气之中,成了蒙蒙水雾,给山涧林木披上了一层薄薄的轻纱。

柳树舒展开了黄绿嫩叶的枝条,在微微的春风中轻柔地拂动,就像一群群身着绿装的仙女在翩翩起舞。

每到春天,红得如火的木棉花,粉得如霞的芍药花,白得如玉的月季花竞相开放。它们有的花蕾满枝,有的含苞初绽,有的昂首怒放。

二、语段练习

海浪在他脚下拍打着零乱的石堆,从遥远的土耳其刮来的干燥海风吹拂着他的脸。港湾的海岸呈不规则的弓形,一条钢骨水泥筑成的防波堤挡住了海浪。蜿蜒起伏的山脉延伸至海滨突然中断。城郊一幢幢白色小屋排列在山峰之中,伸展到很远的地方。

([苏]奥斯特洛夫斯基:《钢铁是怎样炼成的》,百度文库 2018 - 11 - 14)

红海早过了,船在印度洋面上开驶着,但是太阳依然不饶人地迟落早起,侵占去大部分的夜。夜仿佛纸浸了油,变成半透明体;它给太阳拥抱住了,分不出身来,也许是给太阳陶醉了,所以夕照晚霞隐褪后的夜色也带着酡红。到红消醉醒,船舱里的睡人也一身腻汗地醒来,洗了澡赶到甲板上吹海风,又是一天开始。

(钱钟书:《围城》,百度文库 2012 - 02 - 26)

还有苹果,那驰名中外的红香蕉苹果,也是那么红,那么鲜艳,那么逗人喜爱;大金帅苹果则金光闪闪,闪烁着一片黄橙橙的颜色;山楂树上缀满了一颗颗红玛瑙似的红果;葡萄呢,就更加绚丽多彩,那种叫"水晶"的,长得长长的,绿绿的,晶莹透明,真像是用水晶和玉石雕刻出来似的;而那种叫做红玫瑰的,则紫中带亮,圆润可爱,活像一串串紫色的珍珠。

(峻青:《秋色赋》,百度文库 2018 - 10 - 26)

论色彩丰富,青岛海面的云应当首屈一指。有时五色相渲,千变万化,天空如展开一张张图案新奇的锦毯。有时素净纯洁,天空只见一片绿玉,别无它物,看来令人起轻快感,温柔感,音乐感。一年中有大半年天空完全是一幅神奇的图画,有青春的嘘息,煽起人狂想和梦想,海市蜃楼即在这种天空下显现。海市蜃楼虽并不常在人眼底,却永远在人心中。

(沈从文:《云南看云》,百度文库 2018 - 03 - 10)

我不知道那些花草真叫什么名字,人们叫他们什么名字。我记得有一种开过极细小的粉红花,现在还开着,但是更极细小了,她在冷的夜气中,瑟缩地做梦,梦见春的到来,梦见秋的到来,梦见瘦的诗人将眼泪擦在她最末的花瓣上,告诉她秋虽然来,冬虽然来,而此后接着还是春,蝴蝶乱飞,蜜蜂都唱起春词来了。她于是一笑,虽然颜色冻得红惨惨地,仍然瑟缩着。

(鲁迅:《秋夜 》,瑞文网 2017 - 08 - 12)

故乡的风筝时节,是春二月,倘听到沙沙的风轮声,仰头便能看见一个淡墨色的蟹风筝或嫩蓝色的蜈蚣风筝。还有寂寞的瓦片风筝,没有风轮,又放得很低,伶仃地显出憔悴可怜的模样。但此时地上的杨柳已经发芽,早的山桃也多吐蕾,和孩子们的天上的点缀相照应,打成一片春日的温和。我现在在哪里呢?四面都还是严冬的肃杀,而久经诀别的故乡的久经逝去的春天,却就在这天空中荡漾了。

(鲁迅:《风筝》,瑞文网 2018-01-26)

泉太好了。泉池差不多见方,三个泉口偏西,北边便是条小溪,流向西门去。看那三个大泉,一年四季,昼夜不停,老那么翻滚。你立定呆呆地看三分钟,你便觉出自然的伟大,使你不敢再正眼去看,永远那么纯洁,永远那么活泼,永远那么鲜明,冒,冒,冒,永不疲乏,永不退缩,只是自然有这样的力量! 冬天更好,泉上起了一片热气,白而轻软,在深绿的长的水藻上飘荡着,使你不由的想起一种似乎神秘的境界。

(老舍:《趵突泉的欣赏》,中国散文网 2016-12-14)

七点钟,火车喘息着向台儿沟滑过来,接着一阵空哐乱响,车身震颤一下,才停住不动了。姑娘们心跳着涌上前去,像看电影一样,挨着窗口观望。只有香雪躲在后面,双手紧紧捂着耳朵。看火车,她跑在最前边,火车来了,她却缩到最后去了。她有点害怕它那巨大的车头,车头那么雄壮地吐着白雾,仿佛一口气就能把台儿沟吸进肚里。它那撼天动地的轰鸣也叫她感到恐惧。在它跟前,她简直像一叶没根的小草。

(铁凝:《哦,香雪》,百度文库 2018-11-19)

四季是来自于宇宙的最大的拍节。在每一个拍节里,大地的景观便全然变换与更新。四季还赋予地球以诗,故而悟性极强的中国人,在四言绝句中确立的法则是:起,承,转,合。这四个字恰恰就是四季的本质。起始如春,承续似夏,转变若秋,合拢为冬。合在一起,不正是地球生命完整的一轮?为此,天地间一切生命全都依从着这一拍节,无论岁岁枯荣与生死的花草百虫,还是长命百岁的漫漫人生。然而在这生命的四季里,最壮美和最热烈的不是这长长的夏么?

(冯骥才:《苦夏》,央广网 2017-06-13,朗诵者:黎江)

在这样无可奈何的时候,有一天,在傍晚的时候,我从外面一走进那个院子,蓦地闻到一股似浓似淡的香气。我抬头一看,原来是遮满院子的马缨花开花了。在这以前,我知道这些树都是马缨花,但是我却没有十分注意它们。今天它们用自己的香气告诉了我它们的存在。这对我似乎是一件新事。我不由得就站在树下,仰头观望:细碎的叶子密密地搭成了一座天棚,天棚上面是一层粉红色的细丝般的花瓣,远处望去,就像是绿云层上浮上了一团团的红雾。香气就是从这一片绿云里洒下来的,洒满了整个院子,洒满了我的全身,使我仿佛游泳在香海里。

(季羡林:《马缨花》,瑞文网 2018 - 01 - 15)

那是最美好的时代,那是最糟糕的时代;那是智慧的年头,那是愚昧的年头;那是信仰的时期,那是怀疑的时期;那是光明的季节,那是黑暗的季节;那是希望的春天,那是失望的冬天;我们前面什么都有,我们前面一无所有;我们全都在直奔天堂,我们全都在直奔相反的方向——简而言之,那时跟现在非常相像,某些最喧嚣的权威坚持要用形容词的最高级来形容它。说它好,是最高级的;说它不好,也是最高级的。

(〔英〕查尔斯·狄更斯:《双城记》,瑞文网 2019 - 04 - 02)

我望着这些灯,灯光带着昏黄色,似乎还在寒气的袭击中微微颤抖。有一两次我以为灯会灭了。但是一转眼昏黄色的光又在前面亮起来。这些深夜还燃着的灯,它们默默地在散布一点点的光和热,不仅给我,而且还给那些寒夜里不能睡眠的人和那些这时候还在黑暗中摸索的行路人。是的,那边不是起了一阵急促的脚步声吗?谁从城里走回乡下来了?过了一会儿,一个黑暗在我眼前晃一下。影子走得极快,好像在跑,又像在溜,我了解这个人急忙赶回家去的心情。那么,我想,在这个人的眼里、心上,前面那些灯光会显得是更明亮、更温暖吧。

(巴金:《灯》,百度文库 2015 - 01 - 19)

隐约地,我听到了太阳清脆的铃声,海底朦胧的音乐。我看到了安徒生童话里天鹅洁白的舞姿,我看到罗马大将安东尼和埃及女王克莉奥佩屈拉在海战中爱与恨交融的戏剧,看到灵魂复苏的精卫鸟化作大群的飞鸥在寻找当年投入海中的树枝,看到徐悲鸿的马群在这蓝色的大草原上仰天长啸,看到舒伯特的琴键像星星在浪尖上频频跳动……就在此时此刻,我感到一种神秘的变动在我身上发生:一种曾经背叛过自己、但是非常美好的东西复归了,而另一种我曾想摆脱而无法摆脱的东西消失了。我感到身上好像减少了什么,又增加了什么,感到我自己的世界在扩大,胸脯在奇异地伸延,一直伸延到无穷的远方,伸延到海天的相接处。我觉得自己的心,同天、同海、同躲藏的星月连成了一片。

(刘再复:《读沧海》,语文学科网 2017 - 07 - 23)

因为青岛的节气晚,所以樱花照例是在四月下旬才能盛开。樱花一开,青岛的风雾也挡不住草木的生长了。海棠,丁香,桃,梨,苹果,藤萝,杜鹃,都争着开放,墙角路边也都有了嫩绿的叶儿。五月的岛上,到处花香,一清早便听见卖花声。公园里自然无须说了,小蝴蝶花与桂竹香们都在绿草地上用它们的娇艳的颜色结成十字,或绣成儿团;那短短的绿树篱上也开着一层白花,似绿枝上挂了一层春雪。就是路上两旁的人家也少不得有些花草:围墙既矮,藤萝往往顺着墙把花穗儿悬在院外,散出一街的香气:那双樱,丁香,都能在墙外看到,双樱

· 63 ·

的明艳与丁香的素丽,真是足以使人眼明神爽。

(老舍:《五月的青岛》,360doc 个人图书馆 2012 - 11 - 12)

你试展开一幅地图,思索一下各地的变化,该有多么惊人。沙漠开始出现了绿洲,不毛之地长出了庄稼,濯濯童山披上了锦裳,水库和运河像闪亮的镜子和一条条衣带一样缀满山谷和原野。有一次我从凌空直上的飞机的舱窗里俯瞰珠江三角洲,当时苍穹明净,我望了下去,真禁不住喝彩,珠江三角洲壮观秀丽得几乎难以形容。水网和湖泊熠熠发光,大地竟像是一幅碧绿的天鹅绒,公路好似刀切一样的笔直,一丘丘的田野又赛似棋盘般整齐。嘿! 千百年前的人们,以为天上有什么神仙奇迹,其实真正的奇迹却在今天的大地上。

(秦牧:《土地》,360doc 个人图书馆 2013 - 12 - 26)

三、文稿练习

第一场雪　峻　青

这是入冬以来,胶东半岛上第一场雪。

雪纷纷扬扬,下得很大。开始还伴着一阵儿小雨,不久就只见大片大片的雪花,从形云密布的天空中飘落下来。地面上一会儿就白了。冬天的山村,到了夜里就万籁俱寂,只听得雪花簌簌地不断往下落,树木的枯枝被雪压断了,偶尔咯吱一声响。

大雪整整下了一夜。今天早晨,天放晴了,太阳出来了。推开门一看,嗬! 好大的雪啊! 山川、河流、树木、房屋,全都罩上了一层厚厚的雪,万里江山,变成了粉妆玉砌的世界。落光了叶子的柳树上挂满了毛茸茸亮晶晶的银条儿;而那些冬夏常青的松树和柏树上,则挂满了蓬松松沉甸甸的雪球儿。一阵风吹来,树枝轻轻地摇晃,美丽的银条儿和雪球儿簌簌地落下来,玉屑似的雪末儿随风飘扬,映着清晨的阳光,显出一道道五光十色的彩虹。

大街上的积雪足有一尺多深,人踩上去,脚底下发出咯吱咯吱的响声。一群群孩子在雪地里堆雪人,掷雪球,那欢乐的叫喊声,把树枝上的雪都震落下来了。

俗话说,"瑞雪兆丰年"。这个话有充分的科学根据,并不是一句迷信的成语。寒冬大雪,可以冻死一部分越冬的害虫;融化了的水渗进土层深处,又能供应庄稼生长的需要。我相信这一场十分及时的大雪,一定会促进明年春季作物,尤其是小麦的丰收。有经验的老农把雪比做是"麦子的棉被"。冬天"棉被"盖得越厚,明春麦子就长得越好,所以又有这样一句谚语:"冬天麦盖三层被,来年枕着馒头睡。"

我想,这就是人们为什么把及时的大雪称为"瑞雪"的道理吧。

(峻青:《秋色赋》,瑞文网 2017 - 12 - 24)

我的南方和北方　赵凌云

自从认识了那条奔腾不息的大江,我就认识了我的南方和北方。我的南方和北方相距很近,近得可以隔岸相望。我的南方和北方相距很远,远得无法用脚步丈量。

大雁南飞,用翅膀缩短着我的南方与北方之间的距离。燕子归来,衔着春泥表达着我的南方与北方温暖的情意。

在我的南方,越剧、黄梅戏好像水稻和甘蔗一样生长。在我的北方,京剧、秦腔好像大豆和高粱一样茁壮。太湖、西湖、鄱阳湖、洞庭湖倒映着我的南方的妩媚和秀丽。黄河、渭河、漠河、塔里木河展现着我的北方的粗犷与壮美。

我的南方,也是李煜和柳永的南方。一江春水滔滔东流,流去的是落花般美丽的往事和忧愁。梦醒时分,定格在杨柳岸晓风残月中的那种伤痛,也只能是南方的才子佳人的伤痛。

我的北方,也是岑参和高适的北方。烽烟滚滚,战马嘶鸣。在胡天八月的飞雪中,骑马饮酒的北方将士,正向着刀光剑影的疆场上逼近。所有的胜利与失败,最后都消失在边关冷月下的风中……

我曾经走过黄山、庐山、衡山、峨嵋山、雁荡山,寻找着我的南方。我的南方却在乌篷船、青石桥、油纸伞、鱼鳞瓦的深处隐藏。在秦淮河的灯影里,我凝视着我的南方。在寒山寺的钟声里,我倾听着我的南方。在富春江的柔波里,我拥抱着我的南方。我的南方啊! 草长莺飞,小桥流水,杏花春雨。

我曾经走过天山、昆仑山、长白山、祁连山、喜玛拉雅山,寻找着我的北方。我的北方却在黄土窑、窗花纸、热土炕、蒙古包中隐藏。在雁门关、山海关、嘉峪关,我与我的北方相对无言。在大平原、大草原、戈壁滩,我与我的北方倾心交谈。在骆驼和牦牛的背景里,我陪伴着我的北方走向遥远的地平线。我的北方啊! 大漠孤烟,长河落日,唢呐万里。

自从认识了那条奔腾不息的大江,我就认识了我的南方和北方。

从古到今,那条奔腾不息的大江就像一根琴弦,弹奏着几多兴亡,几多沧桑。在东南风的琴音中,我的南方雨打芭蕉,荷香轻飘,婉约而又缠绵。在西北风的琴音中,我的北方雪飘荒原,腰鼓震天,凝重而又旷远。

啊! 我的南方和北方,我的永远的故乡和天堂。

(中国诗歌网 2018-04-09)

母　亲　肖复兴

世上有一部永远写不完的书,那便是母亲……

那一年,我的生母突然去世,我不到八岁,弟弟才三岁多一点儿,我俩朝爸爸哭着要妈妈。爸爸办完丧事，自己回了一趟老家。他回来的时候，给我们带回来了她，后面还跟着一个小姑娘。爸爸指着她，对我和弟弟说："快，叫妈妈！"弟弟吓得躲在我身后，我噘着小嘴，任爸爸怎么说就是不吭声。"不叫就不叫吧！"她说着，伸出手要摸摸我的头，我扭着脖子闪开，说就是不让她摸。

在以后的日子里，我从来不喊她妈妈。有一天，我把妈妈生前的照片翻出来挂在家里最醒目的地方，以此向后娘示威，怪了，她不但不生气，而且常常踩着凳子上去擦照片上的灰尘。有一次，她正擦着，我突然向她大声喊着："你别碰我的妈妈。"好几次夜里，我听见爸爸在和她商量："把照片取下来吧！"而她总是说："不碍事儿，挂着吧！"头一次我对她产生了一种说不出的好感，但我还是不愿叫她妈妈。

孩子没有一个是省油的灯，大人的心操不完。我们大院有块平坦、宽敞的水泥空场。那是我们孩子的乐园，我们没事便到那儿踢球、跳皮筋，或者漫无目的地疯跑。一天上午，我被一辆突如其来的自行车撞倒，重重地摔在水泥地上，大夫告诉我："多亏了你妈呀！她一直背着你跑来的，生怕你留下后遗症，长大了可得好好孝顺她呀……"

她站在一边不说话，看我醒过来便伏下身摸摸我的后脑勺，又摸摸我的肚子。我不知怎么搞的，第一次在她面前流泪了。

"还疼？"她立刻紧张地问我。

我摇摇头，眼泪却止不住。

"不疼就好，没事就好！"

回家的时候，天已经全黑了。从医院到家的路很长，还要穿过一条漆黑的小胡同，我一直伏在她的背上。我知道刚才她就是这样背着我，跑了这么长的路往医院赶的。

没过几年，三年自然灾害就来了，只是为了省出家里一口人吃饭，她把自己的亲闺女，那个老实、听话，像她一样善良的小姐姐嫁到了内蒙古。那年小姐姐才18岁，我记得特别清楚，那一天，天气很冷，爸爸看小姐姐穿得太单薄了，就把家里唯一一件粗线毛大衣给小姐姐穿上，她看见了，一把扯了下来："别，还是留给她弟弟吧，啊！"车站上，她一句话也没说，只是在火车开动的时候，向女儿挥了挥手。寒风中，我看见她那像枯枝一样的手臂在抖动，回来的路上她一边走一边叨叨："好啊，闺女大了，早寻个人家好啊，好！"我实在是不知道人生的滋味儿，不知道她一路上叨叨的这几句话是在安抚她自己的那流血的心。她也是母亲，她送走自己的亲生闺女，为的是两个并非亲生的孩子，世上竟有这样的后母？望着她那日趋隆起的背影，我的眼泪一个劲往外涌。"妈妈！"我第一次这样称呼了她，她站住了，回过头来，愣愣地看着我不敢相信是真的，我又叫一声"妈妈"，她竟"呜"的一声哭了，哭得像个孩子。多少年的酸甜苦辣，多少年的委屈，全都在这一声"妈妈"中融解了。

母亲啊，您对孩子的要求总是这么少……

这一年，爸爸因病去世了，妈妈先是帮人家看孩子，以后又在家里弹棉花，攥线头，她就是用弹棉花攥线头挣来的钱供我和弟弟上学。望着妈妈每天满身、满脸、满头的棉花毛毛，我常想亲娘又怎么样?！从那以后的许多年里，我们家的日子虽然过得很清苦，但是，有妈妈在，我们仍然觉得很甜美，无论多晚回家，那小屋里的灯总是亮的，橘黄色的灯光里是妈妈跳动的心脏。只要妈妈在，那小屋便充满温暖，充满了爱。

我总觉得妈妈的心脏会永远地跳动着，却从来没想到，我们刚大学毕业的时候，妈妈却突然地倒下了，而且再也没有起来。妈妈，请您在天之灵能原谅我们，原谅我们儿时的不懂事，而我永远也不能原谅自己。我知道在这个世界上，我什么都可以忘记，却永远不能忘记您给予我们的一切……世上有一部永远写不完的书，那便是母亲。

（肖复兴：《我的父亲母亲》，百度文库 2018－06－30）

高原的山茶花　腾利娜

在祖国边陲的昆仑山巅，常年积雪不化，积百年千年之雪。几乎半个世纪以来，中国人民解放军的上万名官兵像铆钉一样驻扎在高原的永冻层上。他们都知道同一个故事，就是关于高原的茶花。

那一年茶花 4 岁，第一次和妈妈出门走的就是远路。

那一年也是在这辞旧迎新的时节。

被冰雪覆盖的高原依然以它千百年的沉静和冷寂来对待人类任何一个火红的节日。高原恢宏的美丽是残酷的。

长长的青藏公路上，车越来越少，偶尔有一辆，也是从雪线回格尔木过年的。

从山东来的贺嫂带着 4 岁的茶花站在路口，焦急地盼望着能有一辆开往昆仑山深处不冻泉兵站的车，她要去那儿寻夫。此时此刻她只有一个愿望：无论如何仨人要一起过年，那叫团圆。这也是老贺每封信里一定要说的话。贺嫂早已忘记兵站有条不让大人带小孩上雪线的规定，另外她怎么也不相信高原的空气真的就是什么"冷面杀手"。大家不是都活得好好的吗?

贺嫂抱着小茶花，手脚都冻得麻木了。好不容易才拦住一辆进山的便车。但司机很不情愿捎这个脚。

"别人都下山，你偏上山，还带着个娃娃！"

"我从山东老家来探望丈夫，约好在格尔木过节，谁知他临时有任务下不来，我这才往山里赶。"

"你这是千里寻夫啊,丈夫在哪儿工作?"

"他在不冻泉兵站当兵。"

"那上车吧。"

司机再没有说什么,他启动马达,开车。

贺嫂抱着小茶花坐在驾驶室里。小茶花轻轻地从干涩的嘴里挤出几个字:"爸——爸——"

"她病啦?"司机问。

"我们坐了两天两夜的火车,又坐了两天两夜的汽车,可能太累,孩子受不住。"贺嫂说着紧搂了一下小茶花,小茶花的额上很烫。

看着昏昏沉沉的小茶花,司机知道是让讨厌的高原反应症给缠上了,他加快了速度,想尽快把贺嫂送到她丈夫所在的兵站。

汽车在盘山道上行驶,雪依然下着,两道刚刚出现的车辙,很快就被悄然无声的落雪盖住。

小茶花在贺嫂的怀里半醒半睡,只是不停地喊着:"爸——爸——"贺嫂一会儿抬头看前面的路,一会儿低头看女儿,两行热泪悄然而下……

自从上次老贺回家探亲,一别就是5年,女儿都4岁了,还没有见过爸爸,只知道爸爸在很高很高的地方当兵,而贺嫂想到这些终于未能抵挡得住揪心的企盼,带着孩子奔昆仑山的不冻泉兵站来了。

老贺自从沂蒙山到昆仑山来当兵,一干就是10多年。这些年他在天寒地冻的不冻泉兵站操持着家什,他是那儿的上尉指导员。他的所有柔情就是在写给贺嫂的信中的那句话:无论如何,年要仨人一起过。

看来这次能如愿。贺嫂想。

小茶花突然从妈妈的怀里挣脱开。"爸爸呢?"她问妈妈。贺嫂说:"乖乖,很快就要见到爸爸啦。"小茶花摇了摇头,又倒在妈妈怀里睡了。她很累、很渴,就是想睡觉,但又不甘心睡去,因为她还没有见过爸爸。

爸爸呢?为什么这么难见?

小茶花的小嘴干干的,上下嘴唇爆起了皮,呼吸也越来越急促。

贺嫂又慌又急又没主意,才想起了竟没给孩子带水和药。

司机停下车,把自己水壶里仅有的一点水滴进了小茶花的嘴里。

贺嫂以为头痛脑热是累的是乏的,扛一扛就会过去,在老家都这样,谁知道,唉!

然而,此刻一切抱怨也许都是愚蠢的。

司机加大油门赶路,车向那个不冻泉兵站飞驰。

贺嫂紧紧地搂着小茶花。昆仑山的落雪依然无声。

车,终于到达了不冻泉兵站,然而小茶花已经停止了呼吸,贺嫂抱着的是女儿微温的尸体。悲剧发生在路上。

整个兵站的人都被惊呆了，大家围着这辆汽车，脱帽默默地肃立着。贺嫂仍然抱着小茶花坐在驾驶室里一动也不动。

此时的老贺正在百里以外的哨卡执行任务，妻子到站和发生的悲剧他自然一概不知。天黑后，战士们实在不忍心再这样让贺嫂抱着小茶花坐在驾驶室里，便劝她进站歇歇。她倒也不固执，下了车就往站里去，依旧抱着女儿，不说一句话。

不冻泉兵站的元旦之夜，仿佛被推到了一个寂冷、死亡的角落，没有笑声，没有歌声，甚至没有灯光。还是警卫班班长对贺嫂说："嫂，你太累了，让我抱抱咱们的小茶花吧！"说完，他接过小茶花。

看到班长这么做，所有的战士都跑过来排成队等候抱小茶花。就这样，你抱半小时，他抱十几分钟，一直到天亮，又到天黑。

整整两天两夜，小茶花的小身体在不冻泉兵站指战员的手里传递着。直到老贺执勤回来，站上才爆发出雷吼一样的哭声。

这一夜，不冻泉兵站的指战员们唱着《十五的月亮》，一遍又一遍……

（转自王璐、吴洁茹：《新编播音员主持人语音发声手册》，
中国国际广播出版社 2006 年版）

致橡树 　舒 婷

我如果爱你——
绝不像攀援的凌霄花，
借你的高枝炫耀自己；
我如果爱你——
绝不学痴情的鸟儿，
为绿荫重复单调的歌曲；
也不止像泉源，
常年送来清凉的慰藉；
也不止像险峰，
增加你的高度，衬托你的威仪。
甚至日光，
甚至春雨。
不，这些都还不够！
我必须是你近旁的一株木棉，
作为树的形象和你站在一起。
根，紧握在地下，

叶,相触在云里。

每一阵风过,

我们都互相致意,

但没有人,

听懂我们的言语。

你有你的铜枝铁干,

像刀,像剑,

也像戟,

我有我红硕的花朵,

像沉重的叹息,

又像英勇的火炬。

我们分担寒潮、风雷、霹雳;

我们共享雾霭、流岚、虹霓。

仿佛永远分离,

却又终身相依,

这才是伟大的爱情,

坚贞就在这里:

爱——

不仅爱你伟岸的身躯,

也爱你坚持的位置,

足下的土地。

（舒婷:《舒婷诗集》,上海文艺出版社 1982 年版）

第三章　内在语

训练内容：内在语的分类分析及相应的表达方式，包括发语性内在语、寓意性内在语、关联性内在语、提示性内在语、回味性内在语、反语性内在语。

训练目的：内在语的把握表现在两个方面，一是语句本质的差异，二是语言链条的承续。通过对所选语言材料、稿件进行内在语分析，明确稿件内在语的含义，提升掌握内在语的能力，并将此项内部技巧熟练运用于稿件的二度创作。通过挖掘稿件中所不便表露、不能表露或没有完全显露出的语句关系和语句本质，达到调动播音员主持人思想感情并使之积极运动起来的目的。

训练要求：通过讲解和练习，令播音员、主持人熟练掌握内在语的基本类型，在处理稿件时能够纯熟地运用内在语技巧，揭示稿件文字的语句本质和语言链条，辅助完成有声语言的表达。

第一部分　理论概述

一、内在语的概念

在人类运用有声语言进行交际的实践中，由于性别、性格、语言习惯的原因，或限于说话的场合、环境，以及说话双方的身份、地位，或出于得体、礼貌和策略的需要，人们说话经常要委婉些、含蓄些、隐晦些和含糊些，不能太直截了当。这种"话里有话"的现象，在语用实践中较为常见。

播音创作所依据的稿件，是作者认真采访、选材、谋篇布局、提炼主题的结果，在播音创作时，我们必须由表及里，在语句的有尽之言中挖掘无尽之意、无尽之美，准确表达出稿件真正内涵所指，这是播音创作的重点所在。如果播音员主持人就稿论稿，不求深意，稿件文字的含义就会失落。播音主持创作中常会出现"言有尽而意无穷"，这种"弦外之音"就是我们所说的"内在语"，就是指稿件文字语言所不便表露、不能表露或没有完全显露出来的语句关系和语句本质。

二、内在语的作用

作用有两方面：揭示语句本质和语言链条。

(一)揭示语句本质

语句本质就是语句的内在含义、感情态度。揭示语句本质可以引发出贴切的语气，使得有声语言深刻丰富、耐人寻味。在稿件的深入理解和具体感受上下功夫，这是准确解释语句本质的保证。播音员主持人需要参照语句文字表层非主要语义的线索，结合上下文具体语言环境，准确把握语句目的，确定内在语。

(二)揭示语言链条

语言链条简单地说就是语句之间的逻辑关系。揭示语言链条就是搞清句、段、层次之间的衔接、转折、分合等逻辑感受，从而明了文章上下衔接、前后照应的承续关系，接着把我们理解感受到的逻辑关系以内在语的形式显示和引发出来。

语言链条承接的第一种情况是发语作用。在语句段落之前借助内在语把语句段落播好。第二种情况是转换作用。由上一段、上一句转换到下一段、下一句可借助内在语过渡。第三种情况是回味作用。上文结束都会给人以语已尽、情尚存的印象，让受众回味什么？要靠内在语引发。

三、内在语的把握

(一)内在语是对稿件理解和感受的集中概括

从孤立的语句中寻找内在语是不稳定的，内在语是随着语句目的、语句环境而变化的。我们在把握内在语时离不开宣传目的，稿件的宣传目的就是全篇稿件的内在语，它落实在语句的主次关系上，从语气上表现出来，能够突出宣传目的，有明确的针对性。我们首先要确定宣传目的，为什么播，告诉受众什么道理，播这篇稿件有什么意义，等等。

(二)在稿件的重点、难点上把握内在语

有些稿件许多语句的内在含义和逻辑关系一目了然，易于把握的我们没有必要句句找内在语，但对重点语句的本质含义则应深入挖掘，以准确深刻地传达稿件的精神实质。播出目的一般在重点中集中而鲜明地体现，所以要在重点中挖掘全篇的内在语。同时还要注意要在难点上把握内在语。所谓难点就是语句本质不好把握，或者文气不十分贯通，自己播起来觉得不好衔接的地方，重点跟难点往往是一致的。

(三)内在语运用的几种方式

我们在把握内在语时，最好能用比较明了简洁的语言加以表述，力求心中

有数。但在话筒前播出时,我们想好的内在语只是迅速闪现,唤起应有的逻辑感受或感情态度,没有必要一字不差地心中默念一遍,那样做会使受众莫名其妙地等待,反而破坏了语言的连贯完整。

四、内在语的类型

(一)发语性内在语

在呼号、语句、节目、稿件、层次、段落之前,加上适当的词语。发语性内在语可以帮助播音员主持人把开头播好。

(二)寓意性内在语

稿件文字的"弦外之音"是隐含在语句深层的内在含义,是结合上下文语言环境挖掘出来的语句本质和语句目的。播音员主持人的语气,对受众来说,既是一种引导,也是一种强制。特别是在意象、色彩和程度、分寸上与文字表面非截然对立而差别细微的语句本质。

(三)关联性内在语

指那些没有用文字表示出来的语句关系。具体而言是那些体现语句逻辑关系和语法意义的隐含性关联词和关联词短语。

(四)提示性内在语

用于语句、段落、层次之间,也是为了解决上下句语气衔接的问题。播音员主持人通过设问呼应、提醒关注、表现情态、展示过程、感叹强调等的提示性内在语的设定,使语气的表达更加丰富多彩。

(五)回味性内在语

上文结束,不管漾开缓收,还是戛然而止,都给人以语已尽情尚存的印象,引发受众回味、思考、想象。大体上有四种形式:寓意式回味、反问式回味、意境式回味、线索式回味。

(六)反语性内在语

直接体现语句表层意义和深层内在含义的对立关系或对比关系。有四种形式。对立型:表现为与文字表层意义相对立的趋向;反问型:通过问句的形式表达确定的意思的修辞方法;双关型:利用语音或语义的关系,使语句同时兼顾两种事物的内在语;非对立型:有些句、段,是联系上下文的语言深层含义,大体上是一致的,同向同质的,但在表达的语气中却需要渗入一定的与语句意义有别的,甚至是相对的色彩。稿件中那些反语性内在语,往往是作者独具匠心的点睛之笔,播音员运用反语性内在语引发相应的语气加以准确表达,对稿件主题的升华、基调的统一和感情的抒发有积极促进作用,会使稿件的表达更具有色彩和感染力。

第二部分　示例与示例分析

一、示例

假如给我三天光明（节选）　［美］海伦·凯勒

（朋友们）我们谁都知道自己难免一死。但是这一天的到来，似乎遥遥无期。当然人们要是健康无恙，谁又会想到它，谁又会整日去惦念它。于是饱食终日，无所事事。（这样好么？）

我们对待生命如此倦怠，在对待自己的各种天赋及使用自己的器官上又何尝不是如此？（因为）只有那些瞎了的人才更加珍惜光明，只有那些聋了的人才更能体会到声音的美妙。（而）那些成年后失明、失聪的人就更是如此。然而，那些耳聪目明的正常人却从来不好好地去利用他们这些天赋。他们视而不见，充耳不闻，无任何鉴赏之心。（真是太可惜了！）事情往往就是这样，一旦失去了的东西，人们才会留恋它，人得了病才想到健康的幸福。（后悔莫及）

我有过这样的想法：如果让每一个人在他成年后的某个阶段瞎上几天，聋上几天该有多好。（因为）黑暗将使他更加珍惜光明，寂静将教会他们真正领略喧哗的欢乐。

我多么渴望看看这世上的一切，如果说我凭我的触觉能得到如此大的乐趣，那么能让我亲眼目睹一下该有多好。（然而）奇怪的是明眼人对这一切却如此淡漠！那点缀世界的五彩缤纷和千姿百态在他们看来是那么的平庸。也许人就是这样，有了的东西不知道欣赏，没有的东西又一味追求……（这是多么矛盾和愚蠢呢）

假如我是一位大学校长，我要设一门必修课程："如何使用眼睛。"教授应该让他的学生知道，看清他们面前一闪而过的东西会给他们的生活带来多大的乐趣，从而唤醒人们那麻木、呆滞的心灵。

（朋友）请你思考一下这个问题：假如你只有三天的光明，你将如何使用你的眼睛？想到三天以后，太阳再也不会从你眼前升起，你又将如何度过这宝贵的三日？你又会让你的眼睛停留在何处？（回味思考）

（［美］海伦·凯勒著，李汉昭译，华文出版社 2002 年版）

二、示例分析

本文是 19 世纪美国盲聋哑作家海伦·凯勒在失明后的一段自叙，她设想如果有三天光明她会做什么,以此警示人们要珍惜生命,珍爱生活。在这样一个情感基础的把握上,播音创作要注意内在语的处理,在本文中,有发语性内在语,如开篇第一句;关联性内在语,如第二自然段的因果逻辑转折;警示性内在语,如第二自然段的感慨;寓意性内在语,反问型反语内在语等。文中括号内为内在语示例分析,在练习时可以参考,当然内在语的处理不完全相同,可以结合个人创作体会,但总体上要符合全文的基调。最后一个自然段,如何利用内在语调动语气情感来给人留下回味和思考的空间? 可以尝试体会。

第三部分 训练指导

一、发语性内在语

方法:发语性内在语在训练时,首先要找到对象感,可以试试体会没有设想内在语、把内在语读出来以及内在语不读但在心里想一下所带来的表达效果的区别。

提示:在话筒前播音创作时只要由此一点,就能唤起相应的体验。

需要注意的问题:注意身份角色的设想到位。不同的语段,设想的对象场景不同。要能充分调动思想感情,同一句台呼,在不同时间段可能收听的人群不同,语境不同,调动起来的语气节奏也就不同。

(一)呼号前——

1.(听众朋友,早上好! 这里是)中央人民广播电台。

2.(听众朋友,晚上好! 这里是)中央人民广播电台。

(二)语句前——

1.(有道是)天行健,君子以自强不息。

2.(我们都知道)机会是给有准备的人。

3.(俗话说得好)冬天麦盖三层被,来年枕着馒头睡。

(三)层次内容前——

(中新网 8 月 6 日电)香港《大公报》6 日的报道关注解放军近期将领晋升,(据该报统计)解放军近日陆续晋升了 18 位中将。4 位"60 后"将领晋升中将,是解放军首次诞生"60 后"中将,同时更有多位中将是博士、院士(这是历史性的突破!),标志着解放军高级指挥人才年轻化、专业化、高科技化步伐提速。

(四)节目开始前——

1.(现场以及电视机前的观众朋友们)欢迎来到快乐大本营!

2.(电视机前的小朋友们,大家好)你们知道猫和老鼠以前是好朋友吗? 今天的《小鹿姐姐讲故事》，就带给大家猫和老鼠的故事。

二、寓意性内在语

方法：寓意性内在语对文章的层次、段落的解读要从全篇的基调出发，在有隐含语句意义的地方，注意把握分寸、语气。在语句训练的基础上进阶到段落、篇章，通篇把握内在语的位置、特点以及表达方式。

提示：括号内就是实际上想表达的真实的意图。在自己理解文章中的语句时，一定要联系上下文，准确把握，不要断章取义，也不要想当然。

需要注意的问题：切忌就句论句地确定内在语，而应从宣传目的、主题思想、上下文语境和整体基调来分析内在语。在稿件的难点重点上把握内在语，不必句句都找内在语。

1.凡是不称职的人或者愚蠢的人，都看不见这衣服。（谁才是真正愚蠢的人？）

2.孔乙己是站着喝酒而穿长衫的唯一的人。（穷困潦倒却死要面子）

3.现在权力最大的部门是"相关部门"，最爱说话的人就是"相关人员"，最管事的规定自然是"相关"规定。（推诿敷衍之风）

4.近日，自称气功大师的王林因未办理医疗机构职业许可证和非法行医被江西省卫生厅调查，除此以外，王林还被指控利用迷信吸引易受骗的公民和官员。为了逃避逮捕，王林逃到了香港，他否认指控，并指这是他在江西老家发生的一起商业纠纷，现在却演变成恩怨，而自己则成了牺牲品，王林表示自己有如斯诺登，如果回国肯定会被捕。（狡辩，闹剧）

5.南郭先生压根儿就不会吹竽。每逢演奏的时候，他就捧着竽混在队伍中，人家摇晃身体他也摇晃身体，人家摆头他也摆头，脸上装出一副动情忘我的样子，看上去和别人一样吹奏得挺投入。南郭先生就这样靠着蒙骗过关，不劳而获地白拿薪水。（十分可笑荒诞）

三、关联性内在语

方法：关联性内在语很多时候是为了补充完整句子的逻辑结构，让句意更鲜明突出，使得表达时心理运动更积极主动，语意的呈现更紧密连贯。

提示：内在语的概括要鲜明、简洁、有说服力，分析时力求准确到位，表达时未必字字再现。

需要注意的问题：文字语言的解读能力是第一步，要强化语文文学功底。循序渐进，由点到面，从小的段落到大的篇章，扎实掌握不同类型内在语。

1.有的人（虽然）活着，（但是）他已经死了；有的人（虽然）死了，（但是）他还活着。

2.她打了一个寒颤,(虽然)风又掀起她的衣襟,(但是)这次她没有去拉。

3.(虽然)突如其来的非典疫情对中国的经济产生了一些影响,也包括了一些跨国公司在中国的正常业务。(但是)面对国际上一些目光短浅的判断和反应过度的举措,德国奥迪集团管理董事会成员施密特先生在德国通过媒体呼吁,不能因非典而使世界经济与中国有丝毫的"隔离"。

4.来自劳动和社会保障部的最新数据统计表明,(因为)我国城市化进程的推进使农民工总数已达到2.1亿人。(所以)数以千万计的流动人口子女的教育问题成为一个必须面对的问题。(因此,当)温家宝总理在政府工作报告中把解决农民工子女入学问题列入2008年的工作,让农民工代表、上海华日服装有限公司的朱雪芹感到异常欣喜。

四、提示性内在语

方法:提示性内在语要求将稿件中那些隐含的内在意义表达出来,真正做到对稿件文字的深度解读,使得受众更明白晓畅地把握语句深层次含义。

提示:在稿件的难点重点上把握内在语,不必句句都找内在语。表述内在语的目的,是为了训练把握内在语的能力,使自己思想感情运动起来,而不是为了表述而表述,所以内在语的表述要精确可感,鲜明简洁。

需要注意的问题:以下按照提示性内在语的典型类型进行了分类举例,掌握分类类型不是主要目的,而是帮助学生更好地理解和表达内在语,在实际应用过程中自然生发、水到渠成。

(一)设问呼应

1.1937年12月13日之后,一百多个,甚至更多个日子里,旧都南京的大街上,走动着来自另一国度的人,(这些人怎么样?)这些人嚣张、霸道,腰间挂着钢刀和头颅。

2.不缺课,这对老师来说不是什么难事,可放在黑龙江铁力市乡村教师仲威平身上就不那么容易了。(这是为什么呢?)仲老师跟孩子们说:就是天下刀子我也来上课。见到仲威平,她正去智障学生庞运发家家访。(因为)去年,仲老师做了一次大手术,庞运发因此好些日子没有上学了。

3.最近,有一本书像这几天的天气一样突然热了起来。(热到什么程度?)在北京图书大厦,最多一天卖到了500本,营业员套用书名,开玩笑地说:非正常。(到底什么书呢?)这本热火朝天的书就是《我的非正常生活》,由于是一本近似于自传性质的书籍,所以它的作者洪晃也在一夜之间热了起来。

4.5号,在美国加州圣迭戈动物园生活的中国旅美大熊猫"云子"迎来了它4岁的生日。工作人员为它精心准备了大蛋糕。(到底有多大?)这个蛋糕高达1.2米,里面有云子最爱吃的苹果和红薯,还有竹子和蜂蜜。"云子"是生活在圣迭戈动物园的旅美大熊猫"白云"和"高高"的第五个孩子,出生于2009年8月5号。"白云"的其他四个孩子已经先后回国。

(二)提醒关注

1.2008年,"王老吉·学子情"将资助范围扩大到广东、浙江、四川等14个省份,共资助715名贫困高考生每人5000元,并提供500余个公益岗位,助学金额总计达380余万元。(这是一组引人注目的数字,体现了企业的公益心)

2.(司机朋友们注意)环城西路西湖隧道段从今天零时起半封闭保养施工,给您的出行带来不便,请您谅解。

3.6月份以来,受持续高温晴热天气影响,贵州省遇到了50多年来最严重旱灾。全省平均降水量只有42.6毫米,较常年偏少近8成。全省80个县(市、区)1385万人受灾,140座小型水库干涸。(提请注意防范旱灾)

4.在中国的农村,有6600万中小学生。(占总人口的1/20!)教育和他们每一个人的命运有关,因此也和我们共同的未来有关。寻找最美的乡村教师,今天有了您的关注和加入,就是对未来更大的一种推动力。所以,谢谢您。

(三)感叹强调

1.那声音在山谷间低回传诵,久久不绝,那是她第一节课教给孩子们的诗!年轻的女大学生回头望去,顿时被惊呆了:几十个孩子齐刷刷地跪在高高的山坡上!谁能承受得起那让天地都为之动容的长跪呀!她顷刻间明白了这是渴求知识的孩子们纯真而又无奈的挽留啊!(多么可爱的孩子,多么纯真的感情)

2.2009年度感动中国人物评选组委会授予陈玉蓉的颁奖词:

这是一场命运的马拉松。她忍住饥饿和疲倦,不敢停住脚步。上苍用疾病考验人类的亲情,她就舍出血肉,付出艰辛,守住信心。她是母亲,她一定要赢,她的脚步为人们丈量出一份伟大的亲情。(伟大的母爱)

3.管住自己,说起来简单,做起来确实很难。(比如)有的人在大是大非面前头脑清醒,但在平常一些所谓"小节"问题上管不住自己,认为"小节无伤大雅"(实在大错特错了);有的人在职位较低时能管住自己,一旦升迁便春风得意,飘飘然管不住自己(经不住考验);还有一种人,一辈子都管得住自己,但到了晚年却经不住各种各样的诱惑。(晚节不保,真是可惜!)

(四)表现情态

1.当国际奥委会主席萨马兰奇郑重宣布第29届奥运会的举办城市是北京时,所有的中国人都欢呼雀跃。(真是太好了!这一刻终于来临)

2.余新江暗自猜想着:在这隆冬季节,不该出现雷鸣啊!(不好!)难道是敌人在爆破工厂,毁灭山城了么?(不对!不像!或者是我们的队伍?)忽然,余新江冰冷的脸上露出狂喜,他的手心激动得冒出了汗水。(一定是这样了……)

3.正在当班的扳道员谭定德听说变压器旁有个小孩被电击倒了,心里一怔:(不好!)儿子正在那儿玩,莫不是他?

(五) 展示过程

1.顺着他的指引我向远处望去,(哇,变化可真大!)当年的小山村转眼间成为一座现代化城市。

2.我掀开帘子,看见一个小姑娘,只有八九岁光景,瘦瘦的苍白的脸,冻得发紫的嘴唇,(目光所及)头发很短,穿一身很破旧的衣裤,光脚穿一双草鞋,(由静态描述到动作描述)正在登上竹凳想去摘墙上的听话器,看见我似乎吃了一惊,把手缩了回来。(她要干嘛?)

3."已经200多天了,廖珊,你究竟在哪里?"王宝玉,一位江西财经大学的退休教师。1997年2月22日,儿子廖珊不慎在杭州走失,从此他开始踏上漫漫寻子路,几乎成了一个流浪者。足迹开始向外延伸,上海、苏州、南京、湖州、嘉兴、绍兴……半径越拉越长。(再长也要找到儿子)一头黑发,半年多时间就变得花白。

五、回味性内在语

方法:回味性内在语要求播音员主持人在进行二度创作时,充分调动自己的思想感情,将稿件中那些隐含的内在意义表达出来,真正做到对稿件文字的深度解读,言有尽而意无穷,令听众产生听觉美感、激发内心共情。

提示:内在语是对稿件的集中理解和概括,内在语作为语句的实在意义是随着语句目的、语言环境的不同而变化的。在稿件内在语的挖掘和概括表达上,提倡独立思考,并有所创新,训练切忌僵化。

需要注意的问题:以下按照提示性内在语的典型类型进行了分类举例,掌握分类类型不是主要目的,而是要帮助学生更好地理解和表达内在语,在实际应用过程中自然生发、水到渠成。

(一) 反问式回味

1.小朋友,要想掌握和运用我们祖国优美丰富的语言,就要学好语文,学懂学通,一点儿也不能含糊。(你们说对吗?)

2.那些木然地甚至欣喜若狂地挥舞铁锹,用泥土涂抹这幅图的所谓的"人",他们,挥动着恶之臂膀的他们,还能被称为人?(畜生不如)

3.在南京,在活埋者的头颅前,在万人坑的骨架前,我常常感觉到作为一个弱者的无助。我常常替他们挣扎着,呐喊着,逃跑着,可如果把我,放到这样一段日子里,除了挣扎、呐喊、逃跑,我还能做些什么?(深深的绝望)

4.在老书记的感召下,华西村的党员干部都努力追求淡泊名利,无私奉献。这样一批领头人和先进分子,有谁会信不过?(绝对相信)

（二）寓意式回味

1.春天像刚落地的娃娃，从头到脚都是新的，它生长着。（可爱的、稚嫩的、充满希望的春天）

春天像小姑娘，花枝招展的，笑着，走着。（活泼的、灵动的、满怀喜悦的春天）

春天像健壮的青年，有铁一般的胳膊和腰脚，领着我们上前去。（坚定的、有力的、令人奋进的春天）

（朱自清：《朱自清全集》，江苏教育出版社1988年版）

2.W局长赴山乡检查工作。酒醉饭饱之后，打道回府。

"停！停一停，姜师傅！"W局长在半路上喊"停车"，把姜师傅吓了一跳，还以为车子轧了小鸡小狗呢。

"局长，为什么要停车？"

"哦，想起来了，我的茶杯丢在了山乡。"

"局长，您的意思是——"

"对不起，我想麻烦你，把车子调转头开回山乡取茶杯。"

姜师傅闻言大吃一惊，他简直不相信自己的耳朵。他在心里说：疯子！小车离开山乡已几十里了，况且都是崎岖不平的山路，再调转头开回山乡取茶杯，那浪费的汽油钱不知能买多少个茶杯呢！

W局长似乎看出了姜师傅的心思，开导他说："我对你讲，这个做官啦，首先要讲究一个'公私分明'。公家的就是公家的，私人的就是私人的，公私一定要分明，千万不能混淆。茶杯是我私人的，丢了我会心痛得睡不着觉的，汽油是公家的，浪费一点何足道哉！"

姜师傅苦笑着点头又摇头，奉命将小卧车调转头火速直返山乡——取茶杯……（无奈至极，可笑至极）

（手机知网，《党政干部学刊》2000年第6期）

3.垃圾

"制造垃圾的人，最后自己成为垃圾也不知道了。"我有一个亲戚时常说。

那是因为农产社会中大家爱物惜物，一件东西在不是完全无用时舍不得丢弃，即使是非常富裕的人，多数也是勤俭的。

所以"修补"的工作在过去占了很重要的地位，修补衣服鞋子、修补锅子水壶、修补雨伞剪刀、甚至是修补丝袜等等。大家东西用坏了也舍不得丢弃，总要修补到完全无用为止才成为垃圾。

现在不行了，现代人每天制造的垃圾比从前的人多十倍，有很多东西用也没用，就丢弃了，更别说修补了。对东西是如此，对人也是一样，人们常因利用价值丢弃旧的情感、旧的朋友甚至旧的伴侣，有很多人丢掉恋人的时候就如同丢掉一把旧雨伞。

　　我的亲戚的逻辑是很简单的："一个不爱惜东西的人,就不会疼惜别人,不会珍惜这个世界,有时候连自己也不懂得珍惜。"——心灵旧了不懂得修补,最后连丢失了都不知道。

(林清玄:《清凉菩提》,作家出版社 1993 年版)

　　4.那个老丑角是一路翻着筋斗出来的,一直到空场的中心,就纹丝不动地竖个蜻蜓倒立着。

　　谁知道他用全力忍着喘息,谁知道他通体都打着抖,谁知道他的血是从脚跟向头上流? 谁知道他的心悬着,像秋风里悬着的落叶? 谁知道他几十年的岁月中看厌了人类,情愿忍着辛苦倒立着,把人们翻一个身来观看?

　　他看到人们都像他似地倒悬着。(谁看的才是真实?)

　　人们鼓着掌。

　　美女飞出来了,马奔驰着。

　　海豹顶着圆球出来了。

　　象打着喷嚏。

　　狮子在电棒下吼着团团转。

　　当这热闹的戏开始的时候,那老丑角放下腿来,默默地走到旗杆的下面,独自拢了膝头坐着。(这热闹是它们的,"我"什么也没有。)

　　他的眼茫茫地望着前方,可是面前的人并不在他的心上落下影子。

　　谁看得到白粉红朱的后面是一张长满了皱纹的多辛苦的脸? 谁看得到罩在可笑的尖帽下是一夜转白的霜发? 谁看得到他那胸膛被人撕去一半的鲜血淋漓的心? 当场子空下来的时候,他不得不又站起来跳进去。(孤独又凄凉)

　　人们起着一阵哄笑。

　　"你们笑我么? 我不是丑角呵! ……"

　　又是一阵哄笑。

　　"我扮演过人类的悲剧……"

　　还是一阵哄笑。

　　"人类的悲剧还在演着呢! ……"

　　仍是一阵哄笑。

　　"你们看到么,我在哭呢!"

　　总是一阵哄笑。

　　稀世的珍禽异兽在悠扬的音乐声中入场了,那个老丑角只得噙着自己的眼泪躲到一旁,他感觉到自己的渺小,他突然意识到生来不过是为别人填补空隙的,尽管他是那么对自己都真诚,他有一颗注满了鲜血的爱人类的心。(却被如此低贱地忽略)

当一切的表演都已完毕,观众挂着笑脸从座位上站起来的时候,他又得像一阵风似地翻着筋斗,时反时正地看着人群又从那窄门挤出去,他渐渐地看到每一个空了的座位都瞪眼望着他,他才停下自己的手脚坐下来。

他知道捧花的走向少女了,抱草料的到马的身边,每一种禽兽都有人侍候。

只是他坐在那空空的场子中间,自己捧下自己的尖帽,让汗自由地淌下来,让泪自由地淌下来,冲淡了脸上的朱白,他顿时感觉到空虚、寂寞,真的感到自己的衰老。(无尽凄凉)

只有一根阳光的柱子,从棚顶的小孔伸进来,照在他面前的,圆圆的一块。

他用手指在那发亮的尘土上写些别人不识得的字。(谁才是真的丑角)

（靳以:《老丑角》,内蒙古出版集团《文苑》杂志,2015 年第 8 期）

(三) 意境式回味

1.冬天来了,春天还会远吗?（……）

2.你在桥上看风景,看风景的人在楼上看你。明月装饰了你的窗子,你却装饰了别人的梦。(梦境)

3.没有水、没有鱼的北方的河,是干涸的。河床和河堤都很寂寞。桥在不远处,却仿佛已经被人们遗忘。人的足迹、牲畜的蹄印,交杂着清晰而散乱地写在这一片起伏的黄土上,如同调皮的孩子信笔在草纸上蘸水划下的痕迹。没有水的桥,也怀着一份深沉的寂寞。人的寂寞可以倾诉,它呢?

4.他是人民的好战士,虽然他离我们而去,但是他的精神将永垂不朽!（他将活在千千万万人民的心中……）

5.孤独的椅子

在公园里,清晨的薄雾中,一排排白色的椅子,没有一点生息,让人感到清冷的孤独。

雾慢慢散去,阳光出来了,人三三两两地走到公园里来,纷纷落坐在那些排列整齐的椅子上。

这时,我发现一种可惊的排列了。

每一个椅子差不多都坐了人,可是一条长椅子顶多坐两个人,一个人坐在椅子的这端,一个在那端,似乎是默契似的,每一张椅子都是两端坐着人,中间空白。人和人不互相说话,也不理睬,也不注视,只是礼貌地维持距离地坐着。

我坐在远处,看着这一幅诡异的构图,感觉到坐了人的椅子比不坐人的椅子更孤独。

（林清玄:《清凉菩提》,作家出版社 1993 年版）

(四)线索式回味

1.雨声渐渐的住了,窗帘后隐隐的透进清光来。推开窗户一看,呀! 凉云散了,树叶上的残滴,映着月儿,好似萤光千点,闪闪烁烁的动着。——真没想到苦雨孤灯之后，会有这么一幅清美的图画！

凭窗站了一会儿，微微的觉得凉意侵人。转过身来，忽然眼花缭乱，屋子里的别的东西，都隐在光云里；一片幽辉，只浸着墙上画中的安琪儿。——这白衣的安琪儿，抱着花儿，扬着翅儿，向着我微微的笑。

"这笑容仿佛在哪儿看见过似的，什么时候，我曾……"我不知不觉地便坐在窗口下想，——默默的想。

严闭的心幕，慢慢的拉开了，涌出五年前的一个印象，——一条很长的古道。驴脚下的泥，兀自滑滑的。田沟里的水，潺潺的流着。近村的绿树，都笼在湿烟里，弓儿似的新月，挂在树梢。一边走着，似乎道旁有一个孩子，抱着一堆灿白的东西。驴儿过去了，无意中回头一看，——他抱着花儿，赤着脚儿，向着我微微的笑。

"这笑容又仿佛是哪儿看见过似的！"我仍是想——默默的想。

又现出一重心幕来，也慢慢的拉开了，涌出十年前的一个印象，——茅檐下的雨水，一滴一滴的落到衣上来。土阶边的水泡儿，泛来泛去的乱转。门前的麦垄和葡萄架子，都灌得新黄嫩绿的非常鲜丽。——一会儿好容易雨晴了，连忙走下坡儿去。迎头看见月儿从海面上来了，猛然记得有件东西忘下了，站住了，回过头来，这茅屋里的老妇人——她倚着门儿，抱着花儿，向着我微微的笑。

这同样微妙的神情，好似游丝一般，飘飘漾漾的合了拢来，绾在一起。

这时心下光明澄静，如登仙界，如归故乡。眼前浮现的三个笑容，一时融化在爱的调和里看不分明了。

（冰心：《笑》，发表于《小说月刊》1921年1月第1期）

2.要有这样的一种战士——

已不是蒙昧如非洲土人而背着雪亮的毛瑟枪的；也并不疲惫如中国绿营兵而却佩着盒子炮。他毫无乞灵于牛皮和废铁的甲胄；他只有自己，但拿着蛮人所用的，脱手一掷的投枪。

他走进无物之阵，所遇见的都对他一式点头。他知道这点头就是敌人的武器，是杀人不见血的武器，许多战士都在此灭亡，正如炮弹一般，使猛士无所用其力。

那些头上有各种旗帜，绣出各样好名称：慈善家，学者，文士，长者，青年，雅人，君子……头下有各样外套，绣出各式好花样：学问，道德，国粹，民意，逻辑，公义，东方文明……

但他举起了投枪。

他们都同声立了誓来讲说，他们的心都在胸膛的中央，和别的偏心的人类两样。他们都在胸前放着护心镜，就为自己也深信心在胸膛中央的事作证。

但他举起了投枪。

他微笑，偏侧一掷，却正中了他们的心窝。

一切都颓然倒地；——然而只有一件外套，其中无物。无物之物已经脱走，得了胜利，因为他这时成了戕害慈善家等类的罪人。

但他举起了投枪。

他在无物之阵中大踏步走，再见一式的点头，各种的旗帜，各样的外套……

但他举起了投枪。

他终于在无物之阵中老衰，寿终。他终于不是战士，但无物之物则是胜者。

在这样的境地里，谁也不闻战叫：太平。

太平……

但他举起了投枪！

（鲁迅：《这样的战士》，发表于《语丝》周刊 1925 年第五十八期）

3.台湾诗人 Y 先生说："在海外，夜间听到蟋蟀叫，就会以为那是在四川乡下听到的那一只。"

就是那一只蟋蟀
钢翅响拍着金风
一跳跳过了海峡
从台北上空悄悄降落
落在你的院子里
夜夜唱歌
就是那一只蟋蟀
在《豳风·七月》里唱过
在《唐风·蟋蟀》里唱过
在《古诗十九首》里唱过
在花木兰的织机旁唱过
在姜夔的词里唱过
劳人听过
思妇听过
就是那一只蟋蟀
在深山的驿道边唱过
在长城的烽台上唱过
在旅馆的天井中唱过
在战场的野草间唱过
孤客听过
伤兵听过

就是那一只蟋蟀
在你的记忆里唱歌
在我的记忆里唱歌
唱童年的惊喜
唱中年的寂寞
想起雕竹做笼
想起呼灯篱落
想起月饼
想起桂花
想起满腹珍珠的石榴果
想起故园飞黄叶
想起野塘剩残荷
想起雁南飞
想起田间一堆堆的草垛
想起妈妈唤我们回去加衣裳
想起岁月偷偷流去许多许多
就是那一只蟋蟀
在海峡这边唱歌
在海峡那边唱歌
在台北的一条巷子里唱歌
在四川的一个乡村里唱歌
在每个中国人脚迹所到之处
处处唱歌
比最单调的乐曲更单调
比最谐和的音响更谐和
凝成水
是露珠
燃成光
是萤火
变成鸟
是鹧鸪
啼叫在乡愁者的心窝
就是那一只蟋蟀
在你的窗外唱歌
在我的窗外唱歌

你在倾听

你在想念

我在倾听

我在吟哦

你该猜到我在吟些什么

我会猜到你在想些什么

中国人有中国人的心态

中国人有中国人的耳朵

1982 年 7 月 10 日在成都

(流沙河:《就是那一只蟋蟀》,发表于香港《文汇报》1982 年副刊)

六、反语性内在语

方法:反语性内在语在表达时与寓意性内在语类似,最主要是把握文章的背景,关键在于要用恰当的语气语调把隐含的深意表现出来,忌平淡、忌态度不鲜明、忌判断理解不准确。

提示:鲁迅的文章中反语性内在语用得很多,为了帮助大家更好地把握和理解,在后面的材料中,我们把相关的语段的出处做了标注,建议学生阅读全文,这样更有助于理解把握。

需要注意的问题:实际运用过程中,反语性内在语不需要分类这么细,只需要能区分大类的特点就可以,但是表达时的语气分寸很重要,声音形式的配合也很重要。嘲弄、批判、斥责这些语气色彩都可以用来表达反语性内在语。

(一)非对立型反语内在语

1.正因为这样,所以马克思是当代最遭嫉恨和最受污蔑的人。各国政府——无论专制政府或共和政府都要驱逐他;资产者——无论保守派或极端民主派都纷纷争先恐后地诽谤他,诅咒他。(恩格斯《在马克思墓前的讲话》)

2.“雅”要地位,也要钱。古今并不两样,但古代的买雅,自然比现在的便宜;办法也并不两样,书要摆在书架上,或者抛几本在地板上,酒杯要摆在桌子上,但算盘却要放在抽屉里,或者最好放在肚子里。(鲁迅《病后杂谈》)

(二)对立型反语内在语

1.“流氓欺乡下老,洋人打中国人,教育厅长冲小学生,都是善于克敌的豪杰。”(鲁迅《冲》)

2.读书呀,读书呀,不错,学生是应该读书的,但一面也要大人老爷们不至于葬送土地,这才能够安心读书。报上不是说过,东北大学逃散,冯庸大学逃散,日本兵看见学生模样的就枪毙吗? 放下书包来请愿,真是可怜之至。不道国民党政府却在 12 月 18 日通电各地军政当局文里,又加上他们“捣毁机关,阻断交通,殴伤中委,拦劫汽车,攒击路人及公务人员,私逮刑讯,社会秩序悉被破坏"的罪名,而且指出结果说是"友邦人士,莫名惊诧,长此以往,国将不国"了! (鲁迅《友邦惊诧论》)

3.东京也无非是这样。上野的樱花烂熳的时节,望去确也像绯红的轻云,但花下也缺不了成群结队的"清国留学生"的速成班,头顶上盘着大辫子,顶得学生制帽的顶上高高耸起,形成一座富士山。也有解散辫子,盘得平的,除下帽来,油光可鉴,宛如小姑娘的发髻一般,还要将脖子扭几扭。实在标致极了。 (鲁迅《藤野先生》)

(三)反问型反语内在语

1.中国人死都不怕,还怕困难么?

2.身为文人,就不能戒骄戒躁,就不能长点志气,就不能贫贱不移、富贵不淫吗?

3.不劳动,连棵花也弄不活,这难道很光荣吗?

4.一所大学的一个国学院,每年培养的学生有限,对十几亿人的泱泱大国而言,连九牛一毛都算不上,真能担当"振兴国学"的重任吗?

(四)双关型反语内在语

1.液化气公司给居民送液化气本是方便百姓的举措,可在实际工作中也要注意方式方法,善于沟通,否则对于百姓来说可就变成了"送气上门"了。

2.学医的在选择分科时可得留意,为将来开诊所设想,姓段的不能开骨科,姓吴的不能开齿科,姓赖的不能开皮肤科。

3.记者在几天的采访中看到,雅砻江下游两岸目前仅有一些残次林木,水土流失严重。当地老乡说:"每一场暴雨都造成洪水和滑坡、塌方。以前江水一年四季都是清的,现在变成'黄河'了。"

4.建筑工程是生命工程,是百年大计,一点也不能马虎!特别不能松懈的是,工程检查验收不要走马观花,不要变成"宴收"。

第四部分 补充练习

一、语段练习

1.从被活埋的数十万骨架中,突然看到这样一幅图,惊悚之中,一股暖意上升。透过这根月牙一样的残缺的脊梁,我分明看到了人性的圆满。

2.李先生究竟犯了什么罪,竟遭此毒手?他只不过用笔写写文章,用嘴说说话,而他所写的,所说的,都无非是一个没有失掉良心的中国人的话!大家都有一支笔,有一张嘴,有什么理由拿出来讲啊! 有事实拿出来说啊! 为什么要打要杀,而且又不敢光明正大的来打来杀,而偷偷摸摸的来暗杀! 这成什么话?

3. 求学的路很漫长,一生一世的事业,何必太在意几年蹉跎? 况且这时间的分分秒秒都苦涩无比,需用母亲的鲜血灌溉! 一个连母亲都无法挚爱的人,还能指望他会爱谁? 把自己的利益放在至高无上位置的人,怎能成为人类的大师?

4. 这位"县太爷"独自坐一部全县最好的小轿车,风行百里,直抵郑州,其他人也分乘两部小轿车尾随其后。

5. 这些地区出现的一个值得注意的现象是:办脱贫工厂没钱,搞救灾没钱,办教育更没钱,但却有钱建办公大楼,盖高级招待所,买高级小轿车,请客送礼。有的贫困地区的领导还坐着高级轿车上省城,跑北京要扶贫款、要救济钱。

6. 中国留学生会馆的门房里有几本书买,有时还值得去一转;倘在上午,里面的几间洋房里倒也还可以坐坐的。但到傍晚,有一间的地板便常不免要咚咚咚地响得震天,兼以满房烟尘斗乱。问问精通时事的人,答道,"那是在学跳舞。"

7. 山西蒲县是省级贫困县,历时两年建起一座总投资超亿元的文化中心。主体竣工的蒲子文化宫气派豪华,被指酷似"鸟巢"。县委书记乔建军在接受采访时辩称,建文化宫满足了群众需要,也符合国家要求,不存在劳民伤财的问题。因此这是一个"爱民"工程。

8. 2017 年《感动中国》主持人开场词

敬一丹:亲爱的观众朋友,我们一起走过 2017 年,今天在这里我们一起回望那些融入年轮的人,我们在他们身上感受到了从容。彷徨的时候,我们在他们身上看到了坚定;怀疑的时候,他们告诉我什么叫相信。于是,在第 16 次《感动中国》的盛典上,我们向他们致敬。

白岩松:16 年的时间里头,总会有很多新的词汇和新的故事,不断地走进我们的生活当中。像这几年"美好生活"这四个字就成了我们新的追求。好生活的前面加了一个"美",这"美"是什么? 古人在创造这个字的时候说,羊大为美。但是当我们走过了 16 年《感动中国》之路之后,却有一个最强烈的感受:大写的人,才最美。

敬一丹:我们今天首先要认识的卢永根教授,就是一个大写的人。

二、文学作品

春天,遂想起　余光中

春天,遂想起
江南,唐诗里的江南,九岁时

采桑叶于其中，捉蜻蜓于其中
（可以从基隆港回去的）
江南
小杜的江南
苏小小的江南
遂想起多莲的湖，多菱的湖
多螃蟹的湖，多湖的江南
吴王和越王的小战场
（那场战争是够美的）
逃了西施
失踪了范蠡
失踪在酒旗招展的
（从松山飞三个小时就到的）
乾隆皇帝的江南

春天，遂想起遍地垂柳
的江南，想起
太湖滨一渔港，想起
那么多的表妹，走在柳堤
（我只能娶其中的一朵！）
走过柳堤，那许多的表妹
就那么任伊老了
任伊老了，在江南
（喷射云三小时的江南）
即使见面，她们也不会陪我
陪我去采莲，陪我去采菱
即使见面，见面在江南
在杏花春雨的江南
在江南的杏花村
（借问酒家何处）
何处有我的母亲
复活节，不复活的是我的母亲
一个江南小女孩变成的母亲
清明节，母亲在喊我，在圆通寺
喊我，在海峡这边

喊我,在海峡那边

喊,在江南,在江南

多寺的江南,多亭的

江南,多风筝的

江南啊,钟声里

的江南

(站在基隆港,想——想

想回也回不去的)

多燕子的江南

(《中国朗诵诗精选》,花山文艺出版社1995年版)

在山的那边　王家新

一

小时候,我常伏在窗口痴想

——山那边是什么呢?

妈妈给我说过:海

哦,山那边是海吗?

于是,怀着一种隐秘的想望

有一天我终于爬上了那个山顶

可是,我却几乎是哭着回来了

——在山的那边,依然是山

山那边的山啊,铁青着脸

给我的幻想打了一个零分!

妈妈,那个海呢?

二

在山的那边,是海!

是用信念凝成的海

今天啊,我竟没想到

一颗从小飘来的种子

却在我的心中扎下了深根

是的,我曾一次又一次地失望过

当我爬上那一座座诱惑着我的山顶

但我又一次次鼓起信心向前走去

因为我听到海依然在远方为我喧腾

——那雪白的海潮啊,夜夜奔来

一次次漫湿了我枯干的心灵……

在山的那边,是海吗?

是的!人们啊,请相信——

在不停地翻过无数座山后

在一次次地战胜失望之后

你终会攀上这样一座山顶

而在这座山的那边,就是海呀

是一个全新的世界

在一瞬间照亮你的眼睛……

(发表于《长江文艺》1981年第5期)

心 愿 张爱玲

　　时间好比一把锋利的小刀,若用得不恰当,会在美丽的面孔上刻下深深的纹路,使旺盛的青春月复一月、年复一年地消磨掉;但是,使用恰当的话,它却能将一块普通的石头琢刻成宏伟的雕像。圣玛丽亚女校虽然已有五十年历史,仍是一块只会稍加雕琢的普通白石。随着时光的流逝,它也许会给尘埃染污,受风雨侵蚀,或破裂成片片碎石。另一方面,它也可以给时间的小刀仔细地、缓慢地、一寸一寸地刻成一个奇妙的雕像,置于米开朗琪罗的那些辉煌的作品中亦无愧色。这把小刀不仅为校长、教师和明日的学生所持有,我们全体同学都有权利操纵它。

　　如果我能活到白发苍苍的老年,我将在炉边宁静的睡梦中,寻找早年所熟悉的穿过绿色梅树林的小径。当然,那时候,今日年轻的梅树也必已进入愉快的晚年,伸出有力的臂膊遮蔽着纵横的小径。饱经风霜的古老钟楼,仍将兀立在金色的阳光中,发出在我听来是如此熟悉的钟声。在那缓慢而庄严的钟声里,高矮不一、脸蛋儿或苍白或红润、有些身材丰满、有些体形纤小的姑娘们,焕发着青春活力和朝气,像小溪般涌入教堂。在那里,她们将跪下祈祷,向上帝低声细诉她们的生活小事:她们的悲伤,她们的眼泪,她们的争吵,她们的喜爱,以及她们的宏愿。她们将祈求上帝帮助自己达到目标,成为作家、音乐家、教育家或理想的妻子。我还可以听到那古老的钟楼在祈祷声中发出回响,仿佛是低声回答她们:"是的,与全中国其他学校相比,圣玛利亚女校的宿舍未必是最大的,校内的花园也未必是最美丽的,但她无疑有最优秀、最勤奋好学的小姑娘,她们将以其日后辉煌的事业来为母校增光!"

　　听到这话语时,我的感受将取决于自己在毕业后的岁月里有无任何成就。如果我没有克尽本分,丢了荣耀母校的权利,我将感到羞耻和悔恨。但如果我在努力为目标奋斗的路上取得成功,我可以欣慰地微笑,因为我也有份用时间这把小刀,雕刻出美好的学校生活的形象——虽然我的贡献是那样微不足道。

(1937 年发表于上海圣玛利亚女校《凤藻》)

故乡(节选) 鲁 迅

我吃了一吓,赶忙抬起头,却见一个凸颧骨,薄嘴唇,五十岁上下的女人站在我面前,两手搭在髀间,没有系裙,张着两脚,正像一个画图仪器里细脚伶仃的圆规。

我愕然了。

"不认识了么?我还抱过你咧!"

我愈加愕然了。幸而我的母亲也就进来,从旁说:

"他多年出门,统忘却了。你该记得罢,"便向着我说,"这是斜对门的杨二嫂,……开豆腐店的。"

哦,我记得了。我孩子时候,在斜对门的豆腐店里确乎终日坐着一个杨二嫂,人都叫伊"豆腐西施"。但是擦着白粉,颧骨没有这么高,嘴唇也没有这么薄,而且终日坐着,我也从没有见过这圆规式的姿势。那时人说:因为伊,这豆腐店的买卖非常好。但这大约因为年龄的关系,我却并未蒙着一毫感化,所以竟完全忘却了。然而圆规很不平,显出鄙夷的神色,仿佛嗤笑法国人不知道拿破仑,美国人不知道华盛顿似的,冷笑说:

"忘了?这真是贵人眼高……"

"那有这事……我……"我惶恐着,站起来说。

"那么,我对你说。迅哥儿,你阔了,搬动又笨重,你还要什么这些破烂木器,让我拿去罢。我们小户人家,用得着。"

"我并没有阔哩。我须卖了这些,再去……"

"阿呀呀,你放了道台了,还说不阔?你现在有三房姨太太;出门便是八抬的大轿,还说不阔?吓,什么都瞒不过我。"

我知道无话可说了,便闭了口,默默的站着。

"阿呀阿呀,真是愈有钱,便愈是一毫不肯放松,愈是一毫不肯放松,便愈有钱……"圆规一面愤愤的回转身,一面絮絮的说,慢慢向外走,顺便将我母亲的一副手套塞在裤腰里,出去了。

(载《呐喊》,北京新潮社 1923 年 8 月版)

门 槛 [俄]屠格涅夫

我看见一所大厦。正面一道窄门大开着,门里一片阴暗的浓雾。高高的门槛外面站着一个女郎……一个俄罗斯女郎。

浓雾里吹着带雪的风,从那建筑的深处透出一股寒气,同时还有一个缓慢、重浊的声音问着：

"啊，你想跨进这门槛来做什么？你知道里面有什么东西在等着你？"

"我知道。"女郎这样回答。

"难道寒冷、饥饿、憎恨、嘲笑、轻视、侮辱、监狱、疾病，甚至于死亡？"

"我知道。"

"知道会跟人们的疏远，完全的孤独？"

"我知道，我准备好了。我愿意忍受一切的痛苦，一切的打击。"

"知道不仅是你的敌人，就是你的亲戚、你的朋友也都要给你这些痛苦、这些打击？"

"是……就是他们给我这些，我也要忍受。"

"好。你也准备着牺牲吗？"

"是。"

"这是无名的牺牲，你会灭亡，甚至没有人……没有人知道，也没有人尊崇地纪念你。"

"我不要人感激，我不要人怜惜。我也不要名声。"

"你甘心去犯罪？"

姑娘埋下了她的头。

"我也甘心……去犯罪。"

里面的声音停了一会儿。过后又说出这样的话：

"你知道将来在困苦中你会否认你现在这个信仰，你会以为你是白白地浪费了你的青春？"

"这一层我也知道。我只求你放我进去。"

"进来吧。"

女郎跨进了门槛。一幅厚帘子立刻放下来。

"傻瓜！"有人在后面嘲骂。

"一个圣人！"不知道从什么地方传来了这一声回答。

（1984 年巴金译）

卖火柴的小女孩　［丹麦］安徒生

天冷极了，下着雪，又快黑了。这是一年的最后一天——大年夜。在这又冷又黑的晚上，一个光着头赤着脚的小女孩在街上走着。她从家里出来的时候还穿着一双拖鞋，但是有什么用呢？那是一双很大的拖鞋——那么大，一向是她妈妈穿的。她穿过马路的时候，两辆马车飞快地冲过来，吓得她把鞋都跑掉了。一只怎么也找不着，另一只叫一个男孩捡起来拿着跑了。他说，将来他有了孩子可以拿它当摇篮。

　　小女孩只好赤着脚走，一双小脚冻得红一块青一块的。她的旧围裙里兜着许多火柴，手里还拿着一把。这一整天，谁也没买过她一根火柴，谁也没给过她一个钱。

　　可怜的小女孩！她又冷又饿，哆哆嗦嗦地向前走。雪花落在她金黄的长头发上，那头发打成卷儿披在肩上，看上去很美丽，不过她没注意这些。每个窗子里都透出灯光来，街上飘着一股烤鹅的香味，因为这是大年夜——她可忘不了这个。

　　她在一座房子的墙角里坐下来，蜷着腿缩成一团。她觉得更冷了。她不敢回家，因为她没卖掉一根火柴，没挣到一个钱，爸爸一定会打她的。再说，家里跟街上一样冷。他们头上只有个房顶，虽然最大的裂缝已经用草和破布堵住了，风还是可以灌进来。

　　她的一双小手几乎冻僵了。啊，哪怕一根小小的火柴，对她也是有好处的！她敢从成把的火柴里抽出一根，在墙上擦燃了，来暖和暖和自己的小手吗？她终于抽出了一根。哧！火柴燃起来了，冒出火焰来了！她把小手拢在火焰上。多么温暖多么明亮的火焰啊，简直像一支小小的蜡烛。这是一道奇异的火光！小女孩觉得自己好像坐在一个大火炉前面，火炉装着闪亮的铜脚和铜把手，烧得旺旺的，暖烘烘的，多么舒服啊！哎，这是怎么回事呢？她刚把脚伸出去，想让脚也暖和一下，火柴灭了，火炉不见了。她坐在那儿，手里只有一根烧过了的火柴梗。

　　她又擦了一根。火柴燃起来了，发出亮光来了。亮光落在墙上，那儿忽然变得像薄纱那么透明，她可以一直看到屋里。桌上铺着雪白的台布，摆着精致的盘子和碗，肚子里填满了苹果和梅子的烤鹅正冒着香气。更妙的是这只鹅从盘子里跳下来，背上插着刀和叉，摇摇摆摆地在地板上走着，一直向这个穷苦的小女孩走来。这时候，火柴又灭了，她面前只有一堵又厚又冷的墙。

　　她又擦着了一根火柴。这一回，她坐在美丽的圣诞树下。这棵圣诞树比她去年圣诞节透过富商家的玻璃门看到的还要大，还要美。翠绿的树枝上点着几千支明晃晃的蜡烛，许多幅美丽的彩色画片，跟挂在商店橱窗里的一个样，在向她眨眼睛。小女孩向画片伸出手去。这时候，火柴又灭了。只见圣诞树上的烛光越升越高，最后成了在天空中闪烁的星星。有一颗星星落下来了，在天空中划出了一道细长的红光。

　　"有一个什么人快要死了。"小女孩说。唯一疼她的奶奶活着的时候告诉过她：一颗星星落下来，就有一个灵魂要到上帝那儿去了。

　　她在墙上又擦着了一根火柴。这一回，火柴把周围全照亮了。奶奶出现在亮光里，是那么温和，那么慈爱。

　　"奶奶！"小女孩叫起来，"啊！请把我带走吧！我知道，火柴一灭，您就会不见的，像那暖和的火炉、喷香的烤鹅、美丽的圣诞树一个样，就会不见的！"

她赶紧擦着了一大把火柴，要把奶奶留住。一大把火柴发出强烈的光，照得跟白天一样明亮。奶奶从来没有像现在这样高大，这样美丽。奶奶把小女孩抱起来，搂在怀里。她们俩在光明和快乐中飞走了，越飞越高，飞到那没有寒冷，没有饥饿，也没有痛苦的地方去了。

第二天清晨，这个小女孩坐在墙角里，两腮通红，嘴上带着微笑。她死了，在旧年的大年夜冻死了。新年的太阳升起来了，照在她小小的尸体上。小女孩坐在那儿，手里还捏着一把烧过了的火柴梗。

"她想给自己暖和一下……"人们说。谁也不知道她曾经看到过多么美丽的东西，她曾经多么幸福，跟着她奶奶一起走向新年的幸福中去。

（载人教版六年级《语文（下册）》）

谁是最可爱的人　魏　巍

在朝鲜的每一天，我都被一些东西感动着；我的思想感情的潮水，在放纵奔流着；我想把一切东西都告诉给我祖国的朋友们。但我最急于告诉你们的，是我思想感情的一段重要经历，这就是：我越来越深刻地感觉到谁是我们最可爱的人！

谁是我们最可爱的人呢？我们的部队、我们的战士，我感到他们是最可爱的人。

也许还有人心里隐隐约约地说：你说的就是那些"兵"吗？他们看来是很平凡、很简单的哩。既看不出他们有什么高深的知识，又看不出他们有什么丰富的感情。可是，我要说，这是由于他跟我们的战士接触太少，还没有了解我们的战士：他们的品质是那样的纯洁和高尚，他们的意志是那样的坚韧和刚强，他们的气质是那样的淳朴和谦逊，他们的胸怀是那样的美丽和宽广！

让我还是来说一段故事吧。

还是在二次战役的时候，有一支志愿军的部队向敌后猛插，去切断军隅里敌人的逃路。当他们赶到书堂站时，逃敌也恰恰赶到那里，眼看就要从汽车路上开过去。这支部队的先头连（三连）就匆匆占领了汽车路边一个很低的光光的小山岗，阻住敌人，一场壮烈的搏斗就开始了。敌人为了逃命，用三十二架飞机、十多辆坦克和集团冲锋向这个连的阵地汹涌卷来。整个山顶都被打翻了。汽油弹的火焰把这个阵地烧红了。但勇士们在这烟与火的山岗上，高喊着口号，一次又一次把敌人打死在阵地前面。敌人的死尸像谷子似的在山前堆满了，血也把这山岗流红了。可是敌人还是要拼死争夺，好使自己的主力不致覆灭。这激战整整持续了八个小时，最后，勇士们的子弹打光了。蜂拥上来的敌人，占领了山头，把他们压到山脚。飞机掷下的汽油弹，把他们的身上烧着了火。这时候，勇士们是仍然不会后退的呀，他们把枪一摔，身上、帽子上冒着呜鸣的火苗向敌人扑去,把敌人抱住,让身上的火,把要占领阵地的敌人烧死。……据这个营的营长告诉我,战后,这个连的阵地上,枪支完全摔碎了,机枪零件扔得满山都是。烈士们的尸体,做着各种各样的姿势,有抱住敌人腰的,有抱住敌人头的,有卡住敌人脖子,把敌人摁倒在地上的,和敌人倒在一起,烧在一起。还有一个战士,他手里还紧握着一个手榴弹,弹体上沾满脑浆,和他死在一起的美国鬼子,脑浆崩裂,涂了一地。另有一个战士,他的嘴里还衔着敌人的半块耳朵。在掩埋烈士们遗体的时候,由于他们两手扣着,把敌人抱得那样紧,分都分不开,以致把有的手指都折断了。……这个连虽然伤亡很大,但他们却打死了三百多敌人,特别是,使我们部队的主力赶上,聚歼了敌人。

这就是朝鲜战场上一次最壮烈的战斗——松骨峰战斗,或者叫书堂站战斗。假若需要立纪念碑的话,让我把带火扑敌及用刺刀和敌拼死在一起的烈士们的名字记下吧。他们的名字是:王金传、邢玉堂、胡传九、井玉琢、王文英、熊官全、王金侯、赵锡杰、隋金山、李玉安、丁振岱、张贵生、崔玉亮、李树国。还有一个战士已经不可能知道他的名字了。让我们的烈士们千载万世永垂不朽吧!

这个营长向我说了以上的情形,他的声音是缓慢的,他的感情是沉重的。他说他在阵地上掩埋烈士的时候,他掉了眼泪。但他接着说:"你不要以为我是为他们而伤心,我是为他们而骄傲!我感觉我们的战士是太伟大了,太可爱了,我不能不被他们感动得掉下泪来。"

朋友们,当你听到这段英雄事迹的时候,你的感想如何呢?你不觉得我们的战士是可爱的吗?你不觉得我们的祖国有着这样的英雄而值得自豪吗?

我们的战士,对敌人这样狠,而对朝鲜人民却是那样的仁义,充满国际主义的深厚热情。

在汉江北岸,我遇到一个青年战士,他今年才二十一岁,名叫马玉祥,是黑龙江青岗县人。他长着一副微黑透红的脸膛,稍高的个儿,站在那儿,像秋天田野里一株红高粱那样的淳朴可爱。不过因为他才从阵地上下来,显得稍为疲劳些。眼里的红丝还没有退净。他原来是炮兵连的,在有一天夜里,他被一阵哭声惊醒了,出去一看,是一个朝鲜老妈妈,坐在山岗上哭。原来她的房子被炸毁了,又在山里搭了个窝棚,但窝棚又被炸毁了。……回来,他马上到连部要求到步兵连去,因为步兵连的需要,就批准了他。我说:"在炮兵连不是一样打敌人吗?""那,不同!"他说:"离敌人越近,越觉着打得过瘾,越觉着打得解恨!"

在汉江南岸的日日夜夜里,有一天他从阵地上下来做饭。刚一进村,有几架敌机袭过来,打了一阵机关炮,接着就扔下了两个大燃烧弹。有几间房子着火了,火又盛,烟又大,不敢到跟前去。这时,他听见烟火里有一个小孩子哇哇哭叫的声音。他马上穿过浓烟到近处一看,一个朝鲜的中年男人在院子里倒着,小孩子的哭声还在屋里。他走到屋门口,可是屋门口的火苗呼呼地已经进不去人，门窗的纸边已经烧着。小孩子的哭声随着那浓烟滚滚地传出来，听得真真切切。当他叙述到这里的时候，他说："我能够不进去吗？我不能！我想，要在祖国遇见这种情形我能够进去，那么在朝鲜我就可以不进去吗？朝鲜人和我们祖国的人民不是一样的吗？我就用脚踹开门，扑了进去。呀！满屋子灰洞洞的烟，只能听见小孩哭，看不见人。我的眼也睁不开，脸烫得像刀割一般。我也不知道自己的身上着了火没有，我也不管它了，只是在地上乱摸。先一摸摸着一个大人，拉了拉没拉动，又向大人的身后摸，才摸着一个小孩腿，我就一把抓着抱起来跳出门去。我一看小孩子，是挺好的一个小孩子呀。他穿着个小短褂儿，光着两条小腿儿，小腿乱跳着，哇哇地哭。我心想：'不管你哭不哭，不救活你家大人，谁养活你哩！'这时候，火更大了，墙上的纸也完全烧着了。我就把他往地上一放，就又从那火门里钻进去了。一拉那个大人，她哼了一声，再拉又不动了。凑近一看，见她脸上的血，已经把她胸前的白衣流红了，眼睛已经闭上。我知道她不行了，才赶忙跑出门外，扑灭身上的火苗，抱起这个无父无母的孩子。……"

朋友，当你听到这段事迹的时候，你的感觉又是如何呢？你不觉得我们的战士是最可爱的人吗？

谁都知道，朝鲜战场是艰苦些。但他们是怎样的呢？有一次，我见到一个战士，在防空洞里吃一口炒面，就一口雪。我问他："你不觉得苦吗？"他把正送往嘴里的一勺雪收回来，笑了笑，说："怎么能不觉得！咱们革命军队又不是个怪物！不过我们的光荣也就在这里。"他把小勺儿干脆放下，兴奋地说："拿吃雪来说吧。我在这里吃雪，正是为了我们祖国的人民不吃雪。他们可以坐在挺豁亮的屋子里，泡上一壶茶，守住个小火炉子，想吃点什么，就做点什么。"他又指了指狭小潮湿的防空洞说："你再比如蹲防空洞吧。多憋闷得慌哩。眼看着外面好好的太阳，光光的马路不能走！可是我在那里蹲防空洞，祖国的人民就可以不蹲防空洞呀。他们就可以在马路上不慌不忙地走呀。他们想骑车子也行，想走路也行，边蹓跶边说话也行。那是多么幸福的呢！所以，"他又把雪放到嘴里，像总结似地说："我在这里流点血不算什么，吃点苦又算什么哩！"我又问："你想不想祖国呀？"他笑起来："谁不想哩，说不想那是假话。可是我不愿意回去。如果回去，祖国的老百姓问：'我们托付给你们的任务完成得怎么样啦？'我怎么答对呢？我说'朝鲜半边红，半边黑，这算什么话呢？'"我接着问："你们经历了这么多危险，吃了这么多苦，你们对祖国，对朝鲜有什么要求吗？"他想了一下，才回答我："我们什么也不要。可是说心里话，我这话可不定恰当呀。我们是想要这么大的一个东西，"他笑着，用手指比个铜子儿大小，怕我不明白，又说："一块'朝鲜解放纪念章'，我们愿意戴在胸脯上，回到咱们的祖国去。"

朋友们，用不着繁琐的举例，你已经可以了解到我们的战士是怎样的一种人。这种人是什么一种品质,他们的灵魂是多么的美丽和宽广。他们是历史上、世界上第一流的战士,第一流的人! 他们是世界上一切善良爱好和平人民的优秀之花! 是我们值得骄傲的祖国之花! 我们以我们的祖国有这样的英雄而骄傲,我们以生在这个英雄的国度而自豪!

亲爱的朋友们,当你坐上早晨第一列电车走向工厂的时候,当你扛上犁耙走向田野的时候,当你喝完一杯豆浆,提着书包走向学校的时候,当你安安静静坐到办公桌前计划这一天工作的时候,当你向孩子嘴里塞着苹果的时候,当你和爱人悠闲散步的时候,朋友,你是否意识到你是在幸福之中呢? 你也许很惊讶地看我:"这是很平常的呀!"可是,从朝鲜归来的人,会知道你正生活在幸福中。请你们意识到这是一种幸福吧,因为只有你意识到这一点,你才能更深刻了解我们的战士在朝鲜奋不顾身的原因。朋友! 你已经知道了爱我们的祖国,爱我们的伟大领袖毛主席,请再深深地爱我们的战士吧,他们确实是我们最可爱的人!

(《人民日报》1951 年 4 月 11 日)

三、新闻

1.央视网消息(新闻联播):北京地区网站联合辟谣平台 8 月 1 号上线当天,就清理了 10 万条谣言和钓鱼网站信息。记者发现,主要有三种类型的谣言容易被传播。

虚假常识型。造谣者把一些生活中似是而非的现象进行改头换面后推介,让大家误以为是一种知识。像说"碘盐可以防辐射"等等。利用爱心型。这条被大量转发的微博,现在已经转到了微信上:一个三岁多小女孩被人拐走了,有知情者请告知,万分感谢。实际上,留下的联系电话都是一些涉嫌电信诈骗的号码。移花接木型。把一个事件的照片说成是另一个事件的。各种炒作社会热点事件、刻意夸大灾害性报道内容、封建迷信求好运等谣言,让人不堪其扰。北京市去年出台的《互联网违法和不良信息举报奖励(暂行)办法》明确,举报谣言信息的,最高给予 1 万元的奖励。 (央视网 2018 年 8 月 4 日)

2.央视网消息(新闻联播):最近,多地天气突破高温极值,但是记者调查发现,外面热得像个蒸笼,很多室内场所却冻得发抖。在北京西四环附近的一家高档商场,服务员基本上都穿着两件衣服把自己裹得严严实实,而这位竟然把冬天的羊毛衫都穿上了。

高温不退,很多地方的用电负荷也都再创新高,这其中,空调耗能巨大。面对高温,能源消耗本来就大,可是不合理的空调使用无疑让这一局面雪上加霜。详情请看今晚焦点访谈播出的《这些地方有点冷》。(央视网 2013 年 8 月 4 日)

3.央视网消息(新闻联播):军爱民、民拥军,军民鱼水一家亲。在建军 86

年之际,全军武警部队积极帮助地方群众排忧解难,各地开展各种活动、出措施拥军优属。甘肃岷县地震灾区这几天正在忙着灾后重建,车路村的车芳菊等一批拿到大学录取通知书的学生却高兴不起来。正在发愁之际,在这里救灾的兰州军区官兵送来了爱心卡。部队的师团领导一对一帮扶,每年为每个孩子提供5000元生活费,直到大学毕业,使13个困难学生得到帮助。在连日高温的新疆乌鲁木齐、阿克苏,驻疆武警官兵每天都要徒步巡逻。各族群众把西瓜、矿泉水等防暑降温品送到执勤点和部队营区。 (央视网 2018 年 8 月 1 日)

4.央视网消息(新闻联播):改革开放的 40 年,既是国家飞速发展的 40 年,也是你我小家发生翻天覆地变化的 40 年,在"伟大的变革——庆祝改革开放四十周年大型展览"上,一组组数字、一幅幅图片既记录着举世瞩目的中国速度,也见证着我们每个人生活的变化。

每天这架机票时光机前都围满了观众,通过互动的方式,观众可以体验不同时代买机票、乘飞机的过程。

那个时候对普通人来说,坐飞机出门可以说是不敢想的事,不仅是机票贵坐不起,而且还要审核你够不够资格坐飞机。而如今,坐飞机对于大多数国人来说已经是一件很平常不过的事儿,任何人随时都可以来一次说走就走的旅行。

从 230.9 万人次到 5.52 亿人次,这是改革开放 40 年来我国民航客运量的变化,目前中国民航共有定期航线 4418 条,通航 60 个国家的 158 个城市。民用机场从 1978 年的 78 个增加到 2017 年的 220 个,京津冀、长三角、珠三角已经形成世界级机场群。

与此同时,四十年来,我国公路建设通车里程从 89 万公里增长到 477 万多公里,高速公路从无到有,目前通行里程达到 13.65 万公里,规模居世界第一。从胶州湾大桥,到杭州湾大桥,再到刚刚落成通车的港珠澳大桥,我国公路跨海大桥建设也在不断刷新世界纪录。而具有完全自主知识产权的世界最大的高速铁路网络同样令全球瞩目,甚至很多外国领导人来访时还提出要体验中国高铁速度。

(2018 年 11 月 27 日,中央电视台《新闻联播》系列报道
《伟大的变革——庆祝改革开放 40 周年大型展览》)

四、评论

不要再让蓝天成为奢望

第三季度京津冀地区 13 城市空气质量平均超标天数比例达 62.5％,10 月份 13 省市雾霾天创历史同期极值,北京一周内 3 次发布重污染预警……"不好看"的数字,对应着一些城市居民难见蓝天的直观感受与"呼吸之痛",深刻警示经济发展转型升级的紧迫。

"要把生态文明建设放到更加突出的位置,这也是民意所在","我们既要绿水青山,也要金山银山。宁要绿水青山,不要金山银山,而且绿水青山就是金山银山",习近平总书记反复强调了这一问题的极端重要性。

空气污染不能靠大风来治理,河流污染不能靠洪水来冲洗,能不能实现发展转型,考验着我们的治理能力,决定着我们能否取信于民。今年以来,国务院部署大气污染防治十条措施、中央财政安排50亿元用于专项治污。推进生态文明、建设美丽中国,给子孙留下天蓝、地绿、水净的美好家园,中央是下了决心的。各级领导干部一定要看到,这政绩那政声,不如坊间闲谈的名声;这排名那排位,不如群众心中的地位。让蓝天不再成为奢望是民心所向,生产发展、生活富裕、生态良好的文明发展是大势所趋。顺应这样的民心和大势,爬坡过坎的艰辛,攻坚克难的代价,都值得付出。

（《人民日报》2013 年 11 月 6 日 01 版）

第四章　对象感

训练内容：理论和实践相结合，通过新闻播报、讲故事、话题、编辑主持节目、话题讨论等形式训练对象感表达技巧。

训练目的：对象感表达技巧在广播电视实践中具有重要作用。"对象感"这一概念从认识到运用上有一定的难度，要很好地理解和把握这一概念，需要理论和实践紧密结合。大量的、多角度的训练，有助于对象感表达技巧的把握。

训练要求：通过大量的稿件练习、广播电视节目观摩等方式，让学生认识到对象感表达技巧对广播电视实践的指导作用。在此基础上，使学生明确如何设想、如何获取对象感，并正确地把握播音员、主持人与对象的关系。

第一部分　理论概述

广播电视语言传播时时刻刻有着特定的宣传对象，它不是自言自语，更不是自我欣赏，而是需要把稿件及时高效地传达给受众。置身于"目中无人"的工作环境中，创作主体要千方百计地做到"心中有人"。

缺乏经验的创作主体面对话筒、摄像机往往缺乏对象感，他们和受众经常"交流"不起来。表现在有声语言上语势平直呆板，缺乏声音弹性，或速度飞快似自说自话，让人听而生倦；表现在非语言上多见于电视播音中的不敢抬头，一抬头就播错；作"看状"时眼睛没神儿，或眼神儿不稳，飘浮不定；更有甚者屏幕出像视线过高造成翻白眼儿、视线过低呈蔑视状等等。以上这些都是受众所不欢迎的，是缺乏对象感的表现，在播音创作中应当坚决摒弃。

斯坦尼斯拉夫斯基说："没有对象，这些话就不可能说得使自己和听的人都相信有说出的实际必要。"这里斯坦尼斯拉夫斯基强调了在剧中角色间对象感的重要性，他的观点同样适用于播音主持工作。创作主体坐在播音室，摄像机前看不到受众，但事实上却有许许多多的受众在收看或收听着。作为广播电视语言工作者，创作主体必须在得不到反馈的环境里，迅速捕捉对象感，努力做到"目中无人"但"心中有人"。心里时刻装着受众，为受众着想，为受众服务，调动起积极热情的心理状态。

什么是对象感呢？张颂先生认为："对象感就是播音员必须设想和感觉到对象的存在和对象的反应，必须从感觉上意识到听众的心理、要求、愿望、情绪等，并由此而调动自己的思想感情，使之处于运动状态。这种情况，并不是播音员与听众之间的语言交流，充其量，只是思想感情的单向流动。播音员设想的听观众、感觉到的反应，事实上也许是并不真正存在的，说到底这种设想和感觉仍然是属于播音员自己思想感情单向流动中的一个组成因素。"①

对象感属于某种联想、想象中的东西，它是创作主体调动思想感情，并使之处于运动状态的一种手段、一种途径。在播音创作中我们应该时时刻刻感觉到受众的存在，感觉到他们的确在听、在思考，感觉到他们随稿件内容变化而产生的喜悦、愤怒、悲痛、欢乐等各种反应，而这些反应，又会激发起我们更强烈的播讲愿望，进而使我们拥有更饱满的情感。于是，在我们和受众之间建立起互相激励、互相鼓舞的无形的"默契"，这种思想感情的"交流"有助于播讲目的的实现。

对象感必须是具体的。在备稿过程中，我们必须对稿件做出如下设想：这样的内容，这样的形式，这样的宣传目的，当前应该播给什么人听？哪些人最需要听？听了以后会有什么反应？播给什么样的人听最能增强我们的播讲欲望，最有利于达到播讲目的？

对象的设想，可以从量和质两方面去进行。所谓量的方面，是指性别、年龄、职业、人数等有关对象的一般情况。所谓质的方面，是指环境、气氛、心理、素养等有关对象的个性要求。其中，质的方面是最根本的。

广播电视中专为特定对象组织的节目，如：对人民解放军广播、对学龄前儿童广播等等，就是要为特定对象播音。但这只是在量方面的判断，接下来我们还要依据具体稿件做出具体设想。如对人民解放军广播，一篇如何提高军事技术的稿件，在掌握稿件主题和当前播出现实意义的基础上，还要进一步设想：在解放军当中什么样的人听这样的内容最合适？是对一个人播，还是对众多人播？他们有哪些共同的心理特点和具体的需求？这些都应从稿件出发，进行具体设想。在非特定对象节目的播音创作中，同样应该具体地设想对象，以便使播音更具针对性，并激发起播讲者强烈的播讲愿望。

为了获得对象感，应尽可能多地熟知各种对象的情况。广播电视稿件涉及各行各业、各个阶层，但无论如何，播讲对象都应是我们最了解、极熟悉的人，以便我们每播到一处，都能准确地判断他们的反应，并据此调整我们的播音创作。这就要求我们为了适应广播电视传播的需要，要尽量地扩大生活领域，了解熟知各行业、各阶层的人群，了解更多人的更具体需要，使设想的具体对象更切合

---

① 张颂：《播音创作基础》，北京广播学院出版社 2013 年版。

稿件的内容和形式,这样才有助于播讲目的的实现。

一旦设想出具体对象,就要考虑创作主体与对象的关系问题。创作主体与设想的具体对象应该是平等的、同志式的关系,我们反对以教育者自居,这种定位有居高临下的感觉,使人听而生畏;同时也反对"反其道而行之"的"卑己尊人""哗众取宠"的态度。作为党的宣传员、人民的代言人,在播音创作中,我们应该"不卑不亢、落落大方",时刻保持郑重、质朴、诚挚的品格。

随着广播电视改革的深入,各类节目交流的形式也在不断发生着变化。作为广播电视和受众联系纽带的播音员、主持人,就要学会依节目的不同风格及不同宗旨,及时调整不同的交流渠道和交流样式。创作主体与受众的交流形式主要有以下几种:首先是与想象中的对象"交流"。创作主体通常是比较端庄严肃地对想象中的电视机前的观众播讲,形式多为男女一人一条的"轮播""对播",对手之间没有交流。创作主体只与想象中的电视机前的观众"交流"("交流"用引号,是因为这种交流与实打实的交流不同,此刻创作主体面对的不是实体观众,而是摄像机,交流在此时只是单程的传递)。其次是间接交流。这种交流主要是通过与对手的交流,达到与受众交流的目的。这时的交流对象不全是想象中的对象,而是包括对手与想象中的受众。此类交流要求两个人必须要真的交谈起来,不能是一方不听、不想、只顾接自己的词,而是要真听、真问、真思考,否则就会让人感到交流不起来,以致影响观众的情绪。为了使创作主体合作自如,就要求两人共同准备资料,探讨编辑节目的整体构思、衔接与转换。此外,也应熟悉彼此的特性、语言习惯,配合默契才能相得益彰。再次是直接交流。创作主体大会宣读文稿、外出采访或口头报道等都属于直接交流。和前两种交流方式不同的是,这种交流是直接面对受众交谈,"交流"两字的引号去掉了。此时的创作主体应沉着自信、端庄大方、平易近人,要抓住时机,锻炼自己言之有物、出口成章的语言表达能力,锻炼自己在话筒前驾驭采访和现场主持的能力,不断提高岗位适应能力。

第二部分　示例与示例分析

一、示例

野草　夏　衍

有这样一个故事。

有人问:世界上什么东西的气力最大?回答纷纭得很,有的说"象",有的说

"狮",有人开玩笑似的说,是"金刚"。金刚有多少气力,当然大家全不知道。

结果这一切答案完全不对,世界上气力最大的,是植物的种子。一粒种子可以显现出来的力,简直是超越一切。

这儿又是一个故事。

人的头盖骨,结合得非常致密与坚固,生理学家和解剖学者用尽了一切的方法,要把它完整地分开来,都没有这种力气。后来忽然有人发明了一个方法,就是把一些植物的种子放在要剖析的头盖骨里,给它以温度与湿度,使它发芽。一发芽,这些种子便以可怕的力量,将一切机械力所不能分开的骨骼,完整地分开了。植物种子力量之大,如此如此。

这,也许特殊了一点,常人不容易理解。那么,你看见笋的成长吗?你看见被压在瓦砾和石块下面的一棵小草的生成吗?它为着向往阳光,为着达成它的生之意志,不管上面的石块如何重,石块与石块之间如何狭,它必定要曲曲折折地,但是顽强不屈地透到地面上来。它的根往土壤钻,它的芽往地面挺。这是一种不可抗的力,阻止它的石块,也被它掀翻。一粒种子的力量的大,如此如此。

没有一个人将小草叫做"大力士",但是它的力量之大,的确是世界无比。这种力,是一般人看不见的生命力,只要生命存在,这种力就要显现,上面的石块,丝毫不足以阻挡。因为它是一种"长期抗战"的力,有弹性,能屈能伸的力,有韧性,不达目的不止的力。

这种不落在肥土而落在瓦砾中、有生命力的种子决不会悲观和叹气,因为有了阻力才有磨炼。生命开始的一瞬间就带了斗争的草,才是坚韧的草,也只有这种草,才可以傲然地对那些玻璃棚中养育着的盆花哄笑。

(北师大版六年级《语文》上册,2011 年 12 月)

二、示例分析

《野草》是夏衍早期的作品。1940 年,抗日进入最困难的相持阶段,大片国土沦陷,日本帝国主义异常嚣张。在暂时的困难面前,有少数人对抗日的前途流露出消极、悲观和怀疑自身力量的情绪。在这种情况下,当时在桂林主持《救亡日报》编辑工作的夏衍写了这篇极其富有号召力的散文《野草》。我们现在播读这篇作品,除了要传达作品本身的思想外,还要针对当前的播出背景,表达出一种激励人们勇气的寓意。下面我们来做具体分析:

(一)层次

第一层(1—3 自然段):提出观点,植物的种子是世界上力量最大的东西。

第二层(4—7 自然段):分析问题,为什么说植物的种子是世界上力量最大的东西。

第三层(8自然段):表明观点,赞颂顽强不屈、坚忍不拔的小草。

(二)主题

热情赞扬野草冲破压力和障碍的坚忍不拔的信念和意志,启发人们认识自身的力量,振奋精神,直至取得最后胜利。

(三)背景

上情:党中央指出,要坚定不移走中国特色自主创新道路,坚持自主创新、重点跨越、支撑发展、引领未来的方针,加快创新型国家建设步伐。

下情:

主流:广大青年朋友积极响应党中央的号召,积极投身于我国创新型国家的建设之中。

支流:有些年轻人意识不到自己的力量,盲目认为西方国家的一切都比我们强,缺乏民族自信心和创新的勇气。

(四)目的

激发广大青年的民族自信心和创新的勇气,鼓励他们视一切困难、挫折为对自己的考验,决不悲观叹气。

(五)重点

第二、三层。

(六)基调

自信、自豪、肯定、赞扬。

文章最突出的特点就是寓意深刻、哲理性强。作者描写的是自然界的生物现象,但影射的却是社会生活现象。作者如此强调野草的力量,其用意就在于唤起民众,使其意识到自己的力量,进而行动起来,这是当年作者的创作意图。稿件自身存在向许多方向发散的内在张力,当前我们播读这篇作品,就要针对今天的背景定向推进。

根据文章的内容,联系当前的播读背景,这篇文章的对象应该设想为大体在二三十岁的青年朋友。这些年轻人在我国创新型国家的建设中,有着献身祖国建设的热情,但意识不到自己的力量,盲目认为西方国家一切都比我们好。播读这篇稿件,我们的目的就是要激发他们的民族自信心和创新的勇气,鼓励他们藐视困难、战胜困难。可以设想周末他们在家休息时,一两个人在听我们介绍。这样,就会调动起我们急于和朋友们分享生活感悟的情绪,强烈的播讲愿望会使我们处于一种积极的交流状态,我们便会细腻耐心地娓娓道来。

为了说明小草力量的强大,文章采用了对比的手法。一是将植物种子与机械力对比;二是将小草与瓦砾、石块对比;三是将小草与玻璃棚养育的盆花对比。通过对比,揭示出种子和小草具有顽强的生命力,表现出对种子、野草生命力的肯定和赞颂。该稿件具有较强的逻辑性,我们要充分发挥逻辑感受的力量,在形成对作品的整体把握的基础上,循序渐进、层层深入,耐心细致地把各个环节向听众讲清楚、说明白。

第三部分　训练指导

一、新闻播报

方法：由易到难选择一些新闻稿件进行练习。刚开始可选择一些篇幅短小、语句简短的篇目练习,逐渐过渡到篇幅长、内容复杂、难度较大的篇目,对象感要贯穿新闻练习的始终。

提示：①自始至终要有对象感。②叙事要清楚。语音清晰,层次分明,处理好语句的停连重音,把新闻事实表达清楚。③语言朴实,节奏明快。消息播报语气平实,语言质朴,语句紧凑、干净、利落,节奏明朗、畅快。

需要注意的问题：①对象感不能时有时无。②要处理好长句。③语句要多连少停。④重音要少而精。

宁波私家车发展迅猛

训练提示：这条消息从宁波私家车发展迅猛这一事实,揭示了党的政策的英明、正确。新闻导语是我们关注的重点。导语中的"22967辆""1200余辆"反映了宁波私家车的现状及发展势头,应处理为重音。

本台消息　来自宁波市公安局车管所的最新统计表明,目前全市私家车数目已达22967辆。今年以来发展势头更加迅猛,仅头两个月就新增私家车2504辆,平均每月以1200余辆的速度增加。

按照国际惯例,当一个地区人均GDP达到800美元时,就进入家庭轿车的导入期,宁波市去年人均可支配收入达到了10921元人民币,已经跨越了轿车进入家庭的基准线。同时,近年来宁波城区面积比20年前扩大了5倍,道路条件改善,部分居民上下班的距离拉长,加上节假日外出旅游成为时尚,更增加了市民对家庭轿车的需求。

大量经济型轿车进入车市,也为市民购车提供了更多选择。定价10万元左右的"塞欧""夏利2000",以及"奥拓""英格达""长安之星""美日"等经济型家庭轿车的上市,激起了宁波市民的购车欲。

宁波私家车日趋火爆,也带动了汽车销售经营服务行业等衍生产业的兴旺。

目前,宁波市区环城西路、环城北路已初步形成包括汽车整车市场、汽车专卖店、维修中心、配件中心等专业"汽车大道"。全国各地几十家汽车生产商在宁波争相占领宁波私家车市场。最近，宁波市还出现了专门为私家车拥有者提供维修、维护、车辆年检年审等一条龙服务的"汽车俱乐部"。

（国家广播电影电视总局广播影视从业人员资格管理领导小组办公室：

《播音主持专业理论与实践》，北京广播学院出版社 2003 年版）

孙杨在世锦赛 200 米自由泳中获得金牌

训练提示：这条消息是令人振奋的，播音员得知这条消息后往往会抑制不住兴奋的心情，用欢快、兴奋的语气把消息播出去，好让听众共同感受。但是需要强调的是，在播这种振奋的消息时，一定要控制好情绪的"度"。受众可以设定为对体育感兴趣并长期关注的人。

北京时间 7 月 25 日晚，在布达佩斯进行的 2017 年世界游泳锦标赛结束了男子 200 米自由泳争夺，中国选手孙杨以 1 分 44 秒 39 获得冠军，个人首次在 200 米和 400 米上实现单届世界大赛双冠！同时也创造了新的亚洲纪录！美国选手汤利·哈斯以 1 分 45 秒 04 获得亚军，俄罗斯选手科拉什尼赫以 1 分 45 秒 23 获得第三。

男子 200 米自由泳是晚上首个决赛项目，孙杨在第三道，第四到第六道的分别是三位强力对手，英国的斯科特、英国的盖伊和美国的哈斯。比赛开始，孙杨顺利出水，头 50 米匈牙利选手科兹马排名第一，成绩是 24 秒 10，孙杨未入前三。100 米时盖伊升到第一，成绩是 50 秒 57，孙杨依然未进前三。进入后半程争夺，孙杨开始加速冲击，在 150 米的地方，孙杨已经追到了第一位，此时成绩是 1 分 17 秒 45，科兹马还是第二。

最后 50 米冲刺开始，孙杨的优势已经体现无疑，他把所有的对手都甩在了身后，没有任何人可以接近他，孙杨加速冲击，于是获得了男子 200 米自由泳冠军。获胜后孙杨甩掉眼镜，用力猛拍水面，庆祝自己的又一场经典胜利。

（新浪体育 2017 年 7 月 25 日）

新余市委台办牵线搭桥助两岸亲人团聚

训练提示：稿件的第一自然段要用喜悦兴奋的情绪表达。第二自然段讲述事情的背景，情绪就要做一个转换，情绪应变为期盼，继而是坚定。表达第三自然段时，情绪应该由平转高，表达出肯定、赞美之情，这样才能把新闻事实讲清楚。

本报讯　王若刚、龚蓉、孙小龙报道："搭建两岸友谊桥梁，喜与大陆亲人团聚。"近日，在市委台办的牵线搭桥下，台胞张庆生先生怀着急切的心情，返回大陆，与失联 20 多年的分宜县双林镇亲人团聚。

数月前,市委台办主任陈岗赴台考察招商,期间拜会江西和分宜同乡会有关人士,在座谈中,大家纷纷流露出思乡忆亲的强烈愿望,期望适时回乡看看家乡的发展变化,看看日思夜盼的大陆亲人。在得知台胞张庆生先生与定居大陆的哥哥、姐姐失联20多年,多方寻找仍是杳无音信时,陈岗高度重视,当即表示市委台办将尽全力帮助其寻找到失联亲人。

根据张庆生先生提供的模糊信息,市委台办副调研员钟振勇等人多方打听,逐一排查筛选,经过反复查找,终于找到张先生失联20余年的亲人,并第一时间予以告知。张庆生先生对市委台办的敬业精神和热情帮助给予高度称赞,并赠送锦旗以示感谢。

(新余新闻网2017年12月1日)

南京150多个中小学网络教室免费开放

训练提示: 南京市向中小学生推出"网络文明校园行活动",指导学生文明上网,告别有害网吧,这是一项积极的举措。在播报时,要以肯定、赞扬的语气进行表述,让人们在肯定南京市这一做法的同时,深刻认识到这一举措的重要意义。受众可以设定为关心孩子成长的中小学生的家长。

中国教育和科研网(裴文彬) 江苏省南京市教育局宣德处和市电化教育馆近日联合向中小学推出"网络文明校园行"活动,热爱上网冲浪的学生们可以利用课余时间免费在学校上网。

随着网络的日益普及,家长、老师都面临着保护学生在网络世界的安全问题。如何利用网络良好的一面也成了当务之急。南京市电化教育馆王馆长告诉记者,"网络文明校园行"活动旨在引导学生文明上网,健康上网,号召学生告别有害网吧,使网络真正成为青少年了解世界、学习知识、交流思想的平台。

据了解,南京目前有近600个直接通光缆的网络教室,考虑到各个学校的实际情况,今年要求开放300个网络教室供学生免费上网。目前全市已经有150多个网络教室对学生开放。

(中国教育和科研网2003年3月10日)

公交部门积极改进服务质量

训练提示: 肯定和欣喜是该稿件的基调。这则稿件寓理于趣,一些描述性、举例性的句子可以采用趣味性的讲述方式,以达到生动、风趣的传播效果。尤其是导语中乘客的责怪话语更应注意表达的生动性,这样才能和稿件的风格合拍。受众可以设定为关心城市公共服务的一家人。

本台消息:乘公交车时,在一阵急刹车声后,站立的乘客们东倒西歪,常会有责怪声起:"这个司机开车太猛了";到站的公交车,停得离站远,乘客奔来奔去——这类乘客对公交服务不满意的细节,已引起公交部门重视。

据了解,市区行驶的公交车辆都经过更新,行驶动力增强,改变了慢如蜗牛的形象,但车速快了又影响乘车舒适度。如一些乘客对公交车的平稳性有意见,除了繁华街区的路面情况多,还因个别性急的司机把车开得飞快,常常引来急刹、猛打方向等给乘客造成不适的操作行为。为此,公交一公司近日开展了驾驶技能练兵,即车上放一盆水,以水是否溢出来测试车辆起步及停车时的平稳程度。

据了解,率先开展这项工作的 30 路被公交总公司评为"准点、平稳、均匀"的标准线,"一盆水"等技术练兵行动将在全体公交司机中推广。

(豆丁网 2016 年 2 月 27 日)

二、讲故事

方法:为了培养交流意识,最好先对着镜子讲,然后再向朋友或父母讲,最后再和大家共同分享。一边练讲,一边还要注意设计自己的表情、动作,做到讲故事时的表情、动作与故事内容相协调。

提示:故事情节生动曲折、富于吸引力和感染力,练习讲故事有助于对象感技巧的把握。讲故事首先要抓住主线。弄清楚故事是讲什么的,做到心中有数。其次,要把握情节。将故事中生动、有趣、复杂的矛盾冲突筛选出来。第三,刻画人物。对人物进行分析,判明人物的心理活动,再用语言技巧刻画出栩栩如生的人物形象。第四,语言生动。用简洁、通俗、生动形象的口语,把选择、加工的素材外化出来。

需要注意的问题:①要有讲述感。②在语气把握上要分寸得当。③表情和动作要有依据。

猴吃西瓜

训练提示:这则寓言通过猴子对西瓜吃法的争论,告诉人们做事情不要不懂装懂,否则只会自食其果。故事以"理"贯穿全篇,富有启发性和教育性。我们可以将这则寓言的交流对象设想为五六年级的学生,以故事喻哲理,寓教于乐,既能牢牢地吸引住这些孩子,也能激发讲述热情。

猴王找到个大西瓜,可是怎么吃呢?这个猴王可从来没有吃过西瓜。忽然他想出一条妙计,于是就把所有的猴子都召集起来,对大家说:"今天我找到一个大西瓜,这个西瓜的吃法嘛,我是完全知道的,不过我要考验一下你们的智慧,看你们谁能说出西瓜的吃法,要是说对了,我可以多赏他一份儿;要是说错了,我可要惩罚他。"小毛猴一听,搔了搔腮说:"我知道,吃西瓜是吃瓢。"猴王刚想同意,"不对,我不同意小毛猴的意见!"一个短尾巴猴说:"我清清楚楚记得我和我爸爸到姑妈家去的时候,吃过甜瓜,吃甜瓜是吃皮的,我想西瓜是瓜,甜瓜也是瓜,当然该吃皮啦!"大家一听,有道理。可是到底是谁对呢?于是大家不由得把眼光集中到一只老猴身上,老猴一看,觉得出头露面的机会来了,就清了清嗓子说道:"吃西瓜嘛,当然……是吃皮啦。我从小就吃西瓜,而且一直吃皮,我想我之所以老而不死,也正是吃了西瓜皮的缘故!"

有些猴子早就等急了,一听老猴子也这么说,就跟着嚷起来:"对,吃西瓜吃皮!""吃西瓜吃皮!"猴王一看,认为自己已经找到了正确的答案,就向前跨了一步,说:"对!大家说得很对,吃西瓜是吃皮!哼,就是小毛猴崽子是吃瓤,那就让他一个人吃去,咱们大家都吃西瓜皮!"于是西瓜一刀两断,小毛猴吃瓤,大伙儿共分西瓜皮。

有个猴子吃了两口,就捅了捅旁边的猴子说:"哎,我说这可不是滋味呀!"

"咳——老弟,我常吃西瓜,西瓜嘛,就是这味儿……"

(百度文库,佚名,2018-06-30)

谦虚过度

训练提示:可以将交流对象设想为小学生。小学生喜欢听故事,我们就可以讲《谦虚过度》这则寓言故事,告诫他们谦虚一定要实事求是这个道理。在故事讲述中,一些动物的形象要非常鲜明,我们可以用适当的声音造型来揭示他们的个性。水牛爷爷的声音要粗犷、浑厚;小白兔和小山羊的声音纤细、轻柔,话语要带有羡慕的语气;狐狸艾克的声音要高而飘,同时带有自负的语气。

水牛爷爷是森林世界公认的谦虚人,很受大家尊重。小白兔夸它:"水牛爷爷的劲儿最大了!""哎,过奖了,犀牛、野牛劲儿都比我大";小山羊夸它:"水牛爷爷贡献最多了!"它就说:"哎,不能这样讲了,奶牛吃下的是草,挤出的是奶,它的贡献比我多。"

狐狸艾克很羡慕水牛爷爷谦虚的美名。它想:"我也来谦虚一下吧。这谦虚太好学了。"它想了想:"水牛爷爷的谦虚不就是这两点吗?一是把自己什么都说小一点;二是把自己什么都说少一点。对!就是这样!"

一天,艾克遇到一只小老鼠。小老鼠看到艾克一条火红蓬松的大尾巴,不禁发出了由衷的赞美:"哎呀,艾克大叔,您这尾巴真大呀!"艾克学着水牛爷爷的口气,歪歪嘴:"哎,过奖了。你们老鼠的尾巴比我大多了。""啊,什么?"小老鼠大吃一惊:"你长那么长的四条腿,却拖根比我小的尾巴?"艾克谦虚地说:"哎,不能这么讲,我哪有四条腿,三条了,三条了。"小老鼠以为艾克得了神经病,吓跑了。

艾克的谦虚没有换来美名,倒换来一大堆谣言。大家说:"唉,森林里出了一只妖狐狸,只有三条腿,还拖着比老鼠还小的尾巴……"

(360doc 个人图书馆 2018-03-23)

杀鸡取卵

训练提示：这则故事的收听对象可以设想为青年学生。学生们不喜欢说教，但喜欢听故事，你可以通过这则故事告诉学生，做事缺乏耐心、急于求成、贪图眼前好处而不顾长远利益是要吃亏的。这种做法既教育了学生也能激发你的播讲愿望，有助于把故事讲得绘声绘色。播讲时，讲述阿三和他妻子的表现要带有否定、讽刺的语气，阿三和他妻子的对话表现出贪婪和自以为是，要特别注意语势及重音的运用。

阿三家养了一只很健壮的母鸡。它到处捉虫子吃，把自己喂得饱饱的。每天中午，这只母鸡都会准时下一个大个儿的蛋。阿三家母鸡下的蛋又大又好，远近闻名，许多人都争着来买他家的鸡蛋。他就用这些鸡蛋来换大米，够他全家吃，日子过得美滋滋的。

一天，阿三的妻子跟他嘀咕："你说这鸡要是一天能下两个蛋多好啊，我们家的大米就会多出一倍呢。""可不是嘛，每天能下三个蛋，不，四个，五个……能下十个蛋才好呢。"阿三说。他的妻子说："这母鸡每天都能下一个蛋，肚子里一定存了不少蛋吧。"阿三点点头："那当然！"妻子又说："它一天只下一个蛋，也太慢了吧。不如我们一下子把鸡蛋全拿出来，就发大财了。"阿三想了想说："对啊，我怎么没想到这个呢？还是你聪明，我现在就把鸡蛋全取出来。哈哈，咱们就能过上更好的日子了。"他说着就捉来母鸡，很快把母鸡的肚子打开了。咦？母鸡肚子里都是一些没长成的小鸡蛋黄，有的还没芝麻大呢。阿三和妻子都傻了眼，后悔也来不及了。再也没有母鸡下蛋换米了，他们俩对着母鸡大哭起来。没过几天，阿三家的米缸就见了底，他们只能回忆以前的美好日子了。

（《伊索寓言》，上海译文出版社 2007 年版）

王羲之教子习书法

训练提示：这则故事的收听对象可以设想为高三学生。这部分学生很快就要参加高考了，长年繁重的学习任务让他们感到身心疲惫，他们渴望听到名人刻苦学习、勤奋成才的故事，以树立信心，鼓足勇气。讲《王羲之教子习书法》这则故事满足了他们的心理需求，有助于双方愉快地交流。播读时，要以亲切、赞扬的态度进行讲解，情感充实而又条理清晰，让学生从故事中悟出道理，受到启迪和教育。

王献之是王羲之的第七个儿子，自幼聪明好学，在书法上专工草书隶书，也善画画儿。他七八岁时开始学书法，师承父亲。有一次，王羲之看献之正聚精会神地练习书法，便悄悄走到背后，突然伸手去抽献之手中的毛笔，献之握笔很牢，没被抽掉。父亲很高兴，夸赞道："此儿后当复有大名。"小献之听后心中沾沾自喜。还有一次,羲之的一位朋友让献之在扇子上写字,献之挥笔便写,突然笔落扇上,把字污染了,小献之灵机一动,画了一只小牛栩栩如生于扇面上。再加上众人对献之书法绘画赞不绝口,小献之滋长了骄傲情绪。献之的父母看此情景,若有所思。

一天,小献之问母亲:"我只要再写上三年就行了吧?"母亲摇摇头。"五年总行了吧?"母亲又摇摇头。献之急了,冲着母亲说:"那您说究竟要多长时间?""你要记住,写完院里这18缸水,你的字才会有筋有骨,有血有肉,才会站得直立得稳。"献之一回头,原来父亲站在了他的背后。王献之心中不服,啥都没说,一咬牙又练了5年,把一大堆写好的字给父亲看,希望听到几句表扬的话。谁知,王羲之一张张掀过,一个劲地摇头。掀到一个"大"字,父亲现出了较满意的表情,随手在"大"字下填了一个点,然后把字稿全部退还给献之。

小献之心中仍然不服,又将全部习字抱给母亲看,并说:"我又练了5年,并且是完全按照父亲的字样练的。您仔细看看,我和父亲的字还有什么不同?"母亲果然认真地看了3天,最后指着王羲之在"大"字下加的那个点儿,叹了口气说:"吾儿磨尽三缸水,惟有一点似羲之。"

献之听后泄气了,有气无力地说:"难啊! 这样下去,啥时候才能有好结果呢?"母亲见他的骄气已经消尽了,就鼓励他说:"孩子,只要功夫深,就没有过不去的河、翻不过的山。你只要像这几年一样坚持不懈地练下去,就一定会达到目的的!"

献之听完后深受感动,又锲而不舍地练下去。功夫不负有心人,献之练字用尽了18大缸水,在书法上突飞猛进。后来,王献之的字也到了力透纸背、炉火纯青的程度,他的字和王羲之的字并列,被人们称为"二王"。

(尤克勤,载《家长》1999 年 01 期)

用牙咬住的生命   陈   南

训练提示:这则故事的收听对象可以设想为年轻夫妇。爱情的力量究竟有多大,到底什么是相濡以沫、不离不弃,这个故事给了我们答案。故事的讲述要以"爱"贯穿全篇。语言要形象、生动,充满赞扬、敬佩之情。"血滴落在丈夫脸上"这两段进一步讴歌了可歌可泣的爱情,是整个故事的高潮,赞颂的语气要更加强烈些。

一天,两位老人到山崖上看夕阳。

两位老人如醉如痴地欣赏着这无比的美景。突然,妻子感到身边有一个东西在往下坠落,她下意识地伸手一拽,拽住的正是她失足的丈夫。她拽住他的衣领,拼命往上提拉,但无论怎么努力,都无济于事。丈夫悬在山崖上也不敢随意动弹,否则两人都会同时摔落谷底,粉身碎骨。妻子实在有些支撑不住。她的手麻木了,胳膊又肿又胀,仿佛随时都会和身子断裂。她意识到瘦弱的胳膊根本拉不住他太沉的身体,她只能用牙齿死死咬住他的衣领,坚持到最后一刻。

丈夫悬挂在山崖上,就等于把生命钉在鬼门关上,在这日薄西山的傍晚,有谁还会来到山崖上? 意识到这一点之后,他说:"放下吧,亲爱的……"

妻子紧紧咬住牙关无法开口,只能用眼神示意他不要吱声。

一分钟过去了。

两分钟过去了。

十分钟过去了。

冥冥中,他感到有热热的黏黏的液体滴落在他的脸上,他敏感地意识到是从她的嘴巴里流出来的血,还带着一种咸咸腥腥的味道。丈夫又一次央求。可妻子仍死死咬住他的衣领,无法开口说话,她只能用眼神再次阻止他不要挣扎。

一小时过去了。

两小时过去了。

他感到有大颗大颗热热的液体吧嗒吧嗒滴落在他脸上,他知道妻子七窍在出血了,他肝肠寸断却无可奈何。妻子在用一颗坚强的心和死神相抗争。

不知过了多长时间,旅游团的人们举着火炬找到了山崖边,终于救下了两位老人。

那件事发生后,妻子的整个牙齿都脱落了,并从此再没有站起来。

丈夫每天用轮椅推着她,走在街上,看夕阳。

人们都看着这两位老人融在太阳里,成为一道最美丽的风景。

(《读者文摘十年精华全集》,吉林音像出版社 2008 年版)

三、话题五则

方法:①到受众中去,当面播给他们听。②把稿件编到一个栏目中练习。

提示:为了形成交流,必须要依据稿件的内容对受众、时间、环境等因素进行具体的设想。表达时要始终感受到受众的存在,从思维、情感上与受众形成积极的交流,不断引发饱满的情感,激发强烈的播讲愿望,从而使表达富有吸引力和感染力。

需要注意的问题:要始终保持与受众的交流,防止"自言自语"现象的出现。

我们祖国的语言

训练提示:这篇稿件的收听对象应设定为四五年级的学生。播讲时,语言要热情、亲切、诚恳、明快,切忌呆板、平淡。二虎子的"瞪"和鬼子的"溜"是一对褒贬义词,要有感情色彩的变化;"英雄好汉""山河美丽"等词语要有深切的感受和体会,力求在自豪、赞美的思想感情支配下,形成抑扬顿挫的声音形式,体现出语言的音乐美。

小朋友,我现在说话,用的是什么语言?对了,是汉语,是汉民族的语言。汉语的历史很长,在三千多年以前,咱们中国就有了汉字。汉语产生在汉字以前。汉语让广大人民使用了这么多年,真是经过了千锤百炼。这也使她成了更丰富、更优美的语言。

汉语从来就是世界上最重要的一种语言。新中国成立以后,我们国家在国际上的地位一天天提高了,汉语在世界上的地位也更高了,在国际上,有很多人都在学习汉语。国际上开大会的时候,汉语是被规定作大会运用的五种语言当中的一种。

我们的汉语是十分丰富、十分优美的。就拿声音来说吧,苏联诗人吉洪诺夫说:"只有用音乐才能传达汉语的声音。"意思是说,汉语的声音好像音乐那样好听。这话很对,比如拿 ba 的音来说吧,可以念成"八、拔、把、爸"四个音,声音高低不同,这叫四声。有了四声,读起来就好听了。像"今天的红领巾,明天的红旗手"——多好的一句话,要是没有四声,念成"今—天—的—红—领—巾,明—天—的—红—旗—手"(全念平声),小朋友,你们说,这样好听吗?对了,不光是不好听,还觉得挺别扭。

你们再听听这两句:"英雄好汉""钻研苦干""山河美丽""资源满地",多好听啊! 你们爱读民歌吧? 诗歌常常是押韵的,念起来又顺口又好记,比如《杨靖宇将军的故事》那篇课文里,提到当时游击队员爱唱的一支歌,那歌里有这样的词:"……没有吃,没有穿,自有敌人送上前! 没有枪,没有炮,敌人给我们造……"

小朋友,你们读过《送牛入社》这篇课文吗? 那里面有一段关于大黄牛的描写。书里说:"在董村西街里,只要提起长波喂的那头大黄牛,人们都会翘起大拇指称赞说'那真是百里不挑一的好牛!'这牛个儿大,膘肥,一迈步,大腿裆子里的厚肉膘子就哆里哆嗦的。四条腿像木头柱子一样;淡黄色的毛油光光地发亮;一对黑眼睛滴溜溜圆;两只不很长的犄角,微微向里弯着,虎头虎脑的,实在招人爱。"这段话总共不过一百二十多个字,可是对这头大黄牛描写得多具体多生动啊! 说到大家称赞大黄牛,就说"大家翘起大拇指称赞:'是百里不挑一的好牛'"。在一百个当中只能挑出一个,那已经是了不起了。这头牛呢,连一百个里边也挑不出一个来。这么一说,就显得这牛确实好。再说得具体点儿,怎么好法呢?"个儿大,膘肥……四条腿像木头柱子一样。"小朋友,你们听,腿像柱子一样,那站在地上是稳稳的啦,这牛一定是又高又大,又粗壮。在这段描写里又说,这牛长得"虎头虎脑的,实在招人爱"。可不是吗,牛长得像老虎那么壮,干活一定很棒,这怎么能不招人喜欢呢?

汉语里的词多极了,丰富得很。差别很小的意思,也可以用不同的词表示出来。你们好好推敲一下,挺有意思。比如用眼睛看,汉语里就能用不同的词来表示不同的看法。比如"二虎子"那篇课文写二虎子怎样在日本鬼子面前,用计策救出了区干部老王,里面写二虎子在日本鬼子面前,"瞪着一对黑溜溜的小眼睛","瞪"表现了二虎子对日本鬼子的恨,鬼子呢,他一边说话,一边用眼光"往男的一边溜,想看出谁是干部来","溜"是斜着眼睛看,写出了鬼子贼头贼眼的样子,后来一个小孩认走了他的爹妈,鬼子又"把他们打量了一番","打量"就是上上下下地看,就像要看出什么问题似的。"瞪眼睛","用眼光溜","打量",都是看,可是看法不同,所以用的字眼儿也不一样。用在这三个地方,就很恰当地表示了不同的意思。

小朋友们,我们祖国的语言是多么优美、丰富啊! 小朋友,你在写作文的时候,能最生动、最细致、最恰当地运用祖国语言表达任何的意思吗?

小朋友,要想掌握和运用我们祖国优美、丰富的语言,就要学好语文,学懂、学透,一点也不能含糊。

（付程：《实用播音教程》,中国传媒大学出版社 2002 年版）

玩具的学问

训练提示：这篇稿件的收听对象可以设想为孩子的家长。这些家长的年龄在 30 岁左右,他们非常喜欢孩子,但对玩具在孩子成长过程中开发智力的作用不甚了解,因此亟待向他们讲授一些玩具方面的有关知识。播读时,要以平等、亲切的态度进行讲解,兴趣盎然而又条理清晰,让家长切实认识到玩具在孩子成长过程中的重要性。

玩耍是儿童的天性,从荡秋千到踩滑板,从九连环到彩色拼图,从传统玩偶到机器战警,人们苦思冥想制作出千姿百态的玩具,开发出千奇百怪的游戏,只是因为——玩,这是孩子对世界最初的触摸,对快乐最原始的追逐。

玩具,在不同的时代、不同的人们手中是千差万别的。无论出自天然的还是精工细作,无论贵重还是廉价,所有的玩具都有一点是共同的,那就是,它给孩子们带来了欢乐。从传统的华容道、七巧板到电子宠物、机器人,玩具的丰富多彩也体现出科技的不断发展。这个貌似简单的空气环弹弓,蕴涵着空气动力学的原理。当它在空中开始旋转时,就会产生一种回旋稳定的力,使圆环能够飞得远而且直。

也许孩子们拍手叫好的时候并没有领悟其中的奥妙,但科学家们还是想方设法提高传统玩具的科技含量,希望能够让孩子玩得更开心。就像每个人都玩过的"过家家"游戏,以往的游戏中,孩子们体会到的是在一个小家庭中当家作主的快乐。但现在,科学家们为"小家庭"增加了指纹辨认系统,电脑可以在"小主人"进门时,确认他的身份。"小主人"还可以通过微型摄像头,看到屋里屋外的一切情况。再加上一套防窃听的报警系统和一套能对收发信息进行加密和解密处理的电脑,简直就像一个微缩的高级智能住宅。这些玩具不仅使游戏更逼真,也在无形中增加了孩子们对家庭的认识,信心和责任感是他们将来的家庭必不可少的。

玩具也随着孩子们一起成长,布娃娃、弹弓这类玩具已经无法满足那些大孩子们的好奇心,他们更喜欢和好朋友一起踢球、放风筝、玩滑板,甚至只是吵吵闹闹,都足以让孩子们流连忘返。在他们的生活中,玩具和朋友缺一不可。心理学家认为,玩耍带给孩子们对自由的体验,也教导他们去遵纪守规。它让每一个孩子着迷,但又不强制人们过于严肃的去对待。

人们经常看到一群孩子一起踩水潭,在沙滩上造鸟窝,事实上,对于孩子们来说,大自然就是他们最好的玩具。一片树叶、一粒石子、一个小水坑都足以让他们乐此不疲。为什么孩子们都喜欢玩沙玩水呢?科学家认为,沙和水都没有固定的形状,可以根据自己的意愿,变幻莫测地玩,充分满足了孩子们任意塑造千变万化世界的愿望。水,可以静静地在手指间流淌,也可以拍打着溅起水花,用手指轻轻一划,会出现一个个小漩涡。把它装到不同的瓶子里,它就成了瓶子的形状。同样,在沙滩上能挖洞、建水库、筑堤坝,孩子们成了一个个小建筑师。大自然给孩子们带来无穷的欢乐,也大大发展了他们的想象力和创造力。

家长朋友,让孩子们在玩具中得到成长和快乐吧。玩具是我们儿时的伙伴、青春时代的快乐和迟暮之年美好的回忆。

（国家广播电影电视总局广播影视从业人员资格管理领导小组办公室：
《播音主持专业理论与实践》,北京广播学院出版社 2003 年版）

你想让自己的孩子长得高一些吗?

训练提示:这篇稿件的收听对象可以设想为一对年轻夫妇,他们迫切希望能够学到一些青少年增长身高的知识,从而为孩子的长高助一臂之力。播讲语言要形象、生动、亲切、自然。讲到孩子长高的四个条件时,语速要尽量慢一些,让这些家长们听清楚,记下来。

当父母的都想让自己的孩子的个子长得高一点,孩子能不能长得个儿高,有先天遗传的影响。但是,营养、锻炼、生活方式、工作条件、睡眠等环境因素的影响对身高也有密切的关系。

您如果想让子女长得高一点,暂且抛开先天遗传影响不谈,只从后天来说,我建议您从这么两方面着手做起:

首先,这头一个,要掌握儿童身材长高的规律。

决定一个人身高的关键时期是少儿时期和青春期。青少年的长高,主要受体内两种激素的调节控制。在少儿时期受到生长激素的制约,在青春期主要是性激素起作用。孩子个子长高,一般先从脚和腿开始,小孩学会走路后,接着就是跑啊,跳啊,再大一点呢,就玩耍,做游戏……全靠着一双脚和两条腿支撑几十斤重的身体,脚和腿受力比躯干、上肢都大,锻炼的机会也多。所以,小孩子长高首先从脚和腿开始。另外,根据科学观察,小孩七岁以后,长身体有两个高峰阶段,第一个高峰阶段,男女都是在九岁前后,也就是上小学三四年级的时候;第二个高峰阶段,女孩子在十二岁前后,男孩子在十三岁前后,大概就是小学毕业刚上初中的样子,用咱们经常的说法,就是眼瞧着长!

其次,这第二个方面就是当父母的要想办法尽量为子女长高创造有利的条件。尤其在刚才说的那两个高峰阶段,为子女长高创造条件就更显得重要。

创造什么条件呢?

第一,注意日常生活卫生。房间整洁,空气流畅,让孩子有充足的睡眠时间。如果孩子经常开夜车做功课,读书,睡眠时间得不到充分保证,对孩子的生长是没有好处的。

第二,养成良好的饮食习惯,不要饿一顿饱一顿的,想什么时候吃就吃,想吃多少就吃多少,要尽量让他们定时定量吃得好些。

第三,从小养成爱活动的习惯,要教育孩子干力所能及的家务活儿,鼓励孩子多参加一些体育活动,像跳皮筋、打球、踢球、游泳、长跑、滑冰等都很好,这些体育活动是促进孩子身体长高的重要条件。千万不要老让孩子闷在屋里,成天趴在桌子上读呀、写呀。

第四,绝对不许孩子吸烟喝酒。

如果这样千方百计创造条件,持之以恒,即使是从遗传学上看属于矮小体型的孩子,也是可以长高一些的。

(白龙:《播音员主持人训练手册》,中国传媒大学出版社2001年版)

珍 珠

训练提示: 这篇稿件的收听对象可以设想为对珠宝知识感兴趣,对珍珠的历史和有关常识有所闻而又不甚明了的人。这些人拥有或期待购买一些珍珠饰品,希望通过你的介绍了解一些有关珍珠和珍珠文化方面的知识。这篇稿件的写作格调闲适松弛,播读语言要注意与之相协调。播读时还要注意语言要富有知识性和趣味性,自始至终牢牢地吸引住受众。

观众朋友,欢迎收看《珍宝大观》节目。

珍珠是大自然赐予人类的珍宝,它圆润、纯净的外观和令人眩目的神秘光泽,使得人们对它推崇备至,历来被视作奇珍至宝和美丽、尊贵、权威的象征。

这里是法国的凡尔赛宫。300年前,法国国王的宫廷生活达到了奢华的最高峰。那时装饰宫廷的珍珠非常大,世界罕见。因此,人们把它们叫作"珍珠女皇"。

国王路易十六时期,男人和女人都喜欢佩带珍珠饰物。女皇玛利亚·安托瓦妮特以钟爱珠宝而著称,她公开露面时,肯定要佩带珍珠饰物。

后来,法国革命结束了过度挥霍的法国宫廷生活。然而,法国人对珍珠的痴迷延续了下来。您看,巴黎街道上的路灯模仿的是珍珠的形状,地铁的外观是牡蛎壳的模样。

这一切让人们联想起 20 世纪 20 年代,当时的巴黎是法国的艺术和文学中心。而对于富有的人来说,这里还是世界珍珠之都。

喜欢珍珠的不仅有法国人,美国人对珍珠也有很强的鉴赏能力。他们对外形工整、略显粉白颜色的珍珠更加青睐。而英国人则普遍喜欢颗粒较小、颜色清醇的珍珠。

100 年前人们所看到的珍珠都是天然珍珠,到了 1895 年,当时 32 岁的日本人光吉千元开始研究人工养殖珍珠的可能性,这是以前还没有人尝试过的方法。经过 20 年不懈的努力,在无数次失败的基础上,首批养殖珍珠终于在 1905 年问世。人们几乎察觉不到养殖珍珠与天然珍珠之间的差异。

不过,这引起了世界珍珠贸易的轩然大波。一名法国珠宝商甚至以造假罪把千元送上了法庭。但千元说服了法官,说养殖的珍珠并非造假,而是效仿了自然。

珍珠之所以珍贵在于它本身内在的价值,以及在养殖过程中所付出的巨大努力。一串质量上乘的项链需要来自于将近 80 万个牡蛎。现在,日本的淡川湾是最好的养殖珍珠的产地,而日本当今的珍珠工业依然延续着千元 100 年前发展起来的程序。

（国家广播电影电视总局广播影视从业人员资格管理领导小组办公室：
《播音主持专业理论与实践》,北京广播学院出版社 2003 年）

中央人民广播电台《文化生活》节目

训练提示:《文化生活》节目分为三个部分,可以分别设想收听对象。第一部分"介绍中国花卉之最"的收听对象可以设想为喜欢花卉的一家人,这家人喜欢养花,他们很想了解花卉的有关知识。第二部分"告知中国电影博物馆的地址"的收听对象可以设想为一位来北京旅游的女大学生。这位大学生因不知道中国电影博物馆的地址,特向节目组求助。第三部分"解答献血者的问题"的收听对象可以设想为几位刚献过血的青年人。这些青年人积极承担了献血义务,可又有思想顾虑。想象此时此刻他们正站在你面前,正在用迫切的目光期待着你的回答,这样你就会处于一种积极、热情的状态,亲切、自如、清晰地进行表达。

　　播音时应做到有稿似无稿，语言准确、清楚、有讲述感。一些关键内容，如博物馆的地址、电话号码、公交车站等，讲述时语速一定要慢，重音要突出，让听众听清楚、听明白、记下来。

　　中央人民广播电台，现在是《文化生活》节目时间。

　　听众朋友，你们好！我是主持人晨星，在今天的《文化生活》节目里，先给大家介绍几种中国花卉之最，然后回答听众的几个问题。

　　听众朋友，下面先给您介绍几种中国花卉之最。

　　第一，最大的山茶花，它生长在云南省丽江县玉峰寺。树干直径40厘米，高5米多，树冠60平方米。相传植于明代的永乐年间，树龄有500多年啦！每年2月到4月，争相怒放，千姿百态，红艳夺目。它有"云南山茶甲天下，丽江山茶甲于滇"之称，又被誉为"环球第一茶"。

　　第二，最大的杜鹃花，它高25米，地面直径3米多，树冠60平方米，树龄500年以上，开花时犹如一片红霞。它生长在云南省高黎贡山西坡上。

　　第三，最古老的桂花，生长在陕西省汉中圣水寺。相传是汉代遗物，特名"汉桂"。树龄虽近2000年，但至今仍是枝叶繁茂，花朵稠密。正所谓"金风送爽是数里飘香，有说不尽的诗情画意"。

　　第四，最古老的梅花，生长在湖北省黄梅县江心寺。史籍证明是东晋友循和尚手植，树龄已近1650年，特名"晋梅"。它苍劲古朴，横斜有致，虬枝万状，繁花如雪，堪称"稀世国宝"啊！

　　听众朋友，刚才为您介绍的这几种花卉可真是名副其实的"花卉之最"呀！是"极品"，也是"珍品"。非常高兴能在节目里为您介绍我们的"中国花卉之最"，同时，也希望收音机前的您有机会一定要去现场一饱"眼福"哦！

　　好，听众朋友，下面我们插播一段广告。广告之后，主持人晨星继续为您服务，回答听众提出的几个问题。

　　广告：《美的空调》

　　好的，听众朋友，广告之后，我们又回到了节目当中。现在我来回答听众提出的几个问题：手机尾号5168的听众朋友打来电话问：中国电影博物馆在哪儿？想前去参观参观。好的，这位听众朋友请您听好：中国电影博物馆地址在北京市朝阳区南影路9号；语音资讯和参观预约电话是010—84355959；网址是：www.cnfm.org.cn；公交路线：您可以乘坐402、418、688、973路公共汽车在南皋站下车。开放时间是星期二至星期天上午9：90到下午4：30，星期一闭馆。手机尾号5168的这位听众朋友，请您听好，我再给您重复一下：中国电影博物馆的地址在北京市朝阳区南影路9号。电话是：010—84355959。乘坐公交路线是：402、418、688、973路公共汽车在南皋站下车（记住：是南皋站）。您听清楚了吗？

下面是手机尾号0869的听众朋友发来短信问：献血是否有害健康？另外，吃点什么才能尽快把血补上？好的。首先对这位积极无偿献血的朋友表示感谢！不瞒您说，前两天我也刚刚献过血。献血是我们每个健康公民的光荣义务。我和您一样，也积极地承担了这项义务。据专家介绍，健康人献血是不会影响身体健康的。可是，有些人就是有思想顾虑，怕有害健康，还怕补不上来；另外，还有人献了血之后不知该吃哪些营养品能尽快恢复。手机尾号1105、手机尾号0318、手机尾号0203、手机尾号0258、手机尾号8972、手机尾号8610以及手机尾号5288的听众朋友都来电或发来短信，问的都是同样一个问题，就是献血之后的顾虑问题。

好，那么，下面我们就来集中回答一下这个问题。

今天，我们请来了中国红十字会的专家进入我们的直播间详细解答以上听众朋友提出的问题。

有请胡亚美教授。

胡亚美：听众朋友们，大家好！首先对你们积极履行公民职责义务献血的实际行动表示深深的感谢和诚挚的问候！

那么，今天，就大家提出的义务献血之后所关心的一些具体问题我来一一为大家做个解答。听众朋友，你们知道吗？一个健康人全身的总血量，大约占体重的8%，比方说，您体重50公斤，那么您身上大约有4000毫升的血，合4公斤。据观察，健康的成年人，一次失血十分之一，相当于400～500毫升血，对人体的健康是没有什么影响的。如果一次失血达到总量的10%～20%，人体还可以自己调节补偿起来。只有当一次失血超过25%的时候，人体才会出现血压下降。所以，我们每次献200毫升的血液，这算不了什么。一般来说，只需要两个星期左右的时间，血液就完全可以恢复到献血以前的状况。当然，血液里各种成分的恢复是有快有慢的，恢复最快的是血液中的水分和钠盐，其次是蛋白质，恢复比较慢的就是红血球了。献完血后，由于血液里红血球的丢失，携带的氧气不免会减少，这就会刺激骨髓加快造血，一般两个星期左右红血球就能全补足了。所以说，献血是不会影响身体健康的。

那么献血以后吃点什么营养品，才能尽快地把血补上呢？其实并不需要吃什么特殊营养品，因为造血的主要原料，像蛋白质、铁、维生素B12和叶酸等等，在普通的饮食里面都有。如果有条件，多吃一些含营养多的食物也未尝不可。比如，每天吃两三个鸡蛋，还可以多吃些豆制品、菠菜、胡萝卜、花生、猪肝、牛肝或者血豆腐，这些食物含铁比较多。酱豆腐、臭豆腐里面B12的含量比较高，也可以吃一些。总之，献血以后，不需要天天吃鸡鸭鱼肉之类的食品。吃得太多了，反而会造成消化不良。当然也没有必要吃大量的补药了。

好的,非常感谢胡教授详细的作答。收音机前的这几位听众朋友这下可以放心了吧,祝你们身体早日恢复。我想,听了胡教授的作答之后,收音机前其他义务献血的朋友们也吃了一颗定心丸吧!好啦,听众朋友,今天由晨星为您主持的《文化生活》节目到这里就要结束了,那么在明天的《文化生活》节目里,晨星将为您安排以下内容:一、介绍颐和园山水的由来;二、司马光的"警枕";三、阅读与欣赏贝多芬的《月光曲》;四、向大家介绍京剧大师梅兰芳的学艺故事;五、讲述"前门情思大碗茶"。欢迎到时收听!好,听众朋友,今天的《文化生活》节目到这里就全部结束了。我们明天同一时间再会!

（赵秀环:《播音主持入门十八招儿》,中国传媒大学出版社2011年版）

四、对手交流

方法:对手交流可以采取间接交流和直接交流两种方式进行训练。

提示:第一,间接交流。就是通过与对手的交流达到与受众的交流。此时交流的对象既包括对手也包括受众。此类交流的关键是双方必须要真的进入语境,要真听、真问、真思考。如果其中有一方没有思考过程,就会让人感到双方交流不起来,受众就会失去兴趣。

第二,直接交流。即交流的对象为面对的受众。如《壹周立波秀》中周立波的表达属于直接交流,晚会主持、现场报道、实地采访也都属于直接交流的范畴。

需要注意的问题:①在间接交流时,不能只顾看下面的词,不认真听对方的话语。②不能忽视和受众的交流。

《为您服务》节目——啤酒

训练提示:本期节目试图通过甲、乙双方的交谈使听众了解啤酒的有关知识。交流对象包括对手和听众,我们可以把听众设想为喜欢喝啤酒的一家人,有声语言表达应带有轻松、愉快的感情色彩。要注意播讲的最终目的是让听众听明白,因而甲、乙双方在交流的同时不要忽视听众的存在。啤酒的保质期、保存环境须用放慢拖长的方式加以强调,以引起听众的注意。

现在已经进入盛夏,许多观众朋友们很想知道有关啤酒的一些知识。比如:啤酒怎样分类?为什么会有生、熟啤酒?啤酒为什么会有苦味?啤酒的泡沫是怎样形成的?以及怎样饮用,怎样保管等问题。

下面就请看这段对话。

甲:朋友,在炎热酷暑的盛夏,您一定想喝点啤酒吧。

乙:是呀!啤酒以它特有的清爽口味,洁白细腻,挂杯持久的泡沫以及它那"液体面包"的美名,吸引着人们。

甲：啤酒是以大麦芽为主要原料，以酒花为香料，经过糖化发酵而成的一种低度酒。

乙："爽口的苦味"是啤酒的一种特色。

甲：这种苦味是作为香料的酒花所赋予的，啤酒自成一格，靠的是它。

乙：那神奇的泡沫是由啤酒里的蛋白质和酒花组成，它们借助酒里的二氧化碳气上升到表面，啤酒之所以能够去暑消热，促进食欲，靠的就是它。

甲：啤酒贵就贵在这些泡沫上，美也就美在这些泡沫上。

乙：这些细腻的泡沫就像朵朵微小的花蕾，在菊黄透明的酒液里开放着，散发着阵阵醇香；杯底处一串串汽泡冉冉上升，经久不断，它增添了啤酒的色彩。所以泡沫又素有啤酒之花的美名。

甲：啤酒是一种营养丰富的饮料。它含有 11 种维生素、17 种氨基酸，它发热量大，啤酒中的绝大部分营养成分都是以液体状态存在于酒液之中的，很容易被人体吸收。1972 年，在第九届世界营养食品会议上，啤酒被定为营养食品。

乙：怎么样，啤酒被称为液体面包，该是当之无愧了吧！

甲：啤酒的种类繁多。有上面发酵啤酒和下面发酵啤酒。下面发酵啤酒，它的酵母存在底部。这种啤酒具有用料少、苦味小、香气细腻等特点。

乙：根据色泽可以分为浅色啤酒和黑色啤酒。浅色啤酒的特点是口味清爽，酒花香味突出，我国生产的大多是浅色啤酒；黑色啤酒的特点是麦芽香味突出，苦味重一些。黑色啤酒的氨基酸含量高一些。

甲：还有根据生产方法分的啤酒，也是大家常常说的熟啤酒和生啤酒（也叫鲜啤酒）。

乙：生（鲜）啤酒，商标上标有明显的字样，不标的，自然就是熟啤酒了。熟啤酒是啤酒加盖以后经过加热处理，杀死了啤酒中的酵母菌。其实酵母菌并没有毒，这样做只是为了使啤酒装瓶或装罐以后可以长期贮存或远销。熟啤酒保存期长，可达半年左右。

甲：而生（鲜）啤酒带有鲜酵母，有人错认为生（鲜）啤酒是生的不能喝。其实不然，如果生（鲜）啤酒保存得当的话，它的味道是很鲜美的。生（鲜）啤酒保存期短，不管散装还是瓶装，一般只有 3—7 天，适宜散装现卖。如果存放时间过长、温度过高，产生了白色沉淀，或出现混浊状态的话，就不能再饮了。

乙：您要想品尝到啤酒特有的风味，还要注意几点。

甲：第一，啤酒的饮用温度十分重要，在 0—15℃ 的温度下饮用能给人一种舒适清凉的感觉。太高的饮用温度容易使啤酒里的二氧化碳含量不足，缺乏应有的爽口感，而口味就会显得苦重而平淡。

乙：第二，喝啤酒的时候，最好不要用塑料器血，尽量用玻璃大杯，要大口喝,这样啤酒的温度就不会随室内温度急剧上升。

甲:第三,油会破坏啤酒的泡沫,盛酒的容器要光洁干净。

乙:第四,瓶装啤酒打开盖或者鲜啤酒装入器皿以后,就不能再存放了。

甲:第五,啤酒不宜久存,越新鲜越好,不喝的啤酒应该放在5—15℃的环境里保存。

乙:这些都是保持啤酒泡沫和风味的诀窍。有人总是品尝不到啤酒的特有风味,不妨从以上几个方面找找原因。

甲:朋友,在烈日炎炎的盛夏,多饮些啤酒。那清雅浓郁的酒花、香味,会使你感到神清气爽!

乙:同朋友开怀畅饮啤酒吧,它可以让友谊在愉快的气氛中自然地交流。

（付程:《实用播音教程》,中国传媒大学出版社2002年版）

中秋节广播稿——中秋趣话

训练提示:本期节目通过甲、乙双方交谈的方式向听众介绍中秋节。交流对象包括对手和听众,我们可以把听众设想为全校师生。有声语言表达应带有兴奋、愉快的感情色彩。由于文稿是对话的形式,所以甲、乙双方一定要交流起来,同时要注意与听众的呼应。

甲:老师们,同学们,大家好。这里是未来之星广播电台节目。本期节目为您安排的是中秋节趣话。

乙:欢迎你的收听。

甲:我是×××。

乙:我是×××。

甲:再过10天就是中华民族的传统节日中秋节,在这里我们预祝全校师生中秋快乐、合家团圆、万事如意!

乙:中秋节一直以来被誉为最有人情味、最诗情画意的一个节日。人们常说,每逢佳节倍思亲。中秋时节对亲人的思念当然会更深切,尤其是当一轮明月高高挂起的时刻。

甲:是啊!考考你,你知道为什么要叫中秋节吗?

乙:这个可不难。在我国,农历的7、8、9三个月为秋季,农历8月15——我国传统的中秋佳节,正好是一年秋季的中期,所以被称为中秋。

甲:那为什么有人又称它团圆节呢?因为八月十五的月亮比其他几个月的更圆、更明亮。人们仰望天空中如玉如盘的朗朗明月,自然会期盼家人团聚。

乙:远在他乡的游子,也借此寄托自己对故乡和亲人的思念之情。所以,中秋又称"团圆节"。

甲:还真难不倒你呀!古往今来,人们常用月亮的圆缺来形容"悲欢离合",

客居他乡的游子，更是以明月来寄托深情。你知道有关的诗词有哪些吗？

乙：唐代诗人李白的"举头望明月，低头思故乡"；杜甫的"露从今夜白，月是故乡明"；宋代王安石的"春风又绿江南岸，明月何时照我还"等诗句，都是千古绝唱。

甲：你知道的可真多！那你知道有关中秋的传说故事吗？

乙：中秋节、元宵节与端午节并称为我国三大传统佳节。细究中秋节之来源，与"嫦娥奔月""吴刚伐桂"等神话传说有着密切的关系。

甲：哇！还有神话故事呀！那你给我们讲讲吧！

乙：好！我给大家讲一讲"嫦娥奔月"的故事吧！相传，远古时候天上有十个太阳，晒得庄稼枯死，民不聊生，一个名叫后羿的英雄，力大无穷，他一气射下九个太阳，并严令最后一个太阳按时起落，为民造福。后羿因此受到百姓的尊敬和爱戴，王母娘娘也赐给了他一包长生药，他把不死药交给了自己的妻子——嫦娥珍藏。不料被小人蓬蒙看见了，趁后羿不在家，他威逼嫦娥交出不死药。在危急之时，嫦娥当机立断吞下药，身子立时飘离地面、冲出窗口，向天上飞去，成为月亮中的神仙。百姓们闻知嫦娥奔月成仙的消息后，纷纷在月下摆设香案，向善良的嫦娥祈求吉祥平安。

甲：听完了如此凄美感人的故事，让我们一起来听听关于中秋节的歌曲吧！

歌曲：《花好月圆》

甲：接下来我们再来说说国外中秋节趣话吧！

乙：中秋节并非中华民族所独有，许多国家也有类似中国传统习俗的形形色色的中秋节，而且非常奇特有趣。泰国人将一年一度的中秋节称为"祈月节"。中秋之夜，家家户户都用甘蔗扎拱门，在拜月方桌上供奉观音菩萨和八仙的图像或塑像，八仙桌上的供品主要是寿桃而非月饼。

甲：日本人称中秋节为"月圆节"，而且这样的节日有两个，除农历八月十五外，九月十三也是。节日这天，成千上万的居民都穿上富有民族特色的服装，吟唱吆喝，扶老携幼，抬着神龛到庙里去进香。孩子们还到野外采集象征吉祥如意的野草装饰家门，迎来幸福；晚上全家聚集在院子里，摆上瓜果、米团子等供奉月神，然后分食、赏月，聆听老人讲述关于月亮的神话。

乙：朝鲜的中秋节称为"秋文节"，也叫"秋夕""嘉徘"。这一天，他们以松饼为节日食物，家家蒸食并互相馈送。松饼形如半月，用米粉制成，内馅是豆沙、枣泥等，因蒸时垫有松毛而得名。到了晚上，一边赏月，一边进行拔河比赛、摔跤比赛，或者表演歌舞。年轻的姑娘们穿上色彩缤纷的节日盛装，欢聚在大树下做"布伦河"游戏（即荡秋千）。

甲：伊朗称中秋为"麦赫尔干节"。这天是伊朗太阳历七月十六日。节日期间，人们都以品尝各种丰收果实为乐，隆重的庆祝活动持续6天方才结束。

乙：老挝称中秋节为"月福节"。每逢中秋节到来时，男女老少也有赏月的风俗。夜晚，青年男女翩翩起舞，通宵达旦。

甲：接下来我们再来谈谈中秋的习俗吧。俗话中有"八月十五月正圆，中秋月饼香又甜"。每年这个时候，我都会和爸爸妈妈一起赏月吃月饼呢！

乙：说到吃月饼，我口水都流出来了。那你知道我们如何在赏月、品尝月饼的同时注意健康吗？

甲：专家提示，月饼应与清茶搭配，清茶有助消化，又解油腻；若与汽水、可乐或果汁搭配，则不利健康。专家提醒糖尿病患者，即使是"无糖月饼"，仍然不能多吃。专家还指出，老年人和婴幼儿消化能力较差，过多食用月饼会加重脾胃负担，引起消化不良和腹泻等。而肥胖的人，一般都有潜在的糖、脂代谢异常和动脉硬化问题，也要像糖尿病人一样，少吃月饼为宜。

乙：哦！谢谢你给我们讲的月饼健康吃法，相信大家会注意的。中秋佳节快来了，我们将要欣赏到皎洁的月光，品尝到香甜的月饼，最后，我们再为老师、同学们送出祝福，怎么样？

甲：好！请听我们的美好祝福吧！

齐：送一个圆圆的饼，献一颗圆圆的心，寄一份圆圆的情，圆一个圆圆的梦。祝老师和同学们中秋节快乐！

甲：时间过得真快，又到说再见的时候了。最后让我们在歌声中说再见吧！

乙：现在将为您送上的是一首由古诗改编的歌曲《水调歌头》。

播放《水调歌头》

甲：本期节目到此结束，谢谢大家收听！

合：老师们，同学们，再见！

（瑞文网 2017－12－12）

校庆文艺晚会主持

训练提示：晚会的观众为全校师生。舞台节目主持直接面对广大观众，节目主持人的每个眼神、动作都能给观众留下深刻的印象。在节目现场，节目主持人要加强与观众的沟通与互动，使观众的参与、主持人的串联与表演者的表演融为一体。

男：尊敬的各位领导、各位来宾、从五湖四海回到母校的校友们！

女：亲爱的教师们、同学们！大家——

合：晚上好！

男：紫荆花开满园春。今天的清华园，到处洋溢着欢歌笑语，几代清华人聚集一堂，共同庆祝母校一百年华诞！

女：西山苍苍，东海茫茫，吾校庄严，巍然中央。水木年华，春风化雨，教我育我,永生难忘。

男:我们在学堂灯影下探求科学真知,在荷塘月色中感悟人文日新。

女:我们在大礼堂里展示青春风采,在运动场上留下矫健身影。

男:这里有悠久醇厚的光荣传统,

女:这里有诲人不倦的学术大师,

男:这里是任我遨游的知识海洋,

女:这里是解惑人生的精神家园。

男:100年来,30万名莘莘学子从这里放飞理想,满怀信心地奔赴祖国四面八方。今天,我们重返母校,共同在这里欢聚一堂!

女:清华大学建校一百周年校庆文艺晚会——

合:现在开始!

男:首先请听大合唱《清华大学校歌》,由清华大学艺术团合唱队演唱。

(进入校歌)

女:接下来请听诗朗诵《难忘清华》,由清华大学艺术团成员博雅朗诵。

(进入朗诵)

男:从遥远的20世纪初,在这片沃土上便留下了一代又一代人挥之不去的眷眷深情——那份对祖国的热爱、对艺术的执著追求,将一直伴随着水木清华的藤影荷声,永远烙印在曾经在这里留下足迹的莘莘学子的心中。下面请欣赏舞蹈《黄河》,由校艺术团舞蹈队演出。

(进入舞蹈《黄河》)

女:爱国奉献的光荣传统,科学发展、成长报国的时代主题,滋养着每一个曾在这里学习生活过的祖国儿女。请欣赏歌舞《为祖国干杯》。

(歌舞:《为祖国干杯》)

男:请听诗朗诵《心灵的归宿》,作者:东亚,朗诵者:东亚。

女:请听男高音独唱《今夜无人入眠》,演唱者:张丰。

男:请欣赏独舞《春江花月夜》,由刘星演出。

女:今宵难忘,难忘今宵!

男:相信这个激情的夜晚将在每个人的心中烙下深深的印迹,化作漫漫人生中美好的回忆!

女:我们将永远牢记:

合:立志笃行、为人为学、创新求实、继往开来!

男:清芬挺秀,华夏增辉。愿古老而又年轻的清华园里艺术之花姹紫嫣红,常开常盛!

女:台上台下的清华人,让我们齐唱老校歌!

男:伴随着悠扬深沉的老校歌,我们的演出已接近尾声。

女：我们今天是弦歌一堂,明天就要肩负起民族复兴的厚望。

男：我们要继承和发扬清华百年的精神财富与光荣传统,

女：担负着时代赋予我们的使命,

合：一路前进、前进、前进!

男：清华大学建校一百周年校庆文艺晚会到此结束。

女：老师们、同学们、校友们! 明年再会!

合：再见!

（赵秀环:《播音主持快速入门十八招儿》,中国传媒大学出版社 2011 年版）

五、依据素材编辑、主持节目

方法：可以改编为由一人或者是两人合作主持的广播电视节目。

提示：改编素材需注意栏目与素材要吻合;开场白、串联词、结束语要恰切。主持节目要庄重、大方,语言要规范、清晰,要时时刻刻注意和受众的交流。

需要注意的问题：①要有交流意识。② 状态要积极。③配合要默契。

(一)生活中的小窍门

训练提示：以下素材可以改编为服务类广播电视节目。主持节目要亲切、自然、庄重、大方,语言要清晰、流畅、娴熟,语气、节奏恰到好处,对手双方配合要默契。

防止垃圾发臭

天一热,垃圾就容易有味,有时隔一夜就臭了。用茶叶渣撒在垃圾上能防止鱼虾、动物内脏等发臭;在垃圾上撒洗衣粉可以防止生出小虫子;在垃圾桶底部垫报纸,垃圾袋破漏时,报纸可以吸干水分防止发臭。

用吸尘器清洁纱窗

人们每次清洗纱窗都要耗时费水,其实平时也可以简单加以清洁以保持干净。把纱窗的一面用报纸贴上,再用有刷子的吸头吸尘器吸,另一面也可以照着做,之后再用湿布擦一次。日常加以清洁,不要等纱窗积厚了土再刷,纱窗可以长期洁净如新。

自己动手做酸奶

在杯子里倒入七成温牛奶,再加入酸奶,搅匀后杯子盖盖。把电饭锅中的热水倒掉后断电,将杯子放入电饭锅盖好,再用毛巾捂上,利用余热发酵,过几个小时再把杯子放进冰箱里。如果是晚上做的,第二天早晨就能喝到美味的酸奶了。

除微波炉异味有巧招

夏季微波炉内容易产生异味,有一个简便实用的驱除异味的方法。盛上半碗清水,然后在清水中加入少许食醋,接着将碗放入微波炉中,用高火煮至沸腾。然后不要急于取出,利用开水的雾气熏蒸微波炉,等到碗中的水冷却后将它取出,拔掉插销,用湿毛巾擦抹炉腔四壁。这样就可以清除掉微波炉内的异味了。

饼干防潮及回脆法

如果把几块方糖放在已开封的饼干袋里,扎紧口,饼干就可以长时间保持酥脆,方糖也仍可以食用。如果饼干已经受潮了,可以把饼干放在盘子里,再搁到冰箱里冷冻,过一两天就脆了。但一定注意不能和生鱼、生肉、生海鲜等放在一起,防止串味。

报纸包生姜保鲜

买回的生姜要长期保鲜,首先就得选那些没有掉过皮的。姜买回家后用报纸包牢,放在室内通风的地方,随吃随取,打开后把剩下的再包好。用这个方法,生姜可保存两个多月。

夏日熬汤巧节能

夏天人们出汗多,饮水量大,要经常烧开水、熬绿豆汤。大家不妨提前就把壶和锅灌满,然后放在阳台或窗台的阳光下,利用阳光加热水温的同时又可自然排放出自来水中氯气等有害气体,既节能又健康。

饮料瓶里存绿豆

夏季很多家庭都会到超市买一些大瓶的饮料饮用。用后的饮料瓶不要扔了,刷干净晾干以后,可以用来储存绿豆。把绿豆装进去后拧紧瓶盖,可以长期储存。这方法还可用于存放其他粮食。

芹菜可使面包保鲜

现在人们习惯在早餐时吃面包了,但是一袋切片面包往往几天才能吃完,这里有一个方法可以保持面包的鲜香味道。把一根芹菜洗干净,然后装进面包袋,扎上后再放入冰箱,这样就可以保鲜存味。

煮面水能柔软抹布

吃捞面时人们都习惯把煮面水倒掉,十分可惜。其实用煮面水洗抹布效果非常好。有些黏稠的煮面水会把抹布洗得非常干净柔软。方法很简单,把抹布放入煮面水中泡一会儿,然后用水揉搓再漂洗即可。

铝壶快速去水垢

铝壶用一段时间就会结一层像锅巴的水垢,难以去除。有一个办法可以解决:在壶内灌上水在灶上烧,开了以后在水里放一小勺苏打,再煮几分钟,水垢就可以去除了。

冷冻去除口香糖

口香糖一不小心就会粘在衣服或床单等布料上,夏天温度高,怎么洗也洗不掉。如果把粘了口香糖的衣服、布料用塑料袋密封,再放进冰箱里冷冻一二个小时,再取出来时口香糖就会像锅巴一样干,轻轻一搓就脱落了。

丝绸先冻再熨烫

夏季穿丝绸衣服凉快又好看,但是丝绸质地较软,衣服特别容易起褶,又因为不好铺平,熨烫起来很难。如果熨烫之前先把衣服密封在袋子里,放进冰箱冷冻10分钟左右,丝绸的硬度增加了,铺起来会平展一些,熨烫起来就容易多了。

丝袜巧利用

夏天女孩子们会经常有穿坏的丝袜,每个家庭也会有一些肥皂头。有一个二者结合的利用法,就是把攒下来的肥皂头都装进一个丝袜中扎紧,这样就可以把很多肥皂头当成一块肥皂用,还可以捏成方便使用的形状。

铅笔芯末防锁锈

夏季雨季多、空气湿度大,自行车锁芯锈蚀,钥匙不容易插入很让人着急。点几滴机油虽当时管点事,但没有几日就又不好开了,所以不能用油。若是遇到这种情况,用刀子刮铅笔芯末,直接倒入锁眼中即可。

收藏凉席的好方法

凉席收藏前,要擦干席上的汗渍,然后将少量碱或肥皂溶于温水中,用毛巾蘸水顺席直擦,而后顺席横擦,正反面擦完后,晾干。收藏时,用樟脑丸两三粒研成粉末和滑石粉拌匀,撒在席面上,用纸包卷起来,放在干燥的地方,不要在凉席上压放重物。

松大毛衣缩小的方法

毛线衣穿久了会变得宽松肥大,很不合体,且影响美观。为使其恢复原状,可用热水把毛线衣烫一下,水温最好在 70~80℃ 之间。水过热,毛线衣会缩得过小。如毛衣的袖口或下摆失去了伸缩性,可将该部位浸泡在 40~50℃ 的热水中,1~2 小时捞出晾干,其伸缩性便可复原。

可乐的妙处

把可乐倒入锅内,然后煮沸,就可以把锅底烧糊的物质去除。染发之后发现颜色有点重,用点可乐洗洗头就可以让颜色变浅一些。把首饰扔到可乐里面,然后用牙刷清洁,也能够让首饰重现光彩,当然那些贵重的或带有钻石之类的首饰可千万别这么干。把可乐倒入水壶里面,放上一天。这样能够清除水壶里面的残垢,让内部变得清洁。

新锅煮东西不粘锅的小技巧

把新锅刷干净,上火烧热,加食油少许,转动锅使之均匀受火。随着锅的转动,锅内的油也在锅内流动一圈。继续加火,让周围的油起青烟,然后在锅内加入半碗水,烧开,用炊帚用力地刷锅。待水蒸发一半的时候,把水倒掉。重新换水,刷干净锅,以后再用就不会粘锅了。

夏天眼镜防滑的妙法

夏天出汗多,眼镜很容易下滑,可取两根橡皮筋,分别缠绕在眼镜腿的弯曲处,然后戴上试一下,橡皮筋缠绕的位置以镜架与耳际结合处稍往后为宜,橡皮筋的功用在于增加了接触部的摩擦力,这样眼镜就不会下滑了。

防止毛线衣缩水的小技巧

许多毛衣一洗就会缩水,那么如何防止毛线衣缩水呢?洗涤时水温不要超过 30 度,用中性肥皂片或洗涤剂洗涤,过最后一遍水时加少许食醋,能有效保持毛衣的弹性和光泽。

驱蟑螂妙法三招

将新鲜夹竹桃叶置于蟑螂活动之处,蟑螂便不再靠近此处。把鲜黄瓜放在食品橱里,蟑螂即会远离。在室内放一盘切好的洋葱片,蟑螂闻其味便会立即逃走。

巧挤牙膏

找一根喝饮料用的吸管,插进牙膏里往里吹气,吹得牙膏管又再涨起来,然后旋上盖子。捉住牙膏管尾,使劲地甩。甩上那么十来次后,扭开盖子,你会发现,牙膏又很轻易地可以挤出来了。还可以用上一个礼拜呢!

酸橘子变甜

将橘子放进一个大盆子里,最好是有盖的,然后盖上盖子,来回地摇,使劲地摇,摇它个一两百下,然后再尝一下那橘子,橘子会变得甜甜的。

巧剥鸡蛋

将煮熟的鸡蛋上下两方各开一个小口,大概一平方厘米,然后将鸡蛋大头的一方抵在水龙头底下,拧开水龙头,拧得要大,这样,紧握着鸡蛋的手会感觉到有轻微的"啵"的爆炸感。这时候再剥鸡蛋,就会发现剥出来的鸡蛋完整无损。

（注：以上小窍门均来自百度文库）

(二)奇闻异事

训练提示:①要保证新闻事实的完整性。②开场白要短小精悍,结束语要注意概括和升华。③语言要形象、生动、如临其境,富有讲述感。④要善于烘托气氛。

加州"死亡谷"

在美国加利福尼亚与内华达州相毗邻的山中,有一条长达 225 公里、宽度在 6—26 公里、面积达 1400 平方公里的"死亡谷"。峡谷两侧悬崖峭壁,异常森严。1949 年美国有一支寻找金矿的勘探队,因迷失方向而误入此谷,几乎全军覆没。有几个人侥幸脱险爬出,之后不久也不明不白地死去。此后,也曾有多批探险人员前去揭谜,除大多数葬身此谷外,幸存者也未能揭开这个谜。令人不可思议的是,这个地狱般的"死亡谷"竟是飞禽走兽的"极乐世界"——200 多种鸟类、10 多种蛇、7 种蜥蜴、1500 多种野驴等动物在那里悠然自得、逍遥自在。它们或飞、或爬、或跑、或卧,好不自在。时至今日,谁也弄不清这条峡谷为何对人类是如此的凶残,而对动物却是如此的仁慈。

（《经济视角》2011 年 11 期）

南非南部发现怪异尸体

南非自然谷最近出现的一具不明生物遗体引发当地居民恐慌和各国网民关注,有人认为这是外星生命来过地球的"又一铁证"。对此,有专家认为,这个黑色干瘦的怪物,可能是幼年狒狒死后形成的木乃伊。

为了揭开这具遗体的身份之谜,当地的一位兽医布劳姆决定"斗胆"对其进行解剖。解剖后,她说:"这应该是新生的雌性狒狒遗体,身上还有脐带。她好像一出生就遭到撕咬头部致死。"

对这具外形诡异遗体的形成过程,布劳姆解释说:"遗体被扯得畸形,她妈妈在她死后带走了遗体,遗体后来成了木乃伊。母狒狒有时候会是这样,在她的孩子死后会携带三到四周才丢弃。"对于兽医的解释,这具遗体的发现者的父亲、当地的一位护林员迪克逊表示人们并不相信:"人们对此存疑。听说此事的人都说,头和四肢都不像狒狒。"德国的媒体对此也产生了兴趣,一家报纸就呼吁有关当局尽快对这个"半人半猴"的怪物给出解释,以正视听。

(中国青年网 2013 年 12 月 1 日)

埃及金字塔

古埃及人有建造金字塔作为国王和王后陵墓的习俗,因此埃及的金字塔很多,素有金字塔之国的美称。其中最宏伟的当然是位于吉萨的胡夫金字塔,又叫大金字塔,它已成为埃及国家和文明的象征。大金字塔总共由大约 230 万块石灰石和花岗岩垒叠而成,中间不用任何粘合材料。而石块与石块之间吻合得天衣无缝,尽管历经 4000 多年的风吹雨打,石缝之间都插不进哪怕一把锋利的小刀。每一方石块平均有 2.5 吨,最重的达到 100 多吨。以古埃及人当时的劳动力,它们是如何把巨大的石块开采出来,并且运到这里来?又如何把它们垒砌起来?何以抗拒时间的侵蚀直至今日?而且金字塔的底部四边几乎对着东、西、南、北四个正向,误差小于一度。古埃及人是怎么计算得这么精确的呢,至今还是一个谜。

(百度文库 2012 年 11 月 18 日)

百慕大魔鬼三角区

1945 年 12 月 5 日,美国 19 飞行队在训练时神秘失踪,当时预定的飞行计划是一个三角形,于是人们后来把美国东南沿海的大西洋上,北起百慕大,延伸到佛罗里达州南部的迈阿密,然后通过巴哈马群岛,穿过波多黎各,到西经 40°线附近的圣胡安,再折回百慕大,形成的一个地区,称为百慕大三角区域"魔鬼三角"。在这个地区,已有数以百计的船只和飞机失事,数以千计的人在此丧生。从 1880 年到 1976 年间,约有 158 次失踪事件,其中大多是发生在 1949 年以来的 30 年间,曾发生失踪 97 次,至少有 2000 人在此丧生或失踪。这些奇怪神秘的失踪事件,主要是在西大西洋的一片叫"马尾藻海"地区,为北纬 20°—40°、西经 35°—75°之间的宽广水域。这儿有世界著名的墨西哥暖流以每昼夜

120—190 千米速度流过,且多漩涡、台风和龙卷风。不仅如此,这儿海深达4000—5000 米,有波多黎各海沟,深 7000 米以上,最深处达 9218 米。

(新浪网 2018 年 5 月 11 日)

美国一男子整容成怪物头"长"犄角

日前,美国一男子将自己整成一个头上长角的"怪物",他的相貌更是把警察吓了一跳。

据《纽约每日新闻》15 日报道,28 岁的耶西·索恩黑尔家住俄克拉荷马州塔尔萨市。14 日,因开车袭击女房东,他被警方拘捕。次日,在缴纳了 1 万美元的保释金后,耶西暂时恢复自由。

但当地警方透露,赶到现场后,耶西的相貌着实让办案警员吓了一跳:耶西通过整容在头上"安"了两只小犄角,两条眉毛宛如两只黑色毛毛虫,头顶、额头和眼角都镶有圆钉,脸颊有刀状疤痕,脖子上则纹满了动物纹身,分明就是一个"怪物"。据女房东所述,她与耶西因为一点小事发生口角,恼羞成怒的耶西就驾车想要撞她。

耶西虽然获得保释,但面临涉嫌用危险武器袭击的重罪指控。

(网易新闻 2010 年 7 月 16 日)

16 岁女孩得怪病一天晕倒十几次

16 岁少女许邵美患上了怪病,会突然昏倒,有时一天会昏倒十几次,最长要半小时后才会醒来。因为这病,她什么地方都不能去。离家十几米的菜地,是她唯一的乐园。

邵美是南平市政和县人,因为是家中第一个孩子,她的出生曾给家人带来过很多欢乐。1999 年 11 月的一天,4 岁的她独自在外玩耍,不慎掉进粪池后,一切都变了。

父亲许妙桂说,那是他携妻带子到福州生活的第二年,他从粪池将女儿救上来后,本以为女儿没事,不料隔天女儿就出现晕倒症状。

"洗澡、上厕所,我都陪着。"黄祖绿说,邵美晕倒没有前兆,甚至连吃饭也会晕倒,整个人"扑腾"倒地。有次,她有事离开了一会儿,没想到,再见到邵美时,她整张脸趴在地上,眼睛都肿了。从那以后,黄祖绿专职照顾女儿,每时每刻都陪在女儿身边。

"我最大的心愿是把女儿的病治好,让她去上学。"许妙桂说,邵美连自己的名字都不会写。而每当女儿问他什么时候才能去上学时,他的心就揪成一团,他只能告诉自己要更加努力挣钱。

(青岛新闻网 2011 年 2 月 25 日)

美国培植出神奇琉璃玉米

玉米是世界上分布最广的粮食作物之一,栽培历史估计有 5000 年之久。据美国媒体 5 月 14 日报道,美国一家农产品公司 Seeds Trust 日前获得一种奇特的玉米种子,可以种植出颜色五彩缤纷、颗粒如同琉璃珠一样晶莹剔透的玉米。

这种玉米颜色极其绚烂,但完全可以食用。据 Seeds Trust 公司介绍,琉璃玉米种子是由该公司的种子达人格雷格·舍恩所取得。舍恩不久前寻访了一名居住在俄克拉荷马州的 80 多岁彻罗基族人,并从老人那儿得到神奇的琉璃玉米种子。

琉璃玉米拥有如糖果般的色泽,可能会吸引一大批不爱吃玉米的孩子。自 Seeds Trust 公司在其脸谱网主页公布了琉璃玉米的相关信息后,民众就对这种神奇的农作物表示出极大兴趣,该公司的网站也一度因为访问人数过多而瘫痪。

可惜的是,Seeds Trust 公司表示,由于目前种植量太少,琉璃玉米还无法在市面上销售。

(《粮食科技与经济》2012 年 03 期)

14 岁早衰症少女面如老妇

据外媒 11 日报道,英国少女海莉·奥金斯仅有 14 岁,却因患有早衰症,容貌看起来像年逾古稀的老妇。医生曾断言她活不过 13 岁,然而乐观的海莉近日不仅迎来了她的 14 岁生日,还出版了自传《未年轻便老去》。

海莉于 1999 年被诊断患有罕见的早衰症,这令她的衰老速度比一般人快 8 倍。目前,海莉的身体年龄已有 105 岁。

海莉在自传中描述了自己和母亲凯莉如何面对早衰症。因这种疾病,海莉的皮肤像纸一样薄且脆弱,骨质极其疏松,非常容易折断。一般来说,早衰症患者会死于心脏病或中风,平均年龄不超过 13 岁。

海莉在自己的书中乐观地写道:"我对未来也有规划。我想我会长大,我也会结婚。妈妈说,会有一个特殊的人,无视我的疾病,视我为唯一。"

(中新网 2012 年 3 月 12 日)

六、话题讨论

方法:确定一个话题展开讨论。话题讨论可以设有主持人,也可以邀请嘉宾,讨论者阐述观点可以依据给定的资料。

提示:

主持人的职责:①启发诱导,引导讨论。②跑题时,调整话题方向;讨论不得要领时,点播提示。③对重要观点和见解加以重复。④总结讨论,明确结论。

主持人的准备:①确定讨论话题:依据参加者的水平及兴趣确定讨论话题。②确定讨论程序:确定问题提出的方式,安排讨论的步骤,调控讨论的时间,设计互动的方式。

参加者的准备:依据话题确定观点,阐述方式。若有材料,就需要对资料进行快速梳理,可以增删,也允许改变顺序,切忌一成不变地照搬。

需要注意的问题:①主持人要切实发挥引导、激活、调节的作用。②参加者的论据要和观点一致,要准确、严密、合理。

(一)话题讨论模拟

主题:节目主持人什么素质最重要

观点1:声形俱佳最重要

我认为节目主持人声形俱佳很重要。

在中国,电视已经走进城市和农村的家家户户,主持人已经不仅仅是为了播报消息、主持节目而存在,他们还是人们休闲、娱乐时的欣赏对象。为了能够让受众获得"悦耳动听""赏心悦目"的美感享受,主持人应该具备"声音悦耳、口齿清晰、表达准确、语言畅达、形象端庄、仪态大方、举止文明、气质高雅"等方面的素质,简单地说,就是声形俱佳。

如果主持人声形不佳,声音沙哑,口齿不清晰,普通话不标准,形象不端庄、不大方、不漂亮,就会在一定程度上影响广播电视的传播效果,引起观众的不满,所以我认为主持人声形俱佳最重要。

观点2:主持人文化素质最重要

我认为主持人的文化素质最重要。

第一,主持人的社会角色是文化的传播者,如果文化的传播者自己的文化素质都过不了关,那可想而知这位主持人传播的文化信息质量会怎样。从这个意义上来说,文化素质对于主持人最重要。比如某位主持人把"以色列总理内塔尼亚胡说"播成了"以色列总理内塔尼亚‖胡说";把台湾歌手"陶喆"播成了"陶吉吉",令人莫名其妙。

第二,人们钟爱有深厚文化底蕴的主持人。现在的观众、听众文化素质普遍提高。人们更为钟爱有文化、说话含金量高的主持人,对他们人们有美好的期待。如敬一丹在《焦点访谈》等节目中,以富于思辨、关心百姓的言论,鲁健在伊拉克战争报道中以对国际形势的精准把握和到位的采访点评,成就了自己,也成就了节目。

从以上两点来看,我认为主持人文化素质最重要。

观点 3：仗义执言，敢于说真话

我心目中的优秀节目主持人应该是一个仗义执言、敢于说真话的人。要有新闻敏感性和社会责任感。比如说中央电视台《足球之夜》的主持人张斌。我真正喜欢的不单单是他的机智幽默和成熟稳健，最重要的是他是一个敢于仗义执言、说真话的主持人。张斌真正的勇敢和无畏体现在 1997 年的"渝沈假球风波"事件上，他在电视机里一脸严肃地告诉大家：这就是假球，没有理由。主持人作为一名新闻工作者，他们的职责就是要用事实说话，将事实的真相告诉给观众。当然，作为主持人，敢于仗义执言、说真话是要冒很大风险的，那些调查事实真相的记者和主持人有时甚至要冒着生命危险。这就需要主持人有吃苦耐劳、不怕牺牲的精神，要有技巧，动脑筋，这样才能真正地做到坚持真理，仗义执言。

观点 4：主持人风趣幽默最重要

我认为，主持人风趣幽默最重要。因为现代传播讲速度和效果，有风趣幽默素质的主持人会很快获得人们的喜爱和认同。这种主持人非常有亲和力，很有人情味儿。他们真诚地对待观众、听众，在充满善意的风趣幽默的调侃中，把节目的理念深入浅出地渗入进去，使传播具有了情感色彩。比如崔永元在主持《实话实说》的时候，不断有奇思妙想，以自己的风趣幽默把原本严肃庄重的理论探讨变得轻松活泼，浅显易懂。再比如，台湾有"综艺天王"称号的主持人吴宗宪，在主持《我猜，我猜，我猜猜猜》等节目时，语言十分幽默，使观众在大笑中认同了主持人的智慧。

所以我认为，主持人风趣幽默最重要。

（付程：《播音主持专业高考面试指南》，中国传媒大学出版社 2007 年版）

（二）话题讨论参考题目

1. 我的幸福观。

2. 我看"艺考"现象。

3. 面对竞争。

4. 我看民生新闻。

5. 谈谈交友。

6. 老人摔倒该不该扶。

7. 大学四年该怎样度过。

8. 谈谈与人为善。

9. 我看青少年出国热。

10. 如何看待专业理论课。

第四部分　补充练习

一、新闻播报

习近平参观"伟大的变革——庆祝改革开放 40 周年大型展览"

在庆祝改革开放 40 周年之际,中共中央总书记、国家主席、中央军委主席习近平 13 日前往国家博物馆,参观"伟大的变革——庆祝改革开放 40 周年大型展览"。他强调,改革开放 40 年来,在中国共产党坚强领导下,中国人民艰苦奋斗、顽强拼搏,用双手书写了国家和民族发展的壮丽史诗,中华大地发生了感天动地的伟大变革。党的十九大描绘了中国发展的宏伟蓝图,只要我们坚持以新时代中国特色社会主义思想为指导,全面贯彻落实党中央决策部署,坚定不移全面深化改革、扩大对外开放,中国特色社会主义一定会迎来更加美好的明天。

习近平强调,要通过展览,教育引导广大干部群众更加深刻地认识到中国共产党、中国人民和中国特色社会主义的伟大力量,更加深刻地认识到我们党的理论是正确的、党中央确定的改革开放路线方针是正确的、改革开放的一系列战略部署是正确的,更加深刻地认识到改革开放和社会主义现代化建设的光明前景,统一思想、凝聚共识、鼓舞斗志、团结奋斗,坚定跟党走中国特色社会主义道路、改革开放道路的信心和决心。

栗战书、汪洋、王沪宁、赵乐际、韩正、王岐山参观了展览。

(央视网 2018 年 11 月 13 日)

第四届中国百强城市全面发展论坛在京召开

人民网北京 11 月 24 日电(朱江)　日前,第十八届中国上市公司百强高峰论坛暨第四届中国百强城市全面发展论坛在京召开。

据介绍,本届论坛以"新机遇、新战略、新格局"为主题,重点就企业的国际化战略、资本运作战略、产业整合战略和城市的城市群协同战略、城市更新战略、城乡融合战略等进行交流研讨,旨在更好推动百强企业和百强城市联动发展,发挥好百强企业主力军和百强城市主战场的关键作用,联手创造巨量内需,大幅提振经济,合力消弭外部挑战。

本届论坛主席,原国务院国有重点大型企业监事会主席季晓南认为,当今世界形势复杂多变,贸易保护主义抬头,我国经济面临下行的巨大压力。面临新的环境和新的挑战,百强企业、百强城市要进一步抓住机遇,锐意进取,深化改革,扩大开放,以双百联动发展为中国经济更好地持续发展作出更大贡献。

(人民网 2018 年 11 月 24 日)

加快技术成果转化 打造产业生态链

人民网广州 11 月 24 日电(记者董菁)　11 月 23 日,由广东省工业和信息化厅、广东省通信管理局、中国信息通信研究院、工业互联网产业联盟主办的 2018 中国工业互联网大会在广州隆重召开。

工业和信息化部总工程师张峰指出,加速产业数字化,发展数字经济已成为全球未来的发展方向,工业互联网作为新一代信息技术与先进制造业融合创新的产物和重要承载,通过人机物的广泛互联,实现全要素、全产业链、全价值链的连接,将驱动制造业加速向数字化、网络化、智能化转型,促进商业模式创新,产业优化升级和生产力的整体跃升,为制造业高质量发展持续注入新的动力。

张峰强调,我国工业互联网推进工作已取得重要进展,但产业整体发展水平与支撑经济高质量发展的需要相比仍有差距,希望大家牢牢把握创新发展的时代潮流,以更高的站位,科学谋划,积极作为,奋勇前行,携手开创中国工业互联网创新发展的新局面。

(人民网 2018 年 11 月 24 日)

长三角产业创新峰会举行

(光明融媒记者颜维琦)11 月 17 日,以"产业新生态、资本新动力"为主题的长三角产业创新峰会在上海跨国采购会展中心举行。峰会旨在促进长三角地区企业与政府更好交流、科技与创新更好交互、产业与资本更好交融,深化产业合作内涵,提升资本合作能级,全面服务长三角一体化。

峰会上,上海市普陀区委常委、副区长顾军表示,普陀区将以"长三角产业创新城市联盟"成立为契机,与各兄弟城市深化交流合作,共同为促进长三角产业创新、推动经济高质量发展作出新的贡献。未来,"长三角产业创新城市联盟"将聚焦"产业＋资本",探索城市协同创新和区域合作共赢的新方向、新模式、新空间,更好服务长三角一体化国家战略。

长三角作为在我国有较大影响的经济区域,各类创新产业要素密集,各类优质资本聚集,各类超级企业云集。发挥长三角产业优势、资本优势,打造世界级企业,必将对长三角地区进一步整合资源、强强联合、优势互补、合作共赢,起到积极的推动作用。

(《光明日报》2018 年 11 月 24 日)

团中央直属机关召开警示教育大会

10月19日下午,团中央直属机关召开警示教育大会,学习贯彻习近平总书记重要批示精神,传达落实中央和国家机关警示教育大会有关安排,通报违纪违法典型案例,部署团中央直属机关党风廉政建设和反腐败工作。团中央书记处第一书记贺军科出席大会并讲话。

贺军科指出,党的十八大以来,团中央直属机关贯彻落实习近平同志为核心的党中央决策部署,把党风廉政建设和反腐败斗争摆到重要位置,全面从严治党取得明显成效。要进一步引导直属机关党员干部学习好领会好习近平总书记"7·2"重要讲话精神,深入落实中央书记处关于营造团内良好政治生态和政治文化要求,把全面从严治党、从严治团各项任务落到实处,切实抓好直属机关党的建设和党风廉政建设,推动直属机关全面从严治党不断向纵深发展。

团中央机关全体干部、直属单位中层正职以上干部400余人参加会议。

(《中国青年报》2018年10月22日)

8月旅游投诉舆情公布:涉及在线旅游企业投诉超六成

人民网北京9月7日电(记者刘佳)　人民网旅游3·15投诉平台2017年8月旅游投诉舆情今日发布,平台8月共收到有效投诉160条,其中涉及在线旅游企业的投诉105条,涉及各省份的55条,在线旅游企业的投诉占总投诉量的65.6%。截至今日,8月平台综合回复率60.6%,每条投诉平均处理时长2.88天,帮助网友追回旅游损失51631元。

数据显示,在涉及各省份的55条旅游投诉中,云南的投诉最多,占全国各省份旅游投诉量的12.7%,北京位列第二,占9.1%。在线旅游企业投诉中,涉及去哪儿网的投诉最多,占在线旅游企业投诉总量的41.9%,携程旅行网(20%)排第二,同程旅游(14.3%)排第三。其他被投诉的企业还有阿里旅行、途牛旅游网、驴妈妈旅游网、艺龙旅行网、美团网等。本月同程旅游、艺龙旅行网、途牛旅游网和驴妈妈旅游网回复率均为100%,驴妈妈旅游网回复耗时最短,平均回复时长为20.6个小时。

(人民网2017年9月7日)

第十二届中国航展11日闭幕 签约超200亿美元

《解放军报》珠海11月11日电 记者彭况、李建文报道:第十二届中国国际航空航天博览会今天下午在珠海闭幕。本届航展全面展示了改革开放40年来,特别是党的十八大以来,中国在航空航天及国防科技领域所取得的突破性成就,展现了新时代改革强军的新面貌。

在为期 6 天的展会里,共有来自 43 个国家和地区的 770 家厂商参展,同比增长 10%;来自 50 多个国家的近 200 个军政贸易代表团参观航展;专业观众近 15 万人次,普通观众约 30 万人次;签订了逾 569 个项目价值超过 212 亿美元的各种合同、协议及合作意向,成交了 239 架各种型号的飞机。展览规模再创历史新高,展会各项主要指标实现了从量变到质变的飞跃。

随着中国航空航天产业的快速发展及国防实力的不断增强,一大批代表当今世界航空航天及国防领域的新技术、新成果也在本届航展上集中展示,展品结构首次实现"陆、海、空、天、电"全领域覆盖。

（中国军网 2018 年 11 月 12 日）

马来西亚举办第五届大学生中文歌唱比赛

新华社吉隆坡 11 月 24 日电(记者林昊)　由马来亚大学孔子学院举办的孔院好声音——第五届马来西亚大学生中文歌唱比赛 24 日举行决赛,马来西亚多所大学的学生展示了中文歌唱水平以及对中国文化的了解和热爱。

马中友好协会会长马吉德在比赛开始前致辞时表示,马中两国友好关系源远流长,两国政府致力于进一步发展双边关系,年轻一代尤其应该加强相互之间的交流和了解。

本届比赛分为华裔与非华裔两组。经过近两个月的预赛,40 名选手从数百名参加者中脱颖而出,晋级决赛。经过一天的角逐,决出了两个组别的前三名和优胜奖获得者。

马来亚大学孔子学院中方院长王正海表示,希望通过举办这样的活动,让更多马来西亚人,尤其是年轻人了解中国文化,促进两国人民之间的交流和友谊。

（新华网 2018 年 11 月 25 日）

英国泰特不列颠美术馆珍品展亮相中国美术馆

中新社北京 9 月 12 日电(记者应妮)　作为中英两国文化交流的重要项目,由伦敦泰特美术馆、中国美术馆联合主办的"心灵的风景:泰特不列颠美术馆珍品展"12 日在中国美术馆开幕,为中国观众展示跨越近三百年的英国风景画发展历程。

泰特不列颠美术馆是英国泰特四座美术馆中建馆最早的展馆,以收藏和展示 15 世纪以来的英国绘画和各国现代艺术著称。展览精选了泰特不列颠美术馆珍藏的 70 余件 18 世纪以来的英国风景画作品,涵盖油画、水彩等画种,同时也囊括了从传统到现代的多种绘画流派,包括了耳熟能详的著名画家如庚斯博罗、透纳、康斯太勃尔、吉尔丁、科曾斯父子,还有拉斐尔前派的米莱斯,以及印象主义、超现实主义与现代派先锋画家的作品。

中国美术馆馆长吴为山表示,文化和艺术是人类心灵沟通的桥梁。无论在东方或者西方,人类对自然的热爱都始终如一。通过每一件作品,观众都能感受到艺术家对大自然的无限深情。所以,这不仅仅是眼中的风景,更是心灵的风景。

(中国新闻网 2018 年 9 月 13 日)

北京市工商局发布"双 11"提示:促销规则读仔细

"双 11"网购节即将来临,北京市工商局今天提示消费者,面对各式各样的低价宣传,建议消费者提前关注商品价格,警惕先涨价再降价的消费陷阱。

在购买商品前,要仔细阅读平台网站和商家的促销规则,明确红包、积分及优惠券的使用范围,询问退换货方式及运费政策,避免事后因不了解促销规则而发生消费纠纷。

此外,预售产品要注意"定金"与"订金"的区别,"定金"通常情况不予退还,尽量确定需求后再支付。支付过"定金"的商品要在规定时间内缴纳剩余款项,避免因超期未付款遭受经济损失。

(《北京晚报》2018 年 11 月 6 日)

二、文稿播读

火 光 [俄]柯罗连科

很久以前,在一个漆黑的秋天的夜晚,我泛舟在西伯利亚一条阴森森的河上。船到一个转弯处,只见前面黑黢黢的山峰下面一星火光蓦地一闪。

火光又明又亮,好像就在眼前……

"好啦,谢天谢地!"我高兴地说,"马上就到过夜的地方啦!"

船夫扭头朝向后的火光望了一眼,又不以为然地划起桨来。

"远着呢!"

我不相信他的话,因为火光冲破朦胧的夜色,明明就在那儿闪烁。不过船夫是对的,事实上,火光的确还远着呢。

这些黑夜的火光的特点是:驱散黑暗,闪闪发亮,近在眼前,令人神往。乍一看,再划几下就到了……其实却还远着呢!……

我们在漆黑如墨的河上又划了很久。一个个峡谷和悬崖,迎面驶来,又向后移去,仿佛消失在茫茫的远方,而火光却依然停在前头,闪闪发亮,令人神往——依然是这么近,又依然是这么远……

现在,无论是这条被悬崖峭壁的阴影笼罩的漆黑的河流,还是那一星明亮的火光,都经常浮现在我的脑际,在这以前和在这以后,曾有许多火光,似乎近在咫尺,不止使我一人心驰神往。可是生活之河却仍然在那阴森森的两岸之间流着,而火光也依旧非常遥远。因此,必须加劲划桨……

　　然而,火光啊……毕竟……毕竟就在前头……

(沪教版八年级《语文》,上海教育出版社 2012 年版)

杯子与水　俞敏洪

　　许多同学去拜会大学教授,起初大家相谈甚欢,然而说着说着,学生们的话题便转向了抱怨,他们抱怨生活的压力和功课的负荷。

　　这时,教授不动声色地从厨房里取出了许多个不同质地、不同形状的杯子,其中有陶质的、有瓷质的、有木质的、有玻璃的,也有塑胶的。教授让同学们自己取杯子倒水喝。杯子被取得七七八八后,托盘上只剩下一些粗陋的杯子。

　　教授这时微笑着说:"你们瞧,所有细致、古朴、玲珑、美丽的杯子都被拿走了,剩下的,全是让人瞧不上眼的塑胶杯。现在,我想问的是:你们选杯子的目的是什么?"

　　学生们异口同声地说:"喝水呀。"教授又问:"既然是喝水,那为什么你们在意盛水的器皿呢,随手拿一个不就可以了吗?为什么还要刻意选好的、美的、精致的?"学生们被问得哑口无言。

　　这时,教授正色说道:"主副不分而又什么都想一手抓的心态,正是造成压力的主因,你们喝的是水,执意要选美的杯子,甚至在选不上好的杯子时,心生怨意。"

　　这就和生活一样,生活就是水,而名誉与地位,仅仅只是盛水的杯子罢了。如果我们把所有的注意力放在杯子上,那么我们便没有时间和心情去品尝和享受杯中水的美好滋味了。

(《视野》2009 年第 14 期)

故都的秋　郁达夫

　　秋天,无论在什么地方的秋天,总是好的;可是啊,北国的秋,却特别地来得清,来得静,来得悲凉。我的不远千里,要从杭州赶上青岛,更要从青岛赶上北平来的理由,也不过想饱尝一尝这"秋",这故都的秋味。

　　江南,秋当然也是有的,但草木凋得慢,空气来得润,天的颜色显得淡,并且又时常多雨而少风;一个人夹在苏州上海杭州,或厦门香港广州的市民中间,混混沌沌地过去,只能感到一点点清凉,秋的味,秋的色,秋的意境与姿态,总看不饱,尝不透,赏玩不到十足。秋并不是名花,也并不是美酒,那一种半开、半醉的状态,在领略秋的过程上,是不合适的。

　　不逢北国之秋,已将近十余年了。在南方每年到了秋天,总要想起陶然亭的芦花,钓鱼台的柳影,西山的虫唱,玉泉的夜月,潭柘寺的钟声。在北平即使不出门去吧,就是在皇城人海之中,租人家一椽破屋来住着,早晨起来,泡一碗浓茶,向院子一坐,你也能看得到很高很高的碧绿的天色,听得到青天下驯鸽的飞声。从槐树叶底,朝东细数着一丝一丝漏下来的日光,或在破壁腰中,静对着像喇叭似的牵牛花的蓝朵,自然而然地也能够感觉到十分的秋意。说到了牵牛花,我以为以蓝色或白色者为佳,紫黑色次之,淡红色最下。最好,还要在牵牛花底,教长着几根疏疏落落的尖细且长的秋草,使作陪衬。

　　北国的槐树,也是一种能使人联想起秋来的点缀。像花而又不是花的那一种落蕊,早晨起来,会铺得满地。脚踏上去,声音也没有,气味也没有,只能感出一点点极微细极柔软的触觉。扫街的在树影下一阵扫后,灰土上留下来的一条条扫帚的丝纹,看起来既觉得细腻,又觉得清闲,潜意识下并且还觉得有点儿落寞,古人所说的梧桐一叶而天下知秋的遥想,大约也就在这些深沉的地方。

　　(《郁达夫小全集》,四川人民出版社2017年版)

雪　鲁　彦

　　美丽的雪花飞舞起来了。我已经有三年不曾见着它。

　　去年在福建,仿佛比现在更迟一点,也曾见过雪。但那是远处山顶的积雪,可不是飞舞的雪花。在平原上,它只是偶然地随着雨点洒下来几颗,没有落到地面的时候。它的颜色是灰的,不是白色;它的重量像是雨点,并不会飞舞。一到地面,它立刻融成了水,没有痕迹,也未尝跳跃,也未尝发出唏嘘的声音,像江浙一带下雪时的模样。这样的雪,在四十年来第一次看见它的老年的福建人,诚然能感到特别的意味,谈得津津有味,但在我,却总觉得索然。"福建下过雪",我可没有这样想过。

　　我喜欢眼前飞舞着的上海的雪花。它才是"雪白"的白色,也才是花一样的美丽。它好像比空气还轻,并不从半空里落下来,而是被空气从地面卷起来的。然而它又像是活的生物,像夏天黄昏时候的成群的蚊蚋,像春天酿蜜时期的蜜蜂,它的忙碌的飞翔,或上或下,或快或慢,或黏着人身,或拥入窗隙,仿佛自有它自己的意志和目的。它静默无声。但在它飞舞的时候,我们似乎听见了千百万人马的呼号和脚步声,大海汹涌的波涛声,森林的狂吼声,有时又似乎听见了儿女的窃窃私语声,礼拜堂的平静的晚祷声,花园里的欢乐的鸟歌声……它所带来的是阴沉与严寒。但在它的飞舞的姿态中,我们看见了慈善的母亲,活泼的孩子,微笑的花儿,和暖的太阳,静默的晚霞……它没有气息。但当它扑到我们面上的时候,我们似乎闻到了旷野间鲜洁的空气的气息,山谷中幽雅的兰花的气息,花园里浓郁的玫瑰的气息,清淡的茉莉花的气息……在白天,它做出千百种婀娜的姿态;夜间,它发出银色的光辉,照耀着我们行路的人,又在我们的玻璃窗上扎扎地绘就了各式各样的花卉和树木,斜的,直的,弯的,倒的。还有那河流,那天上的云……

(《鲁彦散文集》,上海文艺出版社 1984 年版)

五月的青岛　老　舍

因为青岛的节气晚,所以樱花照例是在四月下旬才能盛开。樱花一开,青岛的风雾也挡不住草木的生长了。海棠,丁香,桃,梨,苹果,藤萝,杜鹃,都争着开放,墙角路边也都有了嫩绿的叶儿。五月的岛上,到处花香,一清早便听见卖花声。公园里自然无须说了,小蝴蝶花与桂竹香们都在绿草地上用它们的娇艳的颜色结成十字,或绣成儿团;那短短的绿树篱上也开着一层白花,似绿枝上挂了一层春雪。就是路上两旁的人家也少不得有些花草:围墙既矮,藤萝往往顺着墙把花穗儿悬在院外,散出一街的香气:那双樱,丁香,都能在墙外看到,双樱的明艳与丁香的素丽,真是足以使人眼明神爽。

山上有了绿色,嫩绿,所以把松柏们比得发黑了一些。谷中不但填满了绿色,而且颇有些野花,有一种似紫荆而色儿略略发蓝的,折来很好插瓶。

青岛的人怎能忘下海呢,不过,说也奇怪,五月的海就仿佛特别的绿,特别的可爱,也许是因为人们心里痛快吧? 看一眼路旁的绿叶,再看一眼海,真的,这才明白了什么叫做"春深似海"。绿,鲜绿,浅绿,深绿,黄绿,灰绿,各种的绿色,联接着,交错着,变化着,波动着,一直绿到天边,绿到山脚,绿到渔帆的外边去。风不凉,浪不高,船缓缓的走,燕低低的飞,街上的花香与海上的咸味混到一处,浪漾在空中,水在面前,而绿意无限,可不是,春深似海! 欢喜,要狂歌,要跳入水中去,可是只能默默无言,心好像飞到天边上那将将能看到的小岛上去,一闭眼仿佛还看见一些桃花。人面桃花相映红,必定是在那小岛上。

这时候,遇上风与雾便还须穿上棉衣,可是有一天忽然响晴,夹衣就正合适。但无论怎说吧,人们反正都放了心——不会大冷了,不会。妇女们最先知道这个,早早的就穿出利落的新装,而且决定不再脱下去。海岸上,微风吹动少女们的发与衣,何必再会到电影院中找那有画意的景儿呢! 这里是初春浅夏的合响,风里带着春寒,而花草山水又似初夏,意在春而景如夏,姑娘们总先走一步,迎上前去,跟花们竞争一下,女性的伟大几乎不是颓废诗人所能明白的。

人似乎随着花草都复活了,学生们特别的忙:换制服,开运动会,到崂山丹山旅行,服劳役。本地的学生忙,别处的学生也来参观,几个,几十,几百,打着旗子来了,又成着队走开,男的,女的,先生,学生,都累得满头是汗,而仍不住的向那大海丢眼。学生以外,该数小孩最快活,笨重的衣服脱去,可以到公园跑跑了;一冬天不见猴子了,现在又带着花生去喂猴子,看鹿。拾花瓣,在草地上打滚;妈妈说了,过几天还有大红樱桃吃呢!

马车都新油饰过,马虽依然清瘦,而车辆体面了许多,好做一夏天的买卖呀。新油过的马车穿过街心,那专做夏天的生意的咖啡馆,酒馆,旅社,饮冰室,也找来油漆匠,扫去灰尘,油饰一新。油漆匠在脚手架上忙,路旁也增多了由各处来的舞女。预备呀,忙碌呀,都红着眼等着那避暑的外国战舰与各处的阔人。多处浴场上有了人影与小艇,生意便比花草还茂盛呀。到那时候,青岛几乎不属于青岛的人了,谁的钱多谁更威风,汽车的眼是不会看山水的。

那么,且让我们自己尽量的欣赏五月的青岛吧!

(《老舍散文集》,北方文艺出版社 2018 年版)

电视民生新闻——衡阳电视台《天天生活》栏目口播文稿

A:为老百姓发新闻,观众朋友们晚上好,欢迎大家收看今天的《天天生活》,我是×××。

B:大家好,我是×××。对于人民群众深恶痛绝的危害食品安全犯罪,党中央和国务院高度重视。近日,中央领导同志要求,对违法生产、销售伪劣产品,严重扰乱市场,危及人民群众利益甚至生命的犯罪行为,务必依法严惩,公开审判,营造坚决打击危害食品安全犯罪行为的社会氛围。

A:昨天,山西、河北两地法院公开宣判了 4 件"问题奶粉"案件,依法严厉惩处了涉案的 14 名犯罪分子,其中,2 名犯罪分子被判处无期徒刑,4 名犯罪分子被判处 10 年至 15 年有期徒刑。

B:好,接下来,我们一起关注今天节目的精彩内容。

精彩看点:

庆祝五一劳动节　《咱们工人有力量》晚会昨晚铿锵登场

五一劳动节　我们用劳动过

违禁运输危险品　司机被抓现形

光天化日下抢钱　警民联手抓捕

大雨过后　清澈河水变污水　影响村民生活　生活帮女郎展开温暖援助

A:雄壮的歌声唱响光荣乐章,五月的春风传递信心和力量。

B:昨晚,由市政府主办的《咱们工人有力量》庆祝"五一"国际劳动节大型文艺汇演在衡阳市体育馆铿锵登场。中共衡阳市委书记张文雄,市委副书记、市长张自银观看演出。

A:两千余位市民在这里享受力量的碰撞,400 余名演职人员在这里展现劳动之美,高唱力量之歌。高亢的歌声缭绕,拨动着每一个人的心弦。

B:激情四射的晚会再现了我市产业工人奋发有为、昂扬向上的精神风貌,而这里一切,离不开一代又一代劳动者的奉献与开拓。晚会上,一场神圣的"传承仪式"感动了许多观众。

A:今天是五一小长假的第一天,很多人已经开始享受惬意的假日生活,在这里,我们也祝广大劳动者节日快乐。

B:当然,不是所有的人都能休息,仍有很多劳动者为了衡阳的建设仍在忙碌着,我们也向他们表达崇高的敬意。

A:在这里,我们也提醒用人单位,要按照《劳动法》给坚守工作岗位上的劳动者发放加班工资,同时,要尊重劳动者的休息权,促进和谐用工关系。

B:4月24日中午11点左右,在祁东县建设银行门口发生一场抢劫案,刚取完钱出门的市民2万元现金被抢走。

A:案件发生后,当地警方和群众紧密配合,联手将嫌犯抓捕归案。

A:在这里,我们也提醒广大市民,面对抢劫抢夺犯罪或者遭受不法侵害时,大家要齐心协力,要让犯罪分子成为过街老鼠,人人喊打,只有这样,我们的社会治安才会越来越好。

B:好,接下来关注生活帮女郎。

A:生活帮女郎,新闻有力量。家住蒸湘区雨母山乡新中村江边小组的刘绍明向我们求助,说他家门前的河水一夜之间全部变成了污水。

B:据了解,平日里附近村民经常会在这条河里取水用,这下看见河水成了污水,大家都不敢在这里取水了。

A:今天进入了五一小长假,假日期间,办喜事的人不少,而鞭炮、烟花也开始响彻蒸湘大地,因此安全显得尤为重要。

B:而说起烟花来,大家肯定会想到咱们中国的"烟花之乡"——浏阳,而且很多烟花包装上大部分也都有浏阳两个字,那么这些烟花到底是不是浏阳生产的呢?记者对此进行了调查。

评论

A:警营开放日活动,就是要让社会各界群众走进公安机关,展示公安队伍建设成果,广泛听取群众意见建议,接受群众评议和监督。

B:近日,衡南县公安局就邀请了社会各界代表一起参观公安队伍建设成果,零距离感受公安民警的日常工作。

简讯

广告

服务气象站

结束语:A:《天天生活》为咱老百姓发新闻,今天就为您播放到这里。两路新闻热线81630678、13973460000随时为您守候。

B:接下来是生活频道精彩剧场。我们明天再见!

（衡阳电视台《天天生活》栏目4月30日口播文稿）

第五章　停　连

训练内容:停连的不同种类和处理方法。

训练目的:停连是播音语言表达的一个重要外部技巧。通过训练,让学生了解在语言表达中停连的重要性,熟练掌握停连的技巧。

训练要求:通过不同体裁的训练,让学生敢于打破句段中标点符号的羁绊,在理解的基础上能确定有声语言停连的位置并且掌握停连的技巧。

第一部分　理论概述

一、停连的概念

停,即是指停顿;连,即是指连接。我们在有声语言表达中,如果能运用停连的技巧,使语句有停顿休止的地方,有连接不休止的地方,就会使语言表达更清晰明了,使语言更具魅力。

在不同体裁的表达中,语句之间、字词之间需要停顿,停顿使得文意表达更清晰明了。有些语句之间虽然有标点符号,但是从上下文的含义来看,不需要停顿休止,连接起来才能使文意完整连贯。所以,停连可以说是有声语言表达的标点符号。

停顿与连接一般同时出现在有声语言表达中,它满足了生理上的要求。如换气,人不可能一口气说完很长一段话,表达一个或多个层次。在表达一个书面化极强的长句时,停顿在保证发声人呼吸的生理需求时,也能给收听信息者以思考来理解所要表达的意思。在出现某些特殊生理状况时会有特殊停连的处理。另外,停连也满足了心理上的要求。我们在有声语言表达中会运用停连来表达一些特殊思想内涵,例如思考、疑问、回味等,尤其是主持人在主持节目或者进行新闻评述时,很多情况需要即兴口语表达,主持人往往边思考边讲述边评论,停顿则是思考的表现,理清逻辑、斟酌用词、组织语句,这些一般会通过停顿来体现。

二、停连的类型

1.区分性停连　2.呼应性停连

3.并列性停连　4.分合性停连

5.强调性停连　6.判断性停连

7.转换性停连　8.生理性停连

9.回味性停连　10.灵活性停连

三、停连的位置确定及其规律

(一)准确理解语句意思,分析语句结构。在有声语言表达中会出现由于停连位置不当造成歧义甚至错误的问题,要斟酌停连点,力求准确。

(二)要合理处理标点符号,敢于打破标点符号的羁绊。稿件中的标点符号起到分割语句、分层表达的作用。播音员主持人在备稿时注意标点符号,这不仅能够加深对文稿意思的理解,也可以对停连位置的选择有比较好的把握。但也不能完全按照标点符号的位置来设置停连,这样会造成表达失去活力。要敢于冲出这些标点符号的束缚,让播读流畅,使受众听得清楚明白。

(三)恰当地体会当时的情景神态,要注意特殊的情节和生理状况。注意在表疑问、不确定时需要停顿,运动、体弱的时候,则需要再现出特殊的停连。

(四)一般来说,长句子停顿多些,短句子停顿少一些。感情凝重、深沉时停顿多些,感情欢快、兴奋时,停顿少些,连接多些。

四、停连运用的方法

(一)落停和扬停

落停一般用在一个完整的意思表述完之后。比如在一句话、一个层次、一篇文章结束的时候多使用落停。落停要求句尾声音落下收住,即表达内容结束则声音结束,停顿时声音停止气息也用尽,且停顿时间较长。如果在稿件中间使用落停,那么下一句必须重新换气。

扬停一般用在意思没有表达完但是需要停顿的语段中,且句子中没有标点符号。扬停要求声音大而洪亮,气息饱满且情感激动昂扬。在表达自豪、坚定等情感时多用扬停,在稿件结束时也用扬停强收,推向情感高潮。

(二)直连和曲连

直连一般用于情节内容紧凑但是语句中有标点符号的地方。停顿短且不用换气,给人一种紧迫感的同时也带来了节奏感。

曲连一般用于标点符号两边既需要连接又需要有所区别的地方,给人一种似停非停但又连贯流畅的感觉。曲连一般就是小顿挫,不换气,不偷气。

(三)常用的停连标注符号

挫顿,用/或者▲表示最短的停顿;

停顿,用//或者∧表示较短时间的停顿;

间歇,用///或者∨表示更长时间的停顿;

连接,用⌣标注,只用于有标点的地方,表示缩短停顿时间或不停顿;

延长,用～～标注,表示声音的延长。

第二部分　示例与示例分析

一、示例

《青蛙王子》

从前有过一位国王,▲国王有好几个女儿,⌣个个都长得美丽如画。▲尤其是他的小女儿,⌣更是美如天仙,▲就连见多识广的太阳,⌣每次照在她脸上时,▲都对她的美丽感到惊诧不已。///

国王的宫殿附近,⌣有一片幽暗的大森林。∧在这片森林中的一棵老椴树下,▲有一个水潭,⌣水潭很深。∧在天热的时候,⌣小公主常常来到这片森林,▲坐在清凉的水潭边上。∧她坐在那里感到无聊的时候,▲就取出一只金球,∧把金球抛向空中,⌣然后再用手接住。∧这成了她最喜爱的游戏。///

不巧的是,▲有一次,⌣小公主伸出两只小手去接金球,∧金球却没有落进她的手里,⌣而是掉到了地上,∧而且一下子就滚到了水潭里。∧小公主两眼紧紧地盯着金球,▲可是金球忽地一下子在水潭里就没影儿了。∧因为水潭里的水很深,⌣看不见底,▲小公主就哭了起来,∧她的哭声越来越大⌣,哭得伤心极了。▲哭着哭着,⌣小公主突然听见有人大声说∧:"哎呀,⌣公主,▲您这是怎么啦?∧您这样嚎啕大哭,▲就连石头听了都会心疼的呀。"∧听了这话,⌣小公主四处张望,▲想弄清楚说话声是从哪儿传来的,∧不料却发现一只青蛙,▲从水里伸出他那丑陋不堪的肥嘟嘟的大脑袋。///

"啊!∧原来是你呀,⌣游泳健将,"∧小公主对青蛙说道,∧"我在这儿哭,⌣是因为我的金球掉进水潭里去了。"///

"好啦,▲不要难过,⌣别哭了,"∧青蛙回答说,▲"我有办法帮助您。∧要是我帮您把您的金球捞出来,▲您拿什么东西来回报我呢?"///

"亲爱的青蛙,▲你要什么东西都可以的哦,∧我的衣服、⌣我的珍珠和宝石,▲甚至我头上戴着的这顶金冠,▲都可以给你。"∧小公主回答道。///

听了这话，▲青蛙对小公主说∧："您的衣服、◞您的珍珠、◞您的宝石，▲还有您的金冠，▲我哪样都不想要。∧不过，◞要是您喜欢我，◞让我做您的好朋友，∧我们一起游戏，∧吃饭的时候让我和您同坐一张餐桌，▲用您的小金碟子吃东西，▲用您的小高脚杯饮酒，∧晚上还让我睡在您的小床上，∧要是您答应所有这一切的话，▲我就潜到水潭里去，◞把您的金球捞出来。"///

"太好了。"▲小公主说∧，"只要你愿意把我的金球捞出来，▲你的一切要求我都答应。"∧小公主虽然嘴上这么说，▲心里却想∧："这只青蛙可真够傻的，◞尽胡说八道！∧他只配蹲在水潭里，▲和其他青蛙一起呱呱叫，▲怎么可能做人的好朋友呢？"///

青蛙得到了小公主的许诺之后，▲把脑袋往水里一扎，◞就潜入了水潭。∧过了不大一会儿，▲青蛙嘴里衔着金球，◞浮出了水面，▲然后把金球吐在草地上。∧小公主又见到了自己心爱的玩具，▲心里别提有多高兴了。∧她把金球捡了起来，◞撒腿就跑。///

"别跑！◞别跑！"▲青蛙大声叫道，▲"带上我呀！▲我可跑不了您那么快。"///

尽管青蛙扯着嗓子拼命叫喊，▲可是没有一点儿用。∧小公主对青蛙的喊叫根本不予理睬，◞而是径直跑回了家，▲并且很快就把可怜的青蛙忘记得一干二净。∧青蛙只好蹦蹦跳跳地又回到水潭里去。///

第二天，▲小公主跟国王和大臣们刚刚坐上餐桌，▲才开始用她的小金碟进餐，◞突然听见啪啦啪啦的声音。∧随着声响，◞有个什么东西顺着大理石台阶往上跳，∧到了门口时，◞便一边敲门一边大声嚷嚷∧："小公主，◞快开门！"∧听到喊声，◞小公主急忙跑到门口，▲想看看是谁在门外喊叫。∧打开门一看，▲原来是那只青蛙，◞正蹲在门前。∧小公主见是青蛙，▲猛然把门关上，◞转身赶紧回到座位，◞心里害怕极了。∧国王发现小公主一副心慌意乱的样子，▲就问她∧："孩子，◞你怎么会吓成这个样子？∧该不是门外有个巨人要把你抓走吧？"∧"啊，◞不是的，"▲小公主回答说，∧"不是什么巨人，▲而是一只讨厌的青蛙。"∧"青蛙想找你做什么呢？"///

"唉！∧我的好爸爸，▲昨天，◞我到森林里去了。∧坐在水潭边上玩的时候，▲金球掉到水潭里去了，▲于是我就哭了。∧我哭得很伤心，▲青蛙就替我把金球捞了上来。∧因为青蛙请求我做他的朋友，◞我就答应了，∧可是我压根儿没有想到，◞他会从水潭里爬出来，▲爬这么远的路到这儿来。∧他就在门外呢，◞想要上咱这儿来。"∧正说着话的当儿，▲又听见了敲门声，▲接着是大声的喊叫：∧"小公主啊我的爱，▲快点儿把门打开！∧爱你的人已到来，▲快点儿把门打开！∧你不会忘记昨天，▲老椴树下水潭边，▲潭水深深球不见，◞是你亲口许诺言。"

国王听了之后对小公主说，∧"你绝不能言而无信，▲快去开门让他进来。"∧小公主走过去把门打开，▲青蛙蹦蹦跳跳地进了门，﹀然后跟着小公主来到座位前，▲接着大声叫道，∧"把我抱到你身旁呀！"///

小公主听了吓得发抖，▲国王却吩咐她照青蛙说的去做。∧青蛙被放在了椅子上，▲可心里不太高兴，﹀想到桌子上去。∧上了桌子之后又说，∧"把您的小金碟子推过来一点儿好吗？▲这样我们就可以一块儿吃啦。"∧很显然，﹀小公主很不情愿这么做，▲可她还是把金碟子推了过去。∧青蛙吃得津津有味，▲可小公主却一点儿胃口都没有。∧终于，﹀青蛙开口说，∧"我已经吃饱了。▲现在我有点累了，▲请把我抱到您的小卧室去，﹀铺好您的缎子被盖，▲然后我们就寝吧。"///

小公主害怕这只▲冷冰冰的青蛙，﹀连碰都不敢碰一下。∧一听他要在自己整洁漂亮的小床上睡觉，﹀就哭了起来。///

国王见小公主这个样子，﹀就生气地对她说，∧"在我们困难的时候▲帮助过我们的人，∧不论他是谁，▲过后都不应当受到鄙视。"///

于是，∧小公主▲用两只纤秀的手指▲把青蛙挟起来，﹀带着他上了楼，∧把他放在卧室的▲一个角落里。可是▲她刚刚在床上躺下，▲青蛙就爬到床边▲对她说，∧"我累了，﹀我也想在床上睡觉。∧请把我抱上来，﹀要不然我就告诉您父亲。"///

一听这话，▲小公主勃然大怒，∧一把抓起青蛙，﹀朝墙上死劲儿摔去。///

"现在▲你想睡就去睡吧，﹀你这个丑陋的讨厌鬼！"⌒ ⌒

谁知他一落地，﹀已不再是什么青蛙，∧却一下子变成了一位王子：﹀一位▲两眼炯炯有神、﹀满面笑容的王子。///直到这时候，∧王子才告诉小公主，∧原来▲他被一个狠毒的巫婆▲施了魔法，﹀除了小公主以外，﹀谁也不能把他从水潭里解救出来。///于是，∧遵照国王的旨意，﹀他成为小公主亲密的朋友和伴侣，∧明天，▲他们将一道返回他的王国。///第二天早上，∧太阳爬上山的时候，∧一辆八匹马拉的大马车▲已停在了门前，∧马头上▲都插着洁白的羽毛，﹀一晃一晃的，﹀马身上▲套着金光闪闪的马具。///车后边站着王子的仆人——∧忠心耿耿的亨利。///亨利的主人▲被变成一只青蛙之后，﹀他悲痛欲绝，∧于是他在自己的胸口▲套上了三个铁箍，∧免得他的心因为悲伤而破碎了。⌒ ⌒

马车来接年轻的王子▲回他的王国去。∧忠心耿耿的亨利▲扶着他的主人和王妃▲上了车厢，﹀然后自己▲又站到了车后边去。///他们上路后刚走了不远，∧突然听见▲噼噼啦啦的响声，好像有什么东西断裂了。///路上，噼噼啦啦声▲响了一次又一次，∧每次王子和王妃听见响声，▲都以为是▲车上的什么东西坏了。∧其实不然，忠心耿耿的亨利▲见主人是那么地幸福，∧因而

感到▲欣喜若狂，⌣于是那几个铁箍▲就从他的胸口上▲一个接一个地▲崩掉了。⌒⌒

（选自《格林童话全集》，上海译文出版社 1988 年版）

二、示例分析

这是一篇童话故事，在表达时要在理解的基础上注意整体上的连贯，在一些需要转折与强调的地方要处理好停顿，比如——

第一自然段：尤其是他的小女儿前面虽然是句号，但由于这句话表示递进关系，所以用顿挫的方法来处理更加合适。

第二自然段："把金球抛向空中，⌣然后再用手接住。"这需要连接，表示动作的连续性。

第三自然段：在"而是掉到了地上"这需要连接表示递进关系。"哭着哭着"后面停顿时间略长，表示这是一个过程。

第四自然段：在"啊"的后面做停顿，表示一种思考的过程。

第五自然段：停顿的地方稍多些，劝慰别人的时候需要耐心。

第六自然段：注意顿号的连接和递进关系的处理。

第七自然段："您的衣服、⌣您的珍珠、⌣您的宝石，▲还有您的金冠"这句话，虽然是并列关系，但由于生理的需要，我们需要在"还有"前面小的顿挫，及时调整气息。

第八自然段：注意"想"后面的停顿，因为要有一个思考的过程。

第九自然段：注意"把脑袋往水里一扎"后面的连接，表示动作的连续性。

第十自然段：注意两个"别跑"的连接，表示急切的心理。

第十一自然段：注意"叫喊"后面的停顿。

第十二自然段：注意"打开门一看"后面要有个小顿挫，因为要有一个看到的过程。

第十三自然段：注意"唉"后面的停顿时间要适当。

第十四自然段：注意进了门后的连接，因为只是一个连续的动作。

第十五自然段：注意小卧室后面的连接，不要断开。

全篇比较难处理的是第 16－22 段落，在这几段当中，按照情节的发展顺序一共可以分为三个层次：1. 公主对丑陋青蛙的嫌弃；2. 发现青蛙王子变青蛙的真相；3. 王子要回自己的国家去了。

所以在这三层结束的时候会用到延长符号，表明意犹未尽。段落中多用的是间歇符号，停顿时间稍微长一点。这三层当中的顿、挫，都分别是为了表达上的需要而添加的，有的时候由于每个人的表达习惯和方式方法不同可以略有不同，但必须能够让人听着舒服听着明白。这一小段当中既有扬停，也有落停。

扬停的地方比如：忠心耿耿的亨利扶着他的主人和王妃上了车厢，然后自己又站到了车后边去。"车厢"之后和"然后"之前的这个停顿就是扬停，就是要做到"声断意不断"，声音上好像是出现了停顿，但是在意思上还是连贯的，这就要用扬停的方法。还比如下一句："他们上路后刚走了不远，突然听见噼噼啦啦的响声，好像有什么东西断裂了"，在"不远"和"突然"之间也是扬停。

落停的地方比如最后一小段最后一个句号的地方都是落停，表示一层意思的结束。比方说第一句："马车来接年轻的王子回他的王国去"，这就是一个陈述句，到了句号就要自然落停，表示完成了一个意思的表述。

第三部分　训练指导

一、新闻播报

方法：让学生先准备稿件，在稿件上划分停连的位置，说明缘由。教师可以按照停连的类型进行训练。

提示：在训练过程中发现学生在备稿时能够找准停连的位置，但是在表达时就容易出现问题，这就需要掌握运用停连的表达方法：落停缓收、扬停强收、停后紧连和停后徐连。

需要注意的问题：①要求在全篇理解、感受稿件内容的基础上确定停连，不可部分或者逐句地划分停连。②运用停连技巧时避免"不敢停顿"和"该连不连"的情况。

第十三届全国人民代表大会常务委员会委员长、副委员长、秘书长、委员名单

训练提示：理清各组名单里的人物，查阅字典确定人名的读法，划出停连的位置。此条新闻中的停连，多为并列式停连。要注意停连时间的均等。

第十三届全国人民代表大会常务委员会委员长、副委员长、秘书长已由第十三届全国人民代表大会第一次会议于 2018 年 3 月 17 日选出，第十三届全国人民代表大会常务委员会委员已由第十三届全国人民代表大会第一次会议于 2018 年 3 月 18 日选出，共 175 人。

委员长：

栗战书

副委员长：

王晨　曹建明　张春贤　沈跃跃（女）　吉炳轩　艾力更·依明巴海（维吾

尔族） 万鄂湘 陈竺 王东明 白玛赤林（藏族） 丁仲礼 郝明金 蔡达峰 武维华

秘书长：

杨振武

委员（按姓名笔划为序）：

乃依木·亚森（维吾尔族） 于志刚 万卫星 卫小春 马志武（回族） 王长河 王光亚 王刚 王树国 王砚蒙（女，傣族）王胜明 王洪尧 王宪魁 王教成 王超英 王毅 乌日图（蒙古族） 尹中卿 邓力平 邓丽（女） 邓秀新 邓凯 古小玉 左中一 龙庄伟（苗族） 田红旗（女） 史大刚 白 春礼（满族） 丛斌 包信和 冯军 冯忠华 吉狄马加（彝族） 吕世明 吕 建 吕彩霞（女） 吕薇（女） 朱明春 朱静芝（女） 刘玉亭 刘远坤（苗族） 刘季幸 刘修文 刘振伟 刘海星 刘源 齐玉 江小涓（女） 许为钢 许安标 那顺孟和（蒙古族） 孙其信 孙建国 杜小光（白族） 杜玉波 杜 黎明 杜德印 李飞 李飞跃（侗族） 李学勇 李晓东 李钺锋 李家洋 李培林 李康（女，壮族） 李锐（回族） 李静海 李巍 杨成熙 杨志今 杨 树安 杨震 肖怀远 吴月（女，黎族） 吴玉良 吴立新 吴恒 邱勇 何毅 亭 冷溶 汪鸿雁（女） 沈春耀 宋琨 张少琴 张平 张业遂 张志军 张苏军 张伯军 张荣顺 张勇 张毅 陆东福 陈凤翔 陈文华 陈军 （女，高山族） 陈述涛（满族） 陈国民 陈斯喜 陈锡文 陈福利 姒健敏 林建华 欧阳昌琼 卓新平（土家族） 罗保铭 罗毅（布依族） 周洪宇 周 敏（女） 庞丽娟（女） 郑功成 郑军里（瑶族） 郑淑娜（女） 赵龙虎（朝鲜 族） 赵宪庚 哈尼巴提·沙布开（哈萨克族） 信春鹰（女） 洛桑江村（藏族） 姚建年 贺一诚 秦顺全 袁驷 贾廷安 夏伟东 徐延豪 徐如俊 徐 绍史 徐显明 徐辉 殷一璀（女） 殷方龙 翁孟勇 高友东 高虎城 郭 振华 郭雷 黄志贤 曹庆华（哈尼族） 曹鸿鸣 龚建明 矫勇 彭勃 董 中原 韩立平 韩晓武 韩梅（女，苗族）景汉朝 程立峰 傅莹（女，蒙古族） 鲁培军 谢广祥 谢经荣 窦树华 嘉木样·洛桑久美·图丹却吉尼玛（藏 族） 蔡昉 鲜铁可 廖晓军 谭耀宗 熊群力

（《新文化报》2018 年 3 月 19 日）

端午节吃完粽子　不妨喝杯山楂消滞茶

训练提示:准备稿件,分析并划出停连的位置,选择恰当的语气。材料第一句话写到端午节"美味的粽子",而后出现转折开始陈述粽子可能会引起的负面症状。再之后客观给出了一些合理的建议。文中的停连主要是转折性停连,注意思想感情的变化。

需要注意的问题:表达时,应注意思想感情的转换。

广州日报讯(全媒体记者伍仞,通讯员王学川、高三德) 端午节,粽叶飘香,各家的饭桌上都摆上了美味的粽子。然而,近日广州"龙舟水"连绵不断,气候闷热潮湿,市民常有身重、疲倦、纳差等表现,而且粽子主要成分为糯米,口感虽好,但实为粘腻之品,过多食用则会阻碍肠胃消化,更容易出现食欲减退、腹胀腹痛等症状。广州市中医医院脾胃科吴宇金副主任中医师提醒:"粽子虽美味,食用须节制",建议食用粽子后可以饮用一杯山楂消滞茶,有助消食导滞、行气化湿。而对于有糖尿病、高血脂、冠心病、消化性溃疡及有胆道胰腺病史的患者,则应少吃粽子甚至不吃粽子。

(《广州日报》2019 年 6 月 8 日)

李克强祝贺托尼·阿博特当选澳大利亚联邦政府总理

训练提示:这条新闻中的停连多为强调性停连。语意表达上注意表达的观点倾向和感情色彩。

新华网北京 9 月 8 日电 国务院总理李克强 8 日致电托尼·阿博特,祝贺其当选澳大利亚联邦政府总理。

李克强在贺电中表示,中澳同为亚太地区重要国家,拥有广泛共同利益。中方愿同澳方一道,坚持从战略高度和长远角度出发,在相互尊重、平等互利基础上,推动中澳战略伙伴关系不断取得新进展。

(中央政府门户网站 www.gov.cn,2013 年 9 月 8 日)

个人第 2 金!孙杨首夺世锦赛 200 自金牌 破亚洲纪录

训练提示:理清比赛的时间、地点、人物、成绩等,划出停连位置。这条新闻中对孙杨取得成绩的描述和其他选手成绩进行区别性停连,表达时要突出孙杨的成绩优异于其他选手。表达时还要避免"不敢停顿"和"该连不连"。

2017 年世界游泳锦标赛继续在布达佩斯进行,男子 200 米自由泳决赛,孙杨游出 1 分 44 秒 39,打破由他自己保持的亚洲纪录,夺取本届世锦赛个人第二枚金牌,也是个人首次拿到世锦赛 200 米自由泳冠军。美国选手哈斯以 1 分 45 秒 04 获得亚军,俄罗斯选手克拉斯尼赫以 1 分 45 秒 23 拿到季军。

(网易体育 2017 年 7 月 25 日)

《新闻与报纸摘要》节选

训练提示:这段文字是央广《新闻与报纸摘要》节目的内容提要部分,主要是训练呼和应的停连处理。表达时,每条内容提要之间的停顿时长要均等。

各位听众,早上好!今天是 7 月 28 日,星期五,农历闰六月初六。北京多云转阴,22℃到 30℃,以下是内容提要——

习近平强调,高举中国特色社会主义伟大旗帜,为决胜全面小康社会实现中国梦而奋斗;

中共中央批准实施党内、国家、军队功勋荣誉表彰条例,我国确立中国特色功勋荣誉表彰制度体系;

李克强会见世界卫生组织前任总干事陈冯富珍;

国务院印发意见:强化实施创新驱动发展战略　进一步推进大众创业万众创新深入发展;

大型政论专题片《将改革进行到底》引发强烈社会反响;

中央财经领导小组办公室有关负责人表示,中国经济发展前景光明,不会陷入所谓的"中等收入陷阱";

美国白宫表示,特朗普或将寻求更严厉对俄制裁。以下是详细内容。

(央广网 2017 - 07 - 28)

杭州多措并举并保护饮用水源

训练提示:在理解全篇稿件的基础上划出停连的位置。这则新闻主要是训练灵活性停连。把握好长句子的播读,注意打破标点符号的停连限制,把层次表达清楚,把整个事件及最后的解决办法向受众有层次地阐述清楚。要灵活地进行停连,切忌使用单一的停连方法。

前昨两日,省、市人大常委会在杭州联合开展饮用水源保护跟踪检查工作。省人大常委会有关专门委员会负责人,市人大常委会副主任洪航勇、徐祖萼、徐苏宾等参加检查活动,部分省、市人大代表应邀参加检查活动。

在杭期间,省、市人大常委会跟踪检查组实地走访了建德、富阳、西湖、萧山和余杭等地,重点检查了跨界水源地的规划、建设和保护情况,水源保护区内违法企业和设施的关停、取缔情况,水源地安全整治情况,县级以上集中式饮用水源的备用水源规划、建设情况等。检查组还召开座谈会,听取了市政府顾问高乙梁关于杭州市饮用水源保护情况的汇报,并围绕进一步做好杭州饮用水源保护工作提出了建议。

检查组对杭州市饮用水源保护工作取得的成效给予充分肯定和积极评价。检查组要求,下一步要加快备用水源建设,保障城市供水持久安全。要完善突发事件应急联动机制,确保水环境突发事件得到快速处置。要建立常态化执法监督机制,加大饮用水源保护执法力度,实现执法监督工作的常态化、长效化。要坚持法律标准,对饮用水源地实行最严格的保护。要加大面上排查力度,对去年饮用水源执法检查中发现的问题进行查漏补缺,全面彻底地解决饮用水源保护的有关问题。

(2014 年 8 月 7 日,《杭州日报》记者潘一峰)

二、文学作品播讲

方法：文学作品类型丰富，训练时要分清并按不同的体裁训练，也可以按照难易程度进行训练。在充分理解全篇的基础上，划出停连，再进行表达。

提示：一些为了突出某种特殊的意思或情绪所进行的停连，或是在没有标点符号的地方，或是在有标点符号的地方，在表达时，应灵活多样地进行停连，不能使用单一的停连方法进行划分。

需要注意的问题：①在表达时，一些停连只需要给出必要的象征性表现即可，切忌太过夸张，比如：生理性停连。②在进行回味性停连时，要把握好时长，如果停顿太短就无法留给听者想象的时间。

《故 宫》第二集

训练提示：这是一段专题片的解说词，本段中表示方位和数字的词语很多，朗读时要进行必要的回味性停连。比如：正北、正南，这样关于方位的描写，都要进行回味性停连。

公元 1644 年农历 8 月，在浩浩荡荡的随从队伍陪同下，一个 6 岁的男孩和他的母亲一起，从盛京老家向北京进发。男孩名叫福临，是大清王朝的顺治皇帝，此行的目的地是他们在北京的新家：紫禁城。

对于 6 岁的顺治皇帝来说，这座他前所未见的高大城门，一定给他留下了新奇而深刻的印象。这是紫禁城最大的门，有 37.95 米高。

按照中国的阴阳学说，正北叫子，正南叫午，所以位于紫禁城中轴线南端的这座城门，叫作"午门"。穿过午门，紫禁城的真容出现在顺治皇帝的眼前。

这里就是他们的新家，而对这座宫殿的占有，也将是他们成为中国新的统治者的象征。

深红色的宫墙和金黄色的琉璃瓦是这座宫殿最引人注目的特征，而这绵延一片的红色和金色也使紫禁城与周边的建筑完全区分开来。

紫禁城的建筑分为前后两个部分，前半部分是处理朝政和举行重大礼仪活动的场所，称为前朝。后半部分是皇帝处理日常政务和帝后嫔妃的生活场所，称为内廷。

（选自 12 集大型历史纪录片《故宫》第二集，于 2005 年 10 月在中央电视台播出）

祝 福

训练提示：这是鲁迅的小说《祝福》中的一段文字，其中判断性停连很多，在停顿时要将前面的那个音节拖长。停顿的时长要依据思考和判断的心理进程而定，不能太平均或者太随意。

"啊！地狱？"我很吃惊，只得支吾着，"地狱？——论理，就该也有。——然而也未必，……谁来管这等事……"

"那么，死掉的一家的人，都能见面的？"

"唉唉，见面不见面呢？……"这时我已知道自己也还是完全一个愚人，什么踌躇，什么计划，都挡不住三句问，我即刻胆怯起来了，便想全翻过先前的话来，"那是，……实在，我说不清……其实，究竟有没有魂灵，我也说不清。"

我乘她不再紧接的问，迈开步便走，匆匆的逃回四叔的家中，心里很觉得不安逸。自己想，我这答话怕于她有些危险。她大约因为在别人的祝福时候，感到自身的寂寞了，然而会不会含有别的什么意思的呢？——或者是有了什么预感了？倘有别的意思，又因此发生别的事，则我的答话委实该负若干的责任……但随后也就自笑，觉得偶尔的事，本没有什么深意义，而我偏要细细推敲，正无怪教育家要说是生着神经病；而况明明说过"说不清"，已经推翻了答话的全局，即使发生什么事，于我也毫无关系了。

（选自鲁迅：《彷徨》，人民文学出版社 2006 年版）

七根火柴

训练提示：这是王愿坚所写的小说《七根火柴》的节选，文中停连形式较多，尤其是有许多生理性停连，比如"不，没……没用了"以及"记住，这，这是，大家的"等。这里的生理性停连，主要是为了给听者造成某种特定的哽咽、语喧等生理变化生成的停顿。

卢进勇蹒跚地跨过两道水沟，来到一棵小树底下，才看清楚那个打招呼的人。他倚着树根半躺在那里，身子底下贮满了一汪浑浊的污水，看来他已经有很长时间没有挪动了。他的脸色更是怕人：被雨打湿了的头发像一块黑毡糊贴在前额上，水，沿着头发、脸颊滴滴答答地流着。眼眶深深地塌陷下去，眼睛无力地闭着，只有腭下的喉结在一上一下地抖动，干裂的嘴唇一张一翕地发出低低的声音："同志！——同志！——"

听见卢进勇的脚步声，那个同志吃力地张开眼睛，习惯地挣扎了一下，似乎想坐起来，但却没有动得了。

卢进勇看着这情景，眼睛像揉进了什么，一阵酸涩。在掉队的两天里，他这已经是第三次看见战友倒下来了。"这一定是饿坏了！"他想，连忙抢上一步，搂住那个同志的肩膀，把那点青稞面递到那同志的嘴边说："同志，快吃点吧！"

那同志抬起一双失神的眼睛，呆滞地望了卢进勇一眼，吃力地抬起手推开他的胳膊，嘴唇翕动了好几下，齿缝里挤出了几个字："不，没……没用了。"

卢进勇手停在半空，一时不知怎么好。他望着那张被寒风冷雨冻得乌青的脸和那脸上挂着的雨滴，痛苦地想："要是有一堆火，有一杯热水，也许他能活下去！"他抬起头，望望那雾蒙蒙的远处，随即拉住那同志的手腕说："走，我扶你走吧！"

那同志闭着眼睛摇了摇头，没有回答，看来是在积攒着浑身的力量。好大一会，他忽然睁开了眼，右手指着自己的左腋窝，急急地说："这……这里！"

卢进勇惶惑地把手插进那湿漉漉的衣服。这一刹那间，他觉得同志的胸口和衣服一样冰冷了。在那人腋窝里，他摸出了一个硬硬的纸包，递到那个同志的手里。

那同志一只手抖抖索索地打开了纸包，那是一个党证；揭开党证，里面并排着一小堆火柴。焦干的火柴、红红的火柴头簇集在一起，正压在那朱红的印章中心，像一簇火焰在跳。

"同志，你看着……"那同志向卢进勇招招手，等他凑近了，便伸开一个僵直的手指，小心翼翼地一根根拨弄着火柴，口里小声数着："一，二，三，四……"

一共有七根火柴，他却数了很长时间。数完了，又询问地向卢进勇望了一眼，意思好像说："看明白了？"

"是，看明白了！"卢进勇高兴地点点头，心想："这下子可好办了！"他仿佛看见了一个通红的火堆，他正抱着这个同志偎依在火旁……

就在这一瞬间，他发现那个同志的脸色好像舒展开来，眼睛里那死灰般的颜色忽然不见了，爆发着一种喜悦的光。只见他合起党证，双手捧起了它，像擎着一只贮满水的碗一样，小心地放进卢进勇的手里，紧紧地把它连手握在一起，两眼直直地盯着他的脸。

"记住，这，这是，大家的！"他蓦地抽回手去，深深地吸了一口气，用尽所有的力气举起来，直指着正北方向："好，好同志……你……你把它带给……"

（选自《王愿坚小说选》，中国青年出版社 2009 年版）

从天而降的信函

训练提示：这一段落节选自《哈利·波特与魔法石》第三章，我们可根据作者的语言习惯和风格来进行连接的处理。第一处连接在第一二句之间，可以使用直连，也就是打破第一个句号的间隔，让两句连起来，而在句号处只是做一个小的顿挫；第二三句之间的连接，仍然可以使用直连，因为第三句还是对第二句进行的补充说明，这两处连接根据每个人气口的长短，可以选择一处连接。第四句中，对于人名地名这样并列的词组罗列的时候，一般都是用曲连，就是达到一种似停非停、声断意不断的效果。

哈利庆幸学校已经放假了。可是他仍然逃脱不了达德里那一帮朋友的追打。他们隔一天就来一次。皮尔斯、丹尼斯、麦尔哥和杰姆都是头脑简单的大个子，很显然达德里是最胖最蠢的那个，所以他理所当然地做了头。他们似乎把追着哈利打当成了他们最喜欢的活动。

（[英]J.K.罗琳：《哈利·波特与魔法石》，人民文学出版社2000年版）

苍蝇与蜘蛛

训练提示： 这一小段节选自《魔戒之王——霍比特历险记》第八章，该段落中扬停的地方十分多，其中，对于这个幽暗通道的描写，是按照我们视线移动而展开的，所以视线在移动，描写也在进行，我们的语言也就不能够结束，因此这一段采用扬停的地方比较多。另外，落停的地方也有几处，比方说第一句"他们列成单行队伍往前走"，这是一个开头的起始句，句号处就是一个落停。再比如说最后一句中，前两个逗号处是扬停，到了最后一个句号的地方就是落停了，因为一段意思正好告一段落。

他们列成单行队伍往前走。通往前方路径的入口处像个拱门，引向一条幽暗的通道。这条通道是由两棵大树各向对方伸展的枝桩缠绕生长而形成的。经年累月，通道壁被长青藤密不透风地绞缠遮盖着，连地衣也大胆地蔓延上来，把不少叶子打扮成沉甸甸的墨绿色。通道本身并不宽，在树干丛穿行而过。才走了一会儿功夫，森林入口处随即变成一小片光亮的点，被远远地甩在他们的身后，树林里是那么的静，就好像所有的树都向他们弯着身子，倾听他们往里走的脚步声。

（选自[英]托尔金：《魔戒之王——霍比特历险记》，青海出版社2000年版）

奶奶和1953年的诺贝尔奖

训练提示： 这是一篇写法很新颖的散文，由于文中大量采用了对比和罗列，所以这其中的连接技巧就很多。比如，第一自然段中为了突出母鸡意外死亡，在"母鸡"后面停顿，两天出壳后面需要连接；第二自然段中，"在此之前，⌒奶奶及奶奶的前辈们……"这需要有一个连接，不换气；第三自然段中，"万里之遥的奥地利，⌒一位名叫洛伦兹……"这里需要连接，因为这样表达较为紧凑；第四自然段中，在"更不能"前面连接，表示递进关系；第五自然段，"没上过一天学，⌒一字不识"，这要有个连接，进一步说明奶奶没上过学的结果；第六自然段中，"30多岁1次，⌒70多岁2次"这个连接解释哪三次；而第七第八自然段是全篇比较难处理的两段。这一部分中有介绍洛伦兹的头衔和"我奶奶"的称呼时用的一连串名词，还有概括洛伦兹"我奶奶"的经历时用的都是曲连。而其他几处连接就是直连了，可以打破标点符号而作较短的顿挫，形成一种语言上的连贯和逻辑关系；第九自然段中，在长子、二子、幺子处连接，表示并列关系。"学生远及欧美，⌒包括洛伦兹的故乡"，这里要有连接，因为洛伦兹的家长就在奥地利。还可以在"而随我的爷爷姓董"前有一个连接,这样既有转换,又有幽默风趣的意味。

1930 年,20 出头的奶奶养育了 3 个孩子和一群鸡鸭。那年,一窝鸡蛋孵到只剩两天出壳,母鸡却意外死亡。奶奶只好把鸡蛋移至灶头人工孵化,同时赶紧物色新的母鸡续任。奶奶知道,如果鸡仔出壳时第一眼看到的不是自己此后要追随的妈妈,那就会有麻烦。在奶奶将新母鸡物色好之前,有 4 只性急的鸡仔先期出壳了。这 4 只第一眼看错了妈妈的小鸡仔在此后的日子里总是跟在奶奶的身前脚后打转,而对"继母"感情淡薄。后来,这 4 只小鸡仔因为缺少母鸡的庇护先后夭折。

在此之前,奶奶及奶奶的前辈们就明白一个理儿:小鸡小鸭总是把它出生后看到的第一个在眼前晃动的物体当作妈妈,而且以后很难改变。所以小鸡仔一出世就要和它妈妈呆在一起。

在奶奶孵鸡的同时,万里之遥的奥地利,一位名叫洛伦兹的小伙子正在观察一群小动物。洛伦兹从医学院毕业后回到了位于奥地利北部的家乡,承续祖业行医疗病,同时从事动物学研究。1935 年春天,洛伦兹偶然发现一只刚出世的小鹅总是追随自己,几经分析,他推测这是因为这只小鹅出世后第一眼看见的是人,所以把人当作了它的母亲。进一步的实验证实了这一推测。继而,洛伦兹总结出"铭记(impriting)现象",又称"认母现象",并提出动物行为模式理论。认为大多数动物在生命的开始阶段,都会无需强化而本能地形成一种行为模式,且这种模式一旦形成就极难改变。这一理论成为后来"狼孩"研究中最站得住脚的答案之一。如今我们生活中正着力推广的"母婴同室""早期教育"(也叫关键期教育)都源于这一理论。洛伦兹借此成为现代动物行为学的创始人,并于 1953 年获得诺贝尔医学生理学奖。

奶奶在洛伦兹之前就知道鸡、鹅有这种被称为"认母行为"的现象,但奶奶不能将此推广至所有的动物,更不能提出一套理论,建立一门学科,所以她与诺贝尔奖无缘。尽管奶奶几乎断了洛伦兹的前程,但她一生从未听说过诺贝尔和他的那个奖。奶奶与 1953 年的诺贝尔医学生理学奖如此的近,又是如此的远。

洛伦兹出生于医学世家,毕业于医学高等学府,一生著述 200 余万字。奶奶出生于农民家庭,没上过一天学,一字不识。在我父亲中学毕业以前,奶奶爷爷前后三代人中没有一人算得上知识分子。

洛伦兹后来曾在维也纳大学及科尼斯堡阿尔贝图斯大学出任教授,成为当时的动物行为学权威,周游欧洲诸国,一路鲜花铺道。奶奶的生活半径不出 15公里,去得最远的是家乡小县城,共有 3 次,30 多岁 1 次,70 多岁 2 次,第 4 次是到城郊的火葬场。

洛伦兹一生拥有诸多头衔:医生、大学教授、科学杂志的创办者和主编、动物学家、动物行为学创始人、诺贝尔奖得主。奶奶终其一生是个地地道道的农民。年轻的时候人们呼她张小姑，出嫁后喊张婶，再后称张大妈，最终成了张婆婆。奶奶50岁后知道她学名的人就没几个了。

1942年，洛伦兹被德国军队强征为战地医生，在刺刀的威逼下救治德军伤病员。1944年德军溃败，苏军把他视作德国军医抓俘，投入集中营，他饱经拷问折磨。1948年，获释回奥地利。不久，重操旧业，一边行医，一边从事动物行为学研究。奶奶身经民国年间的军阀混战、日本入侵、解放战争、匪患与剿匪、历次政治运动，但都没对她造成太大的荣辱影响，包括"文革"及三年饥荒。奶奶出旱田下水田，日出而作，日落而息，稀的干的一般都能捞个饱。

洛伦兹膝下三子，长子死于战难，二子死于疾病，幺子过着常人的生活。尽管殊荣在身，但洛伦兹晚境不佳，孑然一身，落落寡欢，终年75岁。奶奶生有六子一女。子女中最得意的是我父亲，一名高级教师，学生远及欧美，包括洛伦兹的故乡。家庭事件中常被人谈起的是我二伯，60多岁时用进城回乡的两元车费摸奖，竟中了一辆桑塔纳轿车。奶奶在世时子孙后代已达30余户，整整一大家子都尊奶奶为活祖宗，但没一家随奶奶姓，而随我的爷爷姓董，尽管爷爷在50岁时就已去世。奶奶是突然老故的，享年84岁。

我保存着两张照片，一张是洛伦兹获得诺贝尔奖后的笑，一张是奶奶找到了走失的小鸡。问他们谁笑得更幸福？有人说是洛伦兹，有人说是奶奶，至今尚无定论。

（选自董玉洁作品集《这个春天，没有闻到兰花的香》，
华中师范大学出版社2007年版）

雨 巷 戴望舒

训练提示：这是戴望舒的诗歌《雨巷》的节选，主要训练分合性停连。在进行分合性停连时，要先判断好是先分后合还是先合后分。在处理分合停连时，不可以通篇都机械地进行同一种分合方式。

撑着油纸伞，独自
彷徨在悠长、悠长
又寂寥的雨巷，
我希望逢着
一个丁香一样地
结着愁怨的姑娘。
她是有
丁香一样的颜色，
丁香一样的芬芳，

丁香一样的忧愁，
在雨中哀怨，
哀怨又彷徨；
她彷徨在这寂寥的雨巷，
撑着油纸伞
像我一样，
像我一样地
默默彳亍着，
冷漠，凄清，又惆怅。
她静默地走近
走近，又投出
太息一般的眼光，
她飘过
像梦一般地，
像梦一般地凄婉迷茫。
像梦中飘过
一枝丁香地，
我身旁飘过这女郎；
她静默地远了，远了，
到了颓圮的篱墙，
走尽这雨巷。
在雨的哀曲里，
消了她的颜色，
散了她的芬芳，
消散了，甚至她的
太息般的眼光，
丁香般的惆怅。
撑着油纸伞，独自
彷徨在悠长、悠长
又寂寥的雨巷，
我希望飘过
一个丁香一样地，
结着愁怨的姑娘。

（选自《戴望舒诗歌经典作品集：雨巷》，广东大音音像出版社 2010 年版）

第四部分　补充练习

一、新闻播报

本台消息：为了助力工程建设项目审批制度改革，让"最多跑一次"深入实践，我市今起上线运行"多规合一"业务协同平台，真正让规划编制统起来，让项目生成顺起来，让监督检查规范起来。

原先，多部门、多专业的规划都是由各部门负责管理，没有统一数据库，为此相关部门和老百姓在查询、调用过程中存在诸多壁垒。"多规合一"平台上线后，将涉及空间利用的各层次各专业规划及现有数据，按照统一规范录入，实现所有数据"上云"，让用户一目了然。一个工程项目从提出，到正式进入审批，整个过程都可以在平台上进行协商、审核，为规划有序实施，项目科学落地提供保障。目前，"多规合一"业务协同平台拥有多规共享、项目生成、编制统筹、实施监测四大主要功能，多部门还可以根据需要，进行相应功能的拓展应用。

（2018－11－13，杭州电视台《新闻 60 分》，记者应玮婷、李京报道）

本台消息：今天上午，2018 欧洲华人微电子中国论坛年会在杭州大江东召开，并举行欧洲华人微电子中国论坛挂牌仪式。市委副书记张仲灿在致辞中说，作为论坛永久会址地的大江东，要以此次落户为新台阶，加快人才转型，充分借助微电子论坛的磁吸力，引进更多的高端人才、国际人才到大江东创新创业，提高人才与发展的匹配度。以人才转型、产业转型加速城市转型。

年会上还同步举行了大江东欧洲海外人才工作站等相关项目的签约仪式。

（2018－11－16，杭州电视台《新闻 60 分》，记者黄沁雨、张帆俊报道）

中国外交部发言人洪磊在 10 日的例行记者会上表示，中方一直积极为推动叙利亚问题政治解决不懈努力。

洪磊说，应中国人民外交学会邀请，叙利亚国内反对派组织"全国对话联盟"代表团一行 6 人将自今日起访华。访问期间，中国外交部等有关部门负责人将会见代表团，就叙利亚局势交换意见。

洪磊表示，中方始终认为，政治解决是叙利亚问题的唯一现实出路，当前形势下更要坚持这一方向不动摇。中方一直积极、平衡做叙利亚有关各方工作，为推动叙利亚问题的政治解决不懈努力。接待叙利亚"全国对话联盟"代表团访华是中方上述努力的一部分。

（中新社北京 9 月 10 日电，记者王一菲、余湛奕）

国务院总理李克强9日在大连会见世界经济论坛主席施瓦布。李克强积极评价夏季达沃斯论坛为增进中国与世界相互了解发挥的建设性作用。他说，本届论坛"创新"的主题同中国的发展理念相契合，具有引领性和前瞻性。中国将继续坚持经济、发展、民生优先的大方向，与各国一道推动世界经济持续发展。

李克强表示，受主要发达国家退出量化宽松货币政策预期影响，一些新兴市场国家遇到困难。但新兴市场国家经济总体稳中有进，汇率机制更加灵活，外汇储备水平显著提高，有能力应对目前挑战，国际社会对此应保持信心。

李克强指出，当前世界经济复苏形势依然脆弱，一旦地区局势出现动荡甚至冲击，将使复苏进程愈加艰难。在叙利亚等突出的热点问题上，国际社会应遵守联合国宪章宗旨和国际关系基本准则，维护联合国权威，努力推动问题重返政治解决轨道。中方愿与各方加强协调与合作，为世界经济可持续复苏营造和平稳定的国际环境。

施瓦布表示，在中国举办夏季达沃斯论坛，是世界经济论坛创办42年来做出的最重大决策。当前中国在国际舞台发挥着负责任大国的作用，世经论坛对中国未来发展前景充满信心，愿为促进中国与世界更好融合继续努力。

（新华网大连9月9日电，记者郝亚琳、冯雷）

俄罗斯国防部长绍伊古18日说，鉴于中亚地区局势持续不稳，俄罗斯正加强在中亚地区的军事影响力。

绍伊古说，中亚地区局势持续不稳，阿富汗政府军与极端组织"伊斯兰国"、塔利班武装的冲突仍在继续，俄罗斯中央军区非常重视为加强俄在地区内影响力而与中亚国家开展联合军事活动。

绍伊古说，俄军计划今年下半年与吉尔吉斯斯坦、塔吉克斯坦和乌兹别克斯坦武装部队组织联合作战训练。

今年6月7日，绍伊古在哈萨克斯坦首都阿斯塔纳参加上合组织成员国第十四次国防部长会议时说，俄罗斯将在其位于塔吉克斯坦和吉尔吉斯斯坦的军事基地投入最新武器，以防止恐怖势力从阿富汗向中亚地区转移。

俄罗斯中央军区包括伏尔加河沿岸、乌拉尔山地区、西伯利亚以及北部部分地区，司令部位于叶卡捷琳堡。俄罗斯设有四大军区，其他三大军区分别为西部军区、东部军区和南部军区。

（新华社莫斯科8月18日电，记者安晓萌）

临近年关，到展销会上去淘年货，成了不少市民的选择。今天记者去杭州和平会展中心逛了一圈，结果却发现了不少问题。

一大早，记者在杭州和平会展中心看到，这里的年货展销会已经吸引了大批市民前来淘宝。主办方介绍,这次展销会门槛很高,参展产品必须具有"无公害"以上的认证证书,需要"绿色""有机"农产品称号。不过走访中,记者却发现,一些参展产品的外包装上就连起码的产地和生产日期都没有。

展销会上,一些产品卫生状况也让人不放心。在散装食品展区,不少参展商将葡萄干、蜜饯等散装产品直接堆放在托盘上,没有任何保鲜膜遮盖,任由顾客你抓一把我摸一下。而在另外一个展区,参展商声称自家出售的柚子参有止咳化痰等功效,对咽喉炎患者保健有奇效。而事实上,记者在柚子参的外包装上,既没有看到详细的功用介绍,也没有找到国家保健食品规定的小蓝帽标志。主办方告诉记者,面对上百家参展商,产品质量难免良莠不齐,监管确实存在一定难度,但他们会加大对参展商的巡查力度。

(浙江电视台《浙江新闻联播》,记者李婷,2013 年 1 月 12 号)

现在播送一组国际新闻:

▲印度尼西亚总统哈比比昨天指示有关方面,邀请外国情报人员到印尼,以帮助印尼调查今年 5 月在当地发生的骚乱和强奸华人妇女的案件。

印度尼西亚新闻部长对记者说,印尼政府将邀请中国、美国、中国台湾、中国香港和新加坡等国家及地区的情报人员组成一个联合小组,帮助调查强奸华人妇女等案件。

▲柬埔寨奉辛比克党主席拉那烈昨天表示,他愿意有条件地参加西哈努克国王提议召开的"暹粒非正式会议"。拉那烈表示期待着参加暹粒非正式会议,但这应该在大选中存在的问题获得解决之后。

柬埔寨全国选举委员会 7 月 26 号公布大选初步结果。奉辛比克党和桑兰西党一直认为大选过程和议席分配计算方式存在严重问题,至今仍拒绝接受大选结果,致使柬埔寨再次陷入政治僵局。

▲负责对伊拉克武器核查的联合国特委会主席巴特勒昨天在致本月份安理会主席的信中说,在伊拉克同联合国关于武器核查问题的僵局未打破之前,计划中的生化武器和导弹的核查将会推迟。特委会将无法做出伊拉克履行销毁武器承诺的保证。

▲肯尼亚总统莫伊昨天发表声明说,肯尼亚有关机构已经逮捕了一些与本月 7 号驻内罗毕美国使馆爆炸案有关的嫌疑人员。声明说,一些人已经因此案被捕并正在提供有用的线索,但是声明没有进一步提供细节。

肯尼亚总统办公室宣布,爆炸现场救援工作昨天已经结束,已查明共有 247 人丧生,6 人生命垂危,伤亡总人数达 5097 人。

习近平总书记近日在辽宁考察时强调,领导干部要把深入改进作风与加强党性修养结合起来,自觉"讲诚信、懂规矩、守纪律"。笔者以为,这"九字箴言"是在敲打一些领导干部,不要把最起码的做人标准都丢了。

党要管党，关键是管好干部；从严治党，关键是从严治吏。新一届党中央强调把权力关进制度的笼子里，坚持"老虎""苍蝇"一起打，就是要给那些拥有权力的人立规矩，让破坏规矩者付出代价。在这个过程中，讲诚信、懂规矩、守纪律是领导干部要遵循的最基本原则，无论官居何位，这些底线都该守住。

当前，在全党上下深入开展群众路线实践教育活动的关键时期，认真学习领会总书记的"九字箴言"有着特殊的意义。这与"照镜子、正衣冠、洗洗澡、治治病"，与反对"四风"，与群众路线实践教育的各项要求是一致的，是对领导干部加强党性修养的基本要求，必须警钟长鸣、坚持不懈、持之以恒。

事实证明，那些党性强的领导干部，一定是遵守纪律的模范；那些出了问题的官员，一定是在某些方面违反甚至践踏了党纪国法。从以往的事例来看，那些葬送了个人的大好前途、给党和人民以及自己和家庭带来损失的领导干部，那些被推上历史审判台的领导干部，他们的不归之路都是从丧失党性、原则开始的，有的是没有管好自己的嘴，有的是乱伸了手。

领导干部要保持其先进性、纯洁性，需要在日常生活中修心修德、加强作风建设。古人说，为官者要"修其心，治其身，而后可以为政于天下"，实际传达的就是先做人、再做事的道理。而"讲诚信、懂规矩、守纪律"所表达的，正是修心、治身的基本理念。

严是爱，宽是害。领导干部必须按照"九字箴言"的严格要求提高党性修养，把自己的一切行动限制在法律法规允许的范围内，敬畏规矩和纪律，不越雷池半步；要把"九字箴言"纳入到群众路线实践教育活动中，以整治"四风"的实效取信于民。

（2013 年 9 月 8 日，新华网评，张丽娜）

央视网消息（焦点访谈）：最近打击谣言、净化网络成为了备受关注的热门话题，但同时如何界定网络谣言也引起了许多人的关心。今天，最高人民法院和最高人民检察院《关于办理利用信息网络实施诽谤等刑事案件适用法律若干问题的解释》正式公布。这次出台的新司法解释就明确了哪些网络行为会构成犯罪、会构成何种犯罪的问题。

今天下午，"两高"关于办理利用信息网络实施诽谤等刑事案件适用法律若干问题的解释发布，这一司法解释的出台解决了法律适用的问题，规范了司法行为。

此次的司法解释一共有十条，对网络诽谤等行为所适用的法律进行了明确的规定，涉及可能的罪名有诽谤罪、寻衅滋事罪、非法经营罪和敲诈勒索罪四个罪名。

网络上信息泛滥，作为普通网民最关心的就是虚假信息难以分辨，普通的发布、转载到底会不会触犯法律，又会触犯什么罪名呢？此次司法解释中对于发布虚假信息行为处罚涉及了两个罪名,分别是诽谤罪和寻衅滋事罪。这两种罪名的适用范围司法解释都进行了明确的界定,司法解释中规定有三种情形属于诽谤:在网络上捏造损害他人名誉的事实或者将原始信息内容篡改为损害他人名誉的事实在信息网络上散布;或者组织、指使人在信息网络上散布;明知是捏造的事实而恶意散布的,都属于捏造事实诽谤他人的情形。除此三种情形外,如果不能具备"情节严重"的后果,那么也不能构成诽谤罪。什么样的情形属于情节严重呢?司法解释规定,同一诽谤信息实际被点击、浏览次数达到 5000 次以上,或者被转发次数达到 500 次以上的;造成被害人或者其近亲属精神失常、自残、自杀等严重后果的都属于情节严重的情形。

而如果利用信息网络辱骂、恐吓他人,情节恶劣,破坏社会秩序的,编造虚假信息,或者明知是编造的虚假信息,在信息网络上散布,或者组织、指使人员在信息网络上散布,起哄闹事,造成公共秩序严重混乱的,则以《刑法》中的寻衅滋事罪定罪处罚。

看似相同的编造虚假信息,为何适用不同的罪名,应该如何区分呢?以利用网络实施的诽谤为例,比如说小张编造了小李的一些违法犯罪行为,说小李曾经犯过强奸罪,然后将这些内容发布到网上,在网上诽谤攻击小李,这就侵犯了小李的名誉,小张也就涉嫌了诽谤罪。而寻衅滋事则不然,比如说小张编造了一个信息,说某地即将发生大地震,那么这个事件是个虚假信息,在网上一旦传播开来就有可能造成大面积的社会恐慌,小张这就涉嫌了寻衅滋事罪。简单地来讲,同样是编造虚假信息,但诽谤的对象是个人,寻衅滋事的对象是不特定人群,是社会公众。

此外,司法解释还对涉及敲诈勒索罪和非法经营罪的入罪门槛进行了明确的规定。虽然此次司法解释对于网络上的虚假信息行为是否犯罪进行了界定,但有人担心在网上举报国家公职人员的渎职、贪污等犯罪行为,新闻记者的舆论监督行为,会不会受到影响呢?

最高人民法院审判委员会委员、刑三庭庭长戴长林介绍说,公民对国家机关和国家工作人员进行监督,对他们违反法律的行为有权举报,这是公民的宪法权利,人民法院应该给予保护,保护公民的言论自由权和监督权。诽谤犯罪是指捏造事实,在网上散布,情节严重。如果不是故意捏造事实诽谤他人,而是举报的内容有失实,也有据可查,这样就不应该追究刑事责任。

出台和完善极具针对性的法律以打击网络谣言,其实已经成为各国政府一致的立场。德国政府一直以来都十分重视网络安全,并且德国是全球第一个发布网络成文法——《多媒体法》的国家。进入 21 世纪以来德国逐步完善了涵盖 10 余类法律内容的互联网管理体系,将有关谣言治理的条文纳入了《刑法典》

《民法典》《信息自由法》《电信服务法》等多部法律。

而在美国,为惩治和打击网络传谣,美国先后通过了《电信法》《通讯正当行为法》等 130 项法律法规来规范互联网传播内容,并逐渐加大法律监管力度,对包括传播网络谣言危害国家核心利益、煽动诱导犯罪、损毁他人名誉、侵犯隐私、色情侵扰等行为追究责任,严加惩治。

2013 年 8 月 7 日,韩国大检察厅刑事部称,已将"严惩名誉损毁"文件下发至各地方检察部门,以打击通过互联网传播虚假信息的行为,其中以营利为目的散播虚假事实,或持续捏造、散播信息损毁他人名誉的违法行为将成为重点打击对象。一经查实,检方将正式提起诉讼。

网络是新事物,但它不是法外之物,网络需要新规则,但基本的道德准则和法律规范仍然是它不能逾越的底线,这次出台的司法解释就是社会规则对网络发展的又一次跟进。清晰画出界线,让违法的不敢触碰,守法的得到保护,网络才会更好服务于我们的生活,而不是伤害我们的利益。

(中央电视台新闻频道《焦点访谈》,2013 年 9 月 9 日)

二、文学作品播讲

紫藤萝瀑布 宗 璞

我不由得停住了脚步。

从未见过开得这样盛的藤萝,只见一片辉煌的淡紫色,像一条瀑布,从空中垂下,不见其发端,也不见其终极。只是深深浅浅的紫,仿佛在流动,在欢笑,在不停地生长。紫色的大条幅上,泛着点点银光,就像迸溅的水花。仔细看时,才知道那时每一朵紫花中最浅淡的部分,在和阳光互相挑逗。

这里春红已谢,没有赏花的人群,也没有蜂围蝶阵。有的就是这一树闪光的、盛开的藤萝。花朵儿一串挨着一串,一朵接着一朵,彼此推着挤着,好不活泼热闹!

"我在开花!"它们在笑。

"我在开花!"它们嚷嚷。

每一穗花都是上面的盛开、下面的待放。颜色便上浅下深,好像那紫色沉淀下来了,沉淀在最嫩最小的花苞里。每一朵盛开的花就像是一个张满了的帆,帆下带着尖底的舱,船舱鼓鼓的;又像一个忍俊不禁的笑容,就要绽放似的。那里装的什么仙露琼浆?我凑上去,想摘一朵。

但是我没有摘。我没有摘花的习惯。我只是伫立凝望,觉得这一条紫藤萝瀑布不只在我眼前,也在我心上缓缓流过。流着流着,它带走了这些时一直压在我心上的焦虑和悲痛,那是关于生死谜、手足情的。我沉浸在这繁密的花朵的光辉中,别的一切暂时都不存在,有的只是精神的宁静和生的喜悦。

这里除了光彩,还有淡淡的芳香,香气似乎也是浅紫色的,梦幻一般轻轻地笼罩着我。忽然记起十多年前家门外也曾有过一大株紫藤萝,它依傍一株枯槐爬得很高,但花朵从来都稀落,东一穗西一串伶仃地挂在树梢,好像在察言观色,试探什么。后来索性连那稀零的花串也没有了。园中别的紫藤花架也都拆掉,改种了果树。那时的说法是,花和生活腐化有什么必然关系。我曾遗憾地想:这里再看不见藤萝花了。

过了这么多年,藤萝又开花了,而且开得这样盛,这样密,紫色的瀑布遮住了粗壮的盘虬卧龙般的枝干,不断地流着、流着,流向人的心底。

花和人都会遇到各种各样的不幸,但是生命的长河是无止境的。我抚摸了一下那小小的紫色的花舱,那里满装生命的酒酿,它张满了帆,在这闪光的花的河流上航行。它是万花中的一朵,也正是由每一个一朵,组成了万花灿烂的流动的瀑布。

在这浅紫色的光辉和浅紫色的芳香中,我不觉加快了脚步。

(选自《福建文学》1982年第7期)

散　步　莫怀戚

我们在田野散步:我,我的母亲,我的妻子和儿子。

母亲本不愿出来的。她老了,身体不好,走远一点就觉得很累。我说,正因为如此,才应该多走走。母亲信服地点点头,便去拿外套。她现在很听我的话,就像小时候我很听她的话一样。

天气很好。今年的春天来得太迟,太迟了,有一些老人挺不住。但春天总算来了。我的母亲又熬过了一个严冬。

这南方初春的田野,大块小块的新绿随意地铺着,有的浓,有的淡;树上的绿芽也密了;田野里的冬水也咕咕地起着水泡。这一切使人想起一样东西——生命。

我和母亲走在前面,我的妻子和儿子走在后面。小家伙突然叫起来:"前面也是妈妈和儿子,后面也是妈妈和儿子。"我们都笑了。

后来发生了分歧:母亲要走大路,大路平顺;我的儿子要走小路,小路有意思。不过,一切都取决于我。我的母亲老了,她早已习惯听从她强壮的儿子;我的儿子还小,他还习惯听从他高大的父亲;妻子呢,在外边,她总是听我的。一霎时我感到了责任的重大。我想一个两全的办法,找不出;我想拆散一家人,分成两路,各得其所,终不愿意。我决定委屈儿子,因为我伴同他的时日还长。我说:"走大路。"

但是母亲摸摸孙儿的小脑瓜,变了主意:"还是走小路吧。"她的眼随小路望去：那里有金色的菜花，两行整齐的桑树，尽头一口水波粼粼的鱼塘。"我走不过去的地方你就背着我。"母亲对我说。

这样，我们在阳光下，向着那菜花、桑树和鱼塘走去。到了一处，我蹲下来，背起了母亲，妻子也蹲下来，背起了儿子。我的母亲虽然高大，然而很瘦，自然不算重；儿子虽然很胖，毕竟幼小，自然也轻，但我和妻子都是慢慢地，稳稳地，走得很仔细，好像我背上的同她背上的加起来，就是整个世界。

（选自《中国青年报》1985 年 8 月 2 日）

草地夜行　王愿坚

茫茫的草海，一眼望不到边。大队人马已经过去了，留下一条踩得稀烂的路，一直伸向远方。

干粮早就吃光了，皮带也煮着吃了。我空着肚子，拖着两条僵硬的腿，一步一挨地向前走着。背上的枪和子弹就像一座山似的，压得我喘不过气来。唉！就是在这稀泥地上躺一会儿也好啊！

迎面走来一个同志，冲着我大声嚷："小鬼，你这算什么行军啊！照这样，三年也走不到陕北！"

他这样小看人，真把我气坏了。我粗声粗气地回答："别把人看扁了！从大别山走到这儿，少说也走了万儿八千里路。瞧，枪不是还在我的肩膀上吗？"

他看了看我，笑了起来，和我并肩朝前走。他比我高两头，宽宽的肩膀，魁梧的身材，只是脸又黄又瘦，两只眼睛深深地陷了下去。

"小同志，你的老家在哪儿？"他问我。

"金寨斑竹园！听说过吗？"

"啊，斑竹园！有名的金寨大暴动，就是从你们那儿搞起来的。我在那儿卖过帽子。"

一点儿不错，暴动前，我们村里来过几个卖帽子的人。我记得清清楚楚，爸爸还给我买了一顶。回家来掀开帽里子一看，里面有张小纸条，写着"打倒土豪劣绅"。真想不到，当年卖帽子的同志竟在这里碰上了。

我立刻对他产生了敬佩的感情，就亲热地问他："同志，你在哪部分工作？我怎么从来没见过你呀？"

"我吗？在军部。现在出来找你们这些掉队的小鬼。"他一边说，一边摘下我的枪，连空干粮袋也摘了去，"咱们得快点走呀！你看，太阳快落了。天黑以前咱们必须赶上部队。这草地到处是深潭，掉下去可就不能再革命了。"

（选自小学《语文》第十册教材，人民教育出版社 1988 年版）

航船中的文明　朱自清

　　第一次乘夜航船，从绍兴府桥到西兴渡口。绍兴到西兴本有汽油船，我因急于来杭，又因年来逐逐于火车轮船之中，也想"回到"航船里，领略先代生活的异样的趣味；所以不顾亲戚们的坚留和劝说（他们说航船里是很苦的），毅然决然的于下午六时左右下了船。有了"物质文明"的汽油船，却又有"精神文明"的航船，使我们徘徊其间，左右顾而乐之，真是二十世纪中国人的幸福了！

　　航船中的乘客大都是小商人；两个军弁是例外。满船没有一个士大夫；我区区或者可充个数儿，——因为我曾读过几年书，又忝为大夫之后——但也是例外之例外！真的，那班士大夫到哪里去了呢？这不消说得，都到了轮船里去了！士大夫虽也擎着大旗拥护精神文明，但千虑不免一失，竟为那物质文明的孙儿，满身洋油气的小顽意儿骗得定定的，忍心害理的撇了那老相好。于是航船虽然照常行驶，而光彩已减少许多！这确是一件可以慨叹的事；而"国粹将亡"的呼声，似也不是徒然的了。呜呼，是谁之咎欤？

　　既然来到这"精神文明"的航船里，正可将船里的精神文明考察一番，才不虚此一行。但从哪里下手呢？这可有些为难。踌躇之间，恰好来了一个女人。——我说"来了"，仿佛亲眼看见，而孰知不然；我知道她"来了"，是在听见她尖锐的语音的时候。至于她的面貌，我至今还没有看见呢。这第一要怪我的近视眼，第二要怪那袭人的暮色，第三要怪——哼——要怪那"男女分坐"的精神文明了。女人坐在前面，男人坐在后面；那女人离我至少有两丈远，所以便不可见其脸了。且慢，这样左怪右怪，"其词若有憾焉"，你们或者猜想那女人怎样美呢。而孰知又大大的不然！我也曾"约略的"看来，都是乡下的黄面婆而已。至于尖锐的语音，那是少年的妇女所常有的，倒也不足为奇。然而这一次，那来了的女人的尖锐的语音竟致劳动区区的执笔者，却又另有缘故。在那语音里，表示出对于航船里精神文明的抗议；她说，"男人女人都是人！"她要坐到后面来，（因前面太挤，实无他故，合并声明）而航船里的"规矩"是不许的。船家拦住她，她仗着她不是姑娘了，便老了脸皮，大着胆子，慢慢的说了那句话。她随即坐在原处，而"批评家"的议论繁然了。一个船家在船沿上走着，随便的说，"男人女人都是人，是的，不错。做秤钩的也是铁，做秤锤的也是铁，做铁锚的也是铁，都是铁呀！"这一段批评大约十分巧妙，说出诸位"批评家"所要说的，于是众喙都息，这便成了定论。至于那女人，事实上早已坐下了；"孤掌难鸣"，或者她饱饫了诸位"批评家"的宏论，也不要鸣了罢。"是非之心"，虽然"人皆有之"，而撑船经商者流，对于名教之大防，竟能剖辨得这样"详明"，也着实亏他们了。中国毕竟是礼义之邦，文明之古国呀！——我悔不该乱怪那"男女分坐"的精神文明了！

"祸不单行",凑巧又来了一个女人。她是带着男人来的。——呀,带着男人! 正是;所以才"祸不单行"呀! ——说得满口好绍兴的杭州话,在黑暗里隐隐露着一张白脸;带着五六分城市气。船家照他们的"规矩",要将这一对儿生剌剌的分开;男人不好意思做声,女的却抢着说,"我们是'一堆生'的!"太亲热的字眼,竟在"规规矩矩"的航船里说了! 于是船家命令的嚷道:"我们有我们的规矩,不管你'一堆生'不'一堆生'的!"大家都微笑了。有的沉吟的说:"一堆生的?"有的惊奇的说:"一'堆'生的!"有的嘲讽的说:"哼,一堆生的!"在这四面楚歌里,凭你怎样伶牙俐齿,也只得服从了!"妇者,服也",这原是她的本行呀。只看她毫不置辩,毫不懊恼,还若无其事的和人攀谈,便知她确乎是"服也"了。这不能不感谢船家和乘客诸公"卫道"之功;而论功行赏,船家尤当首屈一指。呜呼,可以风矣!

(选自《朱自清全集》,江苏教育出版社 1988 年版)

你是人间的四月天　林徽因

我说你是人间的四月天;
笑音点亮了四面风;
轻灵在春的光艳中交舞着变。
你是四月早天里的云烟,
黄昏吹着风的软,
星子在无意中闪,
细雨点洒在花前。
那轻,那娉婷,你是,
鲜妍百花的冠冕你戴着,
你是天真,庄严,
你是夜夜的月圆。
雪化后那片鹅黄,你像;
新鲜初放芽的绿,你是;
柔嫩喜悦,
水光浮动着你梦期待中白莲。
你是一树一树的花开,
是燕在梁间呢喃,
——你是爱,是暖,是希望,
你是人间的四月天!

(选自《学文》1934 年 4 月 5 日)

第六章 重 音

训练内容:理论与实践相结合,通过不同类型的稿件,训练重音的运用。

训练目的:了解重音的作用、类型;掌握重音的运用技巧。

训练要求:根据不同体裁进行练习。可以让学生循序渐进地展开,要勇于突出重音。

第一部分 理论概述

一、重音的概念

重音即在有声语言表达时需要着重强调的字、词或者词组。文字稿件往往都是由许多蕴含一定思想感情内涵的语句组成,这些字词、语句对文章主题以及中心的表达起到了至关重要的作用。它能解决播音中语句内部各词或词组之间的主次关系问题。

有些语句当中的词或者词组并不完全处于并列等同的地位,其中有些需要着重强调一下,以便明晰地突出所要表达的语言目的和具体思想感情。有一点要引起注意,就是重音加重音调、音量和语气、态度,要根据具体思想感情运动的态势来确定。有的时候可能在保持某种常态的语句表达中显得有所不同。也许是忽然放慢语速,也许是忽然降低语调,也许是运用夸张的停连技巧等等,这些都能够起到强调的效果。

二、重音的类型

(一)并列性重音

(二)对比性重音

(三)呼应性重音

(四)递进性重音

(五)转折性重音

（六）强调性重音

（七）比喻性重音

（八）拟声性重音

（九）肯定性重音

（十）反义性重音

三、如何选择重音

（一）重音应该是突出语句目的的中心词

这类词是指那些在语句中占主导地位和最能揭示语句本质意义的词或词组。它们是准确、鲜明地传达语句目的的核心。

1. 陈述事实的主要词语

有些语句的目的主要是传达清楚事实。那么在这类语句中，那些交代人物、时间、地点和事件概况的主要词语就是突出语句目的的中心词。

2. 起说明、修饰、限制作用的主要词语

有些语句目的除了陈述事实本身之外，更重要的是为了强调事件的性质、特点等。在这类词语中，那些与语句目的最直接相关的说明、修饰、限制性词语，就是突出语句目的的中心词。

3. 表示判断的主要词语

有些语句的目的主要是表明肯定或否定的态度。那么这类语句中的判断或起判断作用的词语，就成为突出语句目的的中心词。

4. 反语中的主要词语

有些语句的真正目的恰好与文字表面的意义相反。播这类语句时，往往要在某些关键的词语上体现出反义来，才能使语句的真正目的突出出来。

5. 主要的数量词语

有些语句中的数量词与语句目的的显露有直接关系，这类词语也可作为重音。这里需要注意的是，在强调数量词时，一般要突出数词则可以言其小、少、短；若突出量词则可以使人觉得大、多、长。

（二）体现逻辑关系的对应词

这类词是指那些具有转折、呼应、递进、并列、因果、对比等作用的词语。

1. 线索性重复出现的词语

有些稿件中常使用首尾呼应或反复提示一个线索的手法。在这种重复两次以上的词语中，经常要重复一些词语用以呼应或提示。例如：《小橘灯》中先后两次出现的"我们大家""都好了"这样的词语，是线索性的反复词语，它们重复出现起呼应作用需要强调。

2.相区别而不相重复的词语

在复句中常常有明显的或潜在的逻辑关系。除关联词（因为……所以、虽然……但是、不但……而且等）以外，真正能体现逻辑关系的是那些相区别而不重复的词语，它们是我们所要强调的体现逻辑关系的对应词。

(三)点燃感情色彩的关键词

这类词是指那些能够体现丰富感情色彩和情景的词或词组。像神态和烘托气氛等有重要作用的比喻、象声以及其他形容性的词或词组。它们可以使语句目的生动形象地突出出来。

1.比喻性词语

有些语句中常用打比方的手法来叙述抽象的或难以理解的事物和道理。这样可以使人听起来通俗易懂、生动形象，这类比喻词也可作为重音。

2.象声词

有些语句中常常用象声词来突出人物或事物，表达某种感情。这类象声词在一定的语句中也可作为重音。

以上就是选择重音的一些途径，要灵活运用，不可生搬硬套。选择重音总的原则就是：以能突出语句目的为首要标准，综合考虑逻辑关系和感情表达的需要，有利则取，不利则舍。

四、重音的表达方法和表达重音时的基本原则

重音确定之后，我们的工作就是如何表达重音。重音的表达方法切忌单一，停连、语气、节奏等其他技巧都与重音的表达有直接的关系，特别是和语气的关系密切。下面就介绍几种常见的强调重音的方法供大家参考。

(一)高低强弱法

这是一种用声音的高低、强弱变化来强调重音的方法。欲高先低，欲强先弱，低后见高，弱中渐强。高低是指音高的高低，强弱是指音强的强弱。这里需要注意一点，用重读强调重音时音量不一定很大，主要体现在音强上。无论是高低还是强弱，都是随着感情运动的自然流露，不要过分地、生硬地强调重音，否则就会听上去矫揉造作。

(二)快慢停连法

这是一种用声音的急缓、长短、顿连等变化来强调重音的方法。用放慢或延长音节来强调重音，用快来带次重音或非重音，在强调重音时还可以在重音的前后运用停顿和连接的技巧。

(三)虚实转换法

这是一种用声音的虚实变化来强调重音的方法。虚中转实，实中转虚，特别是实中转虚的方法较为常用。

在强调重音时切忌呆板,要讲究变化,加强对比。

我们常用的重音标注符号是:

主要重音,用"——"或者"．"表示;

次要重音,用"＿"或者"。"表示。

第二部分 示例与示例分析

一、示例

《快乐王子》节选 王尔德

快乐王子的雕像高高地耸立在城市上空一根高大的石柱上面。他浑身上下镶满了薄薄的黄金叶片,明亮的蓝宝石做成他的双眼,剑柄上还嵌着一颗硕大的灿灿发光的红色宝石。

世人对他真是称美不已。"他像风标一样漂亮,"一位想表现自己有艺术品味的市参议员说了一句,接着又因担心人们将他视为不务实际的人,其实他倒是怪务实的,便补充道:"只是不如风标那么实用。"

"你为什么不能像快乐王子一样呢?"一位明智的母亲对自己那哭喊着要月亮的小女孩高声叫着,她笑着朝家里跑去。

这时,燕子回到王子身旁。"你现在瞎了,"燕子说,"我要永远陪着你。"

"不,小燕子,"可怜的王子说,"你得到埃及去。"

"我要一直陪着你,"燕子说着就睡在了王子的脚下。

"世上还有如此快乐的人真让我高兴,"一位沮丧的汉子凝视着这座非凡的雕像喃喃自语地说着。

"他看上去就像位天使,"孤儿院的孩子们说。他们正从教堂走出来,身上披着鲜红夺目的斗篷,胸前挂着干净雪白的围嘴儿。

"你们是怎么知道的?"数学教师问道,"你们又没见过天使的模样。"

"啊! 可我们见过,是在梦里见到的。"孩子们答道。数学教师皱皱眉头并绷起了面孔,因为他不赞成孩子们做梦。

有天夜里,一只小燕子从城市上空飞过。他的朋友们早在六个星期前就飞往埃及去了,可他却留在了后面,因为他太留恋那美丽无比的芦苇小姐。他是在早春时节遇上她的,当时他正顺河而下去追逐一只黄色的大飞蛾。他为她那纤细的腰身着了迷,便停下身来同她说话。

"我可以爱你吗?"燕子问道,他喜欢一下子就谈到正题上。芦苇向他弯下了腰,于是他就绕着她飞了一圈又一圈,并用羽翅轻抚着水面,泛起层层银色的涟漪。这是燕子的求爱方式,他就这样地进行了<u>整个夏天</u>。

"这种恋情实在<u>可笑</u>,"其他燕子吃吃地笑着说,"她既没钱财,又有那么多亲戚。"

的确,河里到处都是芦苇。

等秋天一到,燕子们就飞走了。

大伙走后,他觉得很孤独,并开始讨厌起自己的恋人。"她不会说话,"他说,"况且我担心她是个<u>荡妇</u>,你看她老是跟风调情。"这可不假,一旦起风,芦苇便行起最优雅的<u>屈膝礼</u>。"我承认她是个居家过日子的人,"燕子继续说,"可我喜爱旅行,而我的妻子,当然也应该喜爱旅行才对。"

"你愿意跟<u>我走</u>吗?"他最后问道。然而芦苇却摇摇头,她太舍不得自己的家了。

"原来你跟我是闹着玩的,"他吼叫着,"我要去<u>金字塔</u>了,再见吧!"说完他就飞走了。

(选自《快乐王子》,［爱尔兰］奥斯卡·王尔德著,巴金译,
上海译文出版社 2007 年版)

二、示例分析

这篇童话故事讲述了快乐王子从刚开始的不知忧愁到底是什么,到后来不惜拿自己的生命去减轻他人的忧愁,而小燕子则由刚开始不愿意留下,到最后不顾冻死的威胁依然陪伴王子的故事。故事的笔调是轻快中带着悲伤。每一个句段中的重音不可以太多,要"少而精"。

开头的第一至第六段比较难处理,且以这一部分来进行分析。这几段用了很多形容词来表现快乐王子的雕像是多么的奢华和恢宏,这些词汇无疑都是需要着重强调的重音,所以要注意主要重音和次要重音的安排。

"高高地""薄薄的""灿灿发光的"这几个形容词都需要着重强调,但是强调的方法有所不同,"高高地"和"硕大的"可以采用实声来表现;而"薄薄的"和"灿灿发光的"则需要用虚声来表现。

此外,"蓝"和"红"形成对比,"明亮的"和"硕大的"形成并列,但这些作为修饰名词的形容词并不如那几个突出表现雕像奢华和恢宏的形容词重要,所以可以作为次要重音用实声表现;而形容词"高大"以及"双眼"和"剑柄"这一对并列关系的名词也都可以作为次要重音用实声表现。

不务实际和实用都要强调,体现王子的性格。"<u>不</u>,小燕子,"这里的"不"表示判定,所以要强调。"燕子说着就<u>睡在了</u>王子的脚下。""睡在了"能够充分表达燕子此刻的心情。

"快乐""天使"需要强调,表达了当时的心情。"鲜红夺目"和"干净雪白"只

有强调,才有颜色的鲜明对比。"又没"需要强调,是否定性重音。

强调"梦"这个字,因为梦字回答了老师的问题。"不赞成"说明了数学老师的态度。

"小燕子"是文中的第二个主要角色,需要强调。"埃及"可以作为次要重音,突出朋友们去了远方,为后面小燕子飞走了打下伏笔。强调"芦苇""着了迷""爱""整个"这几个词,能充分说明燕子为什么没去埃及的原因。

"可笑""到处"说明了其他燕子的看法。

"讨厌""荡妇""屈膝礼""旅行",这几个词生动形象地表明了燕子态度的转变,拟人的修辞手法,让文章更加活灵活现。

"走""金字塔"表明了燕子的态度,也说明了燕子的性格。

第三部分　训练指导

一、新闻播报

方法:让学生先准备稿件,在稿件上划出重音和非重音。通过由简单到难的训练手段,使学生能够运用重音的表达手段,准确地表达出重音。

提示:播读时注意重要的词和词组的着重强调,首先要分析整篇文章所要表达的含义,再根据上下文找出关键词。重音在语句中、小层次中以及段落中要显得突出,注意文章中的数字、程度词等往往都是重音。

需要注意的问题:重音要精不要多。我们拿到稿件以后,不要认为哪个都重要,哪个都不能舍弃,这是初学者常见的问题。如果一篇稿件都是重音就等于没有重音了。

要处理好重音与非重音的关系,重音与次重音的关系,重音与重音的关系,非重音的关系。

习近平同巴勒斯坦总统阿巴斯就中巴建交30周年互致贺电

训练提示:这条新闻分两个部分:导语和主体。导语部分为一句话,主要重音为人名、国家和时间。主体部分分为两个自然段。第二自然段主要是背景情况以及中国态度。三个排比完成了第一句话,注意排比句式重音的变化性。后面用"诸多、丰硕、高度、继续、始终、坚定"等词表明中国一贯的态度。支持什么,支持什么样的巴勒斯坦国。第三自然段主要表明巴勒斯坦国的态度,用"自豪、高度赞赏、继续、一如既往"等词来表明态度。

新华社北京11月20日电　国家主席习近平11月20日同巴勒斯坦国总统

阿巴斯互致贺电,庆祝两国建交30周年。

习近平在贺电中指出,中巴友谊源远流长。中国是最早支持巴勒斯坦人民正义事业、最早承认巴勒斯坦解放组织的国家之一,也是最早同巴勒斯坦国建交的国家之一。建交30年来,两国在诸多领域开展交流合作,取得丰硕成果。我高度重视中巴关系发展,愿同你一道努力,继续推动中巴友好合作,更好造福两国和两国人民。中国始终支持巴勒斯坦人民恢复民族合法权利的正义事业,坚定支持建立以1967年边界为基础、以东耶路撒冷为首都、拥有完全主权的独立的巴勒斯坦国。中方将推动巴以和谈,继续为早日实现巴勒斯坦问题全面公正解决发挥积极作用。

阿巴斯在贺电中说,我为两国和两国人民间的传统友好关系深感自豪,对中国在支持巴勒斯坦人民及其事业上发挥的突出和重要作用表示高度赞赏。巴勒斯坦人民愿继续发扬同中方的传统友谊。我将一如既往地重视和推动两国关系发展,以造福两国人民,实现共同愿景。

(新华网 2018 年 11 月 20 日)

于跃敏主持召开市人大常委会党组扩大会议
学习贯彻习近平总书记民营企业座谈会重要讲话精神

训练提示:这条新闻分两个部分:导语和主体。导语部分要注意时间和事件内容。具体时间12就应该作为重音。学习的内容是什么? 是总书记在民营企业座谈会上的讲话。谁主持? 正文内容为主要部分,"定心丸"表示了重要讲话精神的意义。杭州市委的态度是什么,通过哪些关键词来表达? 会议要求什么? 如何来做? 围绕这些方面来思考重音。

【导语】 11月12日,市人大常委会党组扩大会议暨理论学习中心组学习会召开,传达学习习近平总书记在民营企业座谈会上的重要讲话精神,以及省、市委有关会议的部署和要求。市人大常委会党组书记、主任于跃敏主持会议并讲话。许勤华、张建庭等发言,罗卫红列席。市人大常委会相关工委负责人作交流发言。

【正文】 会议指出,习近平总书记在民营企业座谈会上的重要讲话给民营企业和民营企业家吃下了"定心丸"。市委作出建设国际一流营商环境、争创民营经济高质量发展示范区的部署,充分表达了杭州坚定不移支持民营经济发展壮大的鲜明态度与坚强决心。

会议要求,全市各级人大要认真学习贯彻习近平总书记在民营企业座谈会上的重要讲话精神,扛起使命担当,助推我市民营经济取得新发展、新飞跃。要坚定信心,助推全社会形成关心支持民营经济发展的良好氛围。要坚定自信,充分发挥制度优势,为民营经济发展营造良好环境。要主动作为,围绕支持民营经济发展壮大,认真履行人大职能。

(2018－11－14,杭州电视台记者尚冉、邵云轩报道)

青岛:雨中温情一刻　"爱心伞"传递文明

训练提示:在导语的语言表达上,找准几个重音:一下雨、免费"爱心雨伞"、感人一幕,便可以把导语的用意轻巧地"拎"出来,同时加大语势的幅度,让整个导语呈现一个山峰类的"弧形",便能够引起观众对这则新闻的兴趣。消息的主体部分具有极强的叙述性。在主体部分的语言表达上,对几位主人公的行为和细节进行细致描述,同时要加大语势的幅度。在结尾的一段当中,把"爱心伞"传递文明的和谐音符由点到面地推开,让人心里有种如沐春风、意犹未尽的暖暖春意。表达时,重音不一定要多、要重,但是语气和情感一定要到位。重音只要选取"越来越多""多备了""也都"几个就可以了。这一小段的字数不多,但是情真意切,饱含激情。

在青岛,现在只要一下雨,一把把免费"爱心雨伞"就会出现在大街小巷。前不久发生的感人一幕引发了这场爱心行动。

7月初的一天,青岛突降大雨,一位80多岁的老人拄着拐棍穿越马路,全身被淋透。住在对面七楼的郭建良正巧拍下了感人的一瞬间。

穿绿衣服的这位年轻人,一路追着给老太太撑起了伞。本以为事情到此为止,但接下来的一幕让郭建良再次按下了快门。因为风太大,雨伞左右摇摆不定,这时一辆路过的汽车停了下来,一个女孩子走下车,取出伞一起替老人遮雨。郭建良把这组照片放在了自己的博客上。雨中的背影感动了许多网友,照片被各大网站及媒体转载,经多方努力,"爱心伞"的主人终于被找到了。

如今,越来越多的市民加入到爱心行动中来,许多出租车司机都在后备箱里多备了一把伞;在写字楼、商场、银行、饭店等公共场所也都可以看到这样的"爱心伞"。

(央视国际 www.cctv.com,2007 年 8 月 22 日)

太湖无锡段蓝藻大爆发

训练提示:导语一开始概述太湖无锡段"蓝藻"大规模爆发,无锡太湖周边市民生活用水受到了严重的影响。重音词有:大规模、前天、变味发臭、严重。抓住了这几个重音,并且适当地加重语气,就能把这件新闻的事态表达得准确了。同时对于"变味发臭"这四个字,中间虽然没有顿号隔开,但是一定要把这两个词做着重处理,分别说清楚水质变化的状况。

主体部分是现场报道和采访穿插进行的,中间有两段配音。在表达中要着重把一些细节表达准确。中间有很多数据,要带着深刻的理解去播读。比方说：18 升桶装纯净水的价格从平日的每桶 8 元上涨到 50 元。对于这一句当中的"8 元"和"50 元"形成了一个鲜明、强烈的对比，一定要表现出来。还有：无锡市 70％地区的自来水水质受到蓝藻污染情况比较严重，只有锡山区和新区的一小部分居民生活用水情况较好。这里面也有一个鲜明的对比，那就是"70％"和"一小部分"两个词，他们也是这句话的重音所在。

（口导）最近，太湖无锡段"蓝藻"大规模爆发，从前天开始，无锡市的自来水开始变味发臭，市民生活用水受到了严重的影响。

（现场报道）我现在是在无锡市滨湖区的一户居民家中，我们打开自来水管一闻就闻到一股强烈的臭味。可以看到，像这样一杯自来水已经呈现出淡黄的颜色。与此同时，无锡市不少超市出现市民排长队购买纯净水的情况，纯净水一度供不应求。街头零售的桶装纯净水也出现较大价格波动，18 升桶装纯净水的价格从平日的每桶 8 元上涨到 50 元。

（口导）目前，无锡市 70％地区的自来水水质受蓝藻污染情况比较严重，只有锡山区和新区的一小部分居民生活用水情况较好。当地政府紧急启动了应急预案，从常州、苏州等周边城市调运大量纯净水，周边城市也已经开通纯净水运输绿色通道。

有关部门还加大了引长江水补充太湖水的供给，来稀释太湖富营养化水质。但是，要想在一两天内改变湖水水质还存在一定困难。

（网易新闻 2007 - 05 - 31）

短消息十三则

（一）短消息五则（并列性重音训练）

训练提示：准备稿件，将每条消息中的数据理清楚，划出每条消息中的并列性重音与转折性重音。数字在以下五则消息中起到了叙述事实的重要作用，在选择重音时要特别注意数字的强调。由于消息中的数字过多，要注意并列性重音和转折性重音的取舍与表达。

本台消息（记者　徐佳佳）：今天，国家发展改革委发出通知，按照现行成品油价格形成机制，决定将汽、柴油价格每吨分别提高 100 元和 95 元，测算到零售价格 90 号汽油和 0 号柴油（全国平均）每升分别提高 0.07 元和 0.08 元，调价执行时间为 6 月 21 日 24 时。

（中国政府门户网站，2013 年 6 月 21 日）

本台消息（记者　胡碧瑢）：我国将实行婴幼儿配方乳粉专柜专区销售，试行药店专柜销售。生产企业须具备自建自控奶源，不准委托加工，不准贴牌生产，不准分装生产。保质期不足 1 个月的配方乳粉必须醒目提示或提前下架。

（《重庆晨报》，2013 年 6 月 21 日）

本台消息:今天下午,30 多名杭师大困难家庭学生与驾校结对,得到了免费学车的机会。这是车管局举行的第七次困难人群免费学车结对活动。

现场来自全市多家驾校代表给学生们颁发了爱心免费培训证,学员们在月底最终报名成功后,七八月份就能够学上车,最快半年就能拿到驾照。免费学车活动自从 2007 年开始,至今已经持续了 7 年,累计培养了 350 名贫困人员,免除学费达到 140 万元。

(2013 - 06 - 25,杭州新闻联播,杭州台记者王哲报道)

据新华社电　昨日,国家统计局发布了一系列与今年第一季度国内经济形势有关的初步核算数据。物价涨幅回落 1.6%。一季度,我国居民消费价格呈"温和上涨"态势,涨幅比去年同期回落。全国居民消费价格总水平同比上涨 1.2%,涨幅比去年同期回落 1.6 个百分点。分类别看,食品价格上涨 1.9%,回落 4.2 个百分点;居住价格上涨 5%;其余商品价格与去年同期大体持平或略有下降。工业增长达到 16.7%一季度,我国规模以上工业完成增加值 17822 亿元,同比增长 16.7%,比上年同期加快 0.5 个百分点。工业效益继续改善,规模以上工业实现利润 3363 亿元,同比增长 21.3%。其中,国有及国有控股企业实现利润 1584 亿元,增长 9.2%。居民收入增幅过 10%。一季度,我国城镇居民人均可支配收入为 3293 元,扣除价格因素,同比实际增长 10.8%,比上年同期加快 2.2 个百分点。一季度,我国农村居民人均现金收入为 1094 元,扣除价格因素,同比实际增长 11.5%,比上年同期回落 0.4 个百分点。投资增幅达到 27.7%。作为拉动经济增长的主要动力,投资在一季度的表现值得关注:我国全社会固定资产投资同比增幅达到 27.7%,增速比上年同期加快 4.9 个百分点。

(选自《楚天都市报》财经新闻,2006 年 4 月 21 日)

(二)短消息二则(对比性重音与转折性重音训练)

训练提示:划出对比性重音和转折性重音,选择恰当的语气进行表达。以下两则消息多是建议性内容,进行表达时核心词汇要进行着重强调,对比性重音和转折性重音的表达要准确,使得语意明确。以下两则消息中,第一条消息在表达时切忌带有讽刺的语气,第二条消息在表达时切忌带有说教的语气。

本台消息:7 日上午 9 时,2019 年全国高考正式拉开大幕,超千万考生步入考场。为了给孩子加油打气,不少家长在着装上下了功夫。在送考家长队伍中,红色成为了主色调,不少爸爸们专门挑选了红色 T 恤,而妈妈们则选择了红色旗袍、红色连衣裙。"旗袍意味着'旗开得胜'。"一位送考的母亲向记者解释称。穿旗袍送考,寓意着子女高考"旗开得胜"。这只是为了图个吉利,讨个"头彩",没什么大惊小怪的,不必过分解读。因为这种做法也是在祈福,祝愿子女能够在高考时考个好成绩,乃人之常情,不必品头论足。

(选自《东方头条》2019 年 6 月 8 日)

只因为脚上小小伤口没有处理好,导致最后要截肢的病人尤其是老年病人并不罕见。如何能减少糖尿病足的发生?中山大学孙逸仙纪念医院糖尿病专科主任杨川教授为你支招。杨川教授指出,糖尿病足是糖尿病的主要并发症之一,也是糖尿病致残致死的重要原因。预防糖尿病足的最重要人群是糖尿病高危足人群,这类病人一般有较长时间的糖尿病史,尤其以上了年纪的老年糖尿病人多见。对其发生糖尿病足的危险因素进行预防,是目前最有效的糖尿病足预防策略。

(选自:央广网一健康 2019 年 6 月 6 日,记者陈映平)

(三)短消息六则(重音综合训练)

训练提示:理清治理什么、为何要治理以及如何治理等信息并划出重音。以下六则消息要注意表意的清晰准确,表达时要突出时间、地点、事件以及数据等重要信息。对于重音的把握要得当,切忌重音过多。

山东台消息:山东省沿黄各地立足防大汛、抢大险,加紧落实黄河防汛抗洪措施,确保安全度汛。

目前,黄河河务部门已经对防汛工程进行了全面检查,37 处险点险段得到及时抢护,全省沿黄各地还加强了非工程防汛措施,从省到村共组织起 140 多万人的防汛大军;由几千名黄河职工组成的专业抢险队、解放军、武警部队正严阵以待。

(山东电视台新闻中心《今日报道》2014 年 5 月 29 日)

新华社长沙 6 月 9 日电 记者 9 日从湖南省人社厅获悉,省人社厅联合省财政厅、省商务厅、省国资委、团省委和省工商联近日共同下发《关于实施 3 年 3 万青年见习计划的通知》,从 2019 年起实施青年见习计划。

通知指出,湖南将从 2019 年至 2021 年,用 3 年时间组织 3.4 万名青年参加就业见习。年度计划目标任务为 2019 年 1.2 万人,2020 年 1.1 万人,2021年 1.1 万人。

通知明确,3 年 3 万青年见习计划实施对象为离校 2 年内未就业高校毕业生(含技师学院高级工班、预备技师班和特殊院校职业教育类毕业生)和 16 岁～ 24 岁的登记失业人员。艰苦边远地区、老工业基地、贫困县可扩大至离校 2年内未就业中职毕业生。

(新华社 2019 年 6 月 9 日,记者谢樱)

新华社太原 6 月 9 日电(记者王劲玉) 为完善粮食主产区利益补偿机制,缓解产粮(油)大县财政困难,促进粮食、油料产业发展,推进农业供给侧结构性改革,山西省财政厅近日向省内 35 个产粮(油)大县下达 2019 年中央和省级奖励资金 3.39 亿元。

山西省财政厅有关负责人表示,奖励资金将充分调动起各地抓好产粮工作的积极性,更加有力保护农民权益,夯实国家粮食安全的基础。

(新华社 2019 年 6 月 9 日,记者王劲玉)

央广网宁波 6 月 9 日消息 据中国之声《新闻和报纸摘要》报道,"村民说事""三治融合""互联网 ＋乡村治理"……浙江各地因地制宜创新乡村治理方式,加强乡村治理体系建设,推动乡村善治。"有事敞开说,有事要商量,有事马上办,好坏大家评",这是浙江宁波象山县农村创新的"村民说事"制度。2018 年,象山县围绕村庄建设、集体经济等开展"主题说事"3000 多次,4 万多人次村民参与。象山县夏叶村党支部书记张方鸣说,最明显的感受是村里矛盾少了。

(央广网 2019 年 6 月 9 日,记者李佳)

央广网贵阳 6 月 9 日消息(记者王珩、贵州台胡涛) 贵州省交通运输厅消息,贵州计划在今年 12 月 1 日前完成与毗邻五省(市、区)省界收费站撤除任务,其中川黔之间 2 个、渝黔之间 5 个、湘黔之间 2 个、黔桂之间 3 个、滇黔之间 5 个。

据介绍,取消省界收费站后,省界交通拥堵现象有望得到改善。经测算,预计客车平均通过省界时间将由原来的 15 秒减少至 2 秒,货车平均通行时间由原来的 29 秒减少至 3 秒。需要指出的是,取消高速公路省界收费站,只是通过技术手段实现车辆跨省行驶时不停车快捷交费,是收费方式的改变,并不是取消高速公路通行费收费。跨省行驶车辆依然要按照有关规定和标准,依法交纳车辆通行费。

(央广网 2019 年 6 月 9 日,记者王珩、贵州台胡涛)

央广网沈阳 6 月 8 日消息(记者徐志强) 日前,辽宁省自然资源厅制定并出台了领导小组专议制度、工作报告制度、协调调度制度、问题会商制度、通报督办制度 5 项保障制度,确保渤海综合治理攻坚战各项任务如期高质量完成。

据了解,今年 4 月,辽宁省政府出台《辽宁省渤海综合治理攻坚战实施方案》,明确渤海综合治理以实现"清洁渤海、健康渤海、安全渤海"为战略目标,从四方面确定了 21 项具体任务,确保到 2020 年,全省近岸海域水质优良比例稳定达到 80％以上,其中,渤海辽宁段近岸海域水质优良比例达到 75％左右。

(央广网 2019 年 6 月 8 日,记者徐志强)

二、文学作品播讲

方法:认真准备稿件,在充分理解了作品的基础上,划出重音并分清重音的类别,最后进行生动、形象、传神的表达。

提示:在播讲文学稿件时,重音表达的样式灵活多样,一定要避免生硬,保持语言的流畅性。

需要注意的问题:重音的表达要注意分寸感,过犹不及。把握重音要从全篇来看,从全篇的宏观角度来把握体现稿件意图的主要内容,不可一开始就陷入到某个具体的语句中,否则重点不突出、不集中。

《十二生肖的故事——骏逸的千里马》节选

训练提示:这段话当中有好几个需要强调的重音,我们着重就强弱法来举例。第一句就有一个鲜明的对比,用声音的强弱来区别"龙"和"马",所以这个"龙"和"马"就是需要强调的重音,是主要重音。第二句开头的这个"马",不需要像前一个一样强调得那么强烈,只需要稍加强调即可,所以是次要重音。第三句雄壮、骏逸是形容词,表程度也需强调。

古人说过,在天上行走的没有比得上龙,在地上行走的没有比得上马,马,是军队的根本,国家最大的资本。虽然马对现在社会来说,已经不如古代那么重要,但是它那雄壮、骏逸的身影却印在人们心中。

(选自《十二生肖的故事》,四川出版集团·天地出版社 2010 年版)

《自私的巨人》节选　王尔德

训练提示:这一段中对于动作的描写很多,在动作的描写当中最传神最关键的也就是对动词的表达。动作有快有慢,所以对动词的表现就需要呈现出快和慢两种不同的处理方法。像"爬""欣喜若狂""轻轻""伸""露""的确"等就应该用放慢速度的方法加以强调和突出。像"翩翩起舞""兴奋"等词应该用正常或者略快的速度来表现动作和状态,达到生动形象的表达效果。在表达时,语速的加快与放慢应柔和地过渡,不应太过生硬。

他看见了一幕动人的景象:孩子们爬过墙上的小洞已进了花园,正坐在树枝上,每棵树上都坐着一个孩子。迎来了孩子的树木欣喜若狂,并用鲜花把自己打扮一新,还挥动手臂轻轻抚摸孩子们的头。鸟儿们在树梢翩翩起舞,兴奋地欢唱着,花朵也纷纷从草地里伸出头来露着笑脸。这的确是一幅动人的画面。

(选自《快乐王子集》,巴金译。四川人民出版社 1981 年版)

《猴子与螃蟹》

训练提示:如何把猴子的行为动作、所思所想生动形象地表现出来,就要看是不是能够准确抓住突出表现其行为和心理的关键词,这也就是此段的重音所在。"忽然"一词不能用太实的手法去表现,而应该用虚声去夸张表现,既能表现出猴子略带意外惊喜,也能够很好地起到前后段落的转承作用。"太神奇"和"一定"虽然充满了肯定色彩,但是由于是猴子的心理活动,所以也不能用实声去表现,以烘托出猴子内心的窃喜。而最后三个需要强调的"快点""好吃"和"肚子"则可以用实声去表现,在表达时,还需注意主重音和次重音的安排,比如

"快点"是主要重音，而剩余两个可以作为次要重音强调。

忽然，猴子看到路的那端，有一个大饭团慢慢地向它这边滚过来，它便十分高兴地跑了过去，想抓住那个滚动的大饭团，心里想："真是太神奇了！香喷喷的饭团一定很好吃，吃了它，就不会肚子饿了！"饥饿的猴子一边流着口水，一边加快脚步，往前面跑着，希望能快点拿到那个好吃而且可以填饱肚子的大饭团。

（选自《日本民间童话故事集》第三集，个人图书馆网 2018 年 9 月 29 日）

第四部分　补充练习

一、新闻播报

据国家移民管理局官方微博消息，据预测，2019 年"端午"假期全国口岸将迎来出入境客流"小高峰"，日均出入境旅客将达到 205 万人次，同比增长 7.6％。北京首都机场、上海浦东机场、广州白云机场等大型空港口岸出入境客流较平日增幅明显，内地居民经毗邻港澳陆地口岸出入境客流较大。

国家移民管理局已部署各地边检机关严格落实"两公布一提示"工作要求，科学预测、及时发布本口岸出入境客流情况，备足执勤警力，科学组织勤务，积极引导广大出入境旅客安全有序出行。

国家移民管理局提醒广大出入境旅客，出行前请仔细检查本人及同行人的出入境证件，密切关注口岸客流变化和通关状况，尽量避开高峰时段出行。通关过程中如遇困难，可随时向现场执勤的民警寻求帮助。

（选自中新网 6 月 5 日电）

央广网北京 5 月 27 日消息　记者从国家药品监督管理局官网了解到，针对化妆品不良反应监测、监督检查发现的问题，国家药监局责成广东、湖南省药监局对标识名称为"慧豪魔颜美人焕彩亮肤霜"的产品进行了调查。经查，该产品在包装标签上虚假标识了生产企业名称"广州三康化妆品有限公司"，为假冒产品。广州三康化妆品有限公司声明从未生产过标识名称为"慧豪魔颜美人焕彩亮肤霜"的产品。

为保障公众用妆安全，净化化妆品市场环境，依据《国务院关于加强食品等产品安全监督管理的特别规定》《化妆品卫生监督条例》等法规规定，国家药监局要求各省（区、市）药品监管部门责令相关经营企业立即停止销售上述假冒化妆品，发现违法行为的，依法严肃查处，涉嫌犯罪的，及时移送公安机关。

（选自央广网 2019 年 5 月 27 日）

过年就得放烟花爆竹，热闹喜庆吉利。不过，今年市民燃放烟花明显减少，烟花爆竹的生意也显得格外冷清。

今天,记者走访了杭州的几个烟花爆竹销售点,老板们大多感叹今年生意不好做。在香积寺路的这家烟花爆竹销售点,元宵节当天的销售额只有 3000 元,而去年元宵节,销售额至少在 6000 元以上。

浙江京安烟花爆竹经营有限公司业务部的小郑告诉记者,往年烟花回收只有一小部分,而今年,几乎每一家零售商都有大量剩余的烟花爆竹。

面对冷清的烟花生意,批发商和零售都很无奈。

烟花爆竹的燃放是减少了,春节期间杭城的空气质量如何呢?记者从浙江省环境监测中心了解到,从除夕到元宵节的十六天当中,杭州出现了一天重度污染和三天轻度污染。

除夕的零点 PM2.5 指数达到一个高值 480 左右。2 月 16 日和元宵节 PM2.5 指数都出现小的高峰。跟烟花爆竹的燃放有密切关系。

从今天的零时起,杭州主城区将全面禁止销售、燃放烟花爆竹,萧山、余杭两区和五县(市)的部分区域也将实施禁放政策。警方表示,禁放开始后,对违反规定继续销售和燃放烟花爆竹的单位和个人,将依法依规严肃处罚。

(2013 年 2 月 25 日浙江电视台《浙江新闻联播》播出,记者李婷报道)

都说春运火车票是一票难求,不过,今年春运刚刚开始,全省各大城市的火车票退票数量都比往年明显增加,这是为什么呢?来看记者的调查。

今天,记者来到杭州城站的售票大厅,6 个退票窗口前的旅客络绎不绝,甚至比售票窗口的人还要多。大多数旅客都是因为回家时间发生变化前来退票。

春运开始之后,杭州城站平均每天办理退票 7000 多张,比日常的 3000 多张增长了一倍。而在金华火车西站,每天通过网络和电话发售车票一万张左右,却有千余张票无人领取。

车站工作人员介绍,今年春运退票多,第一个原因是预售期首次被拉长至 20 天,可能改变的行程使退票增加。第二个原因是重复订票。目前,铁路售票系统仅针对同一天同一车次,使用同一身份证订票的旅客有所约束,而对不同天同一车次或同一天不同车次,使用同一身份证订票的旅客没有限制。而降低到 5% 的退票费也是很多旅客退票的一个原因。此外,电话订票不需要提前支付,也使得有些旅客订了票又不取。电话订票应该跟信誉挂钩,如果订票又不来取,应该拉入黑名单,短期内不许再订票。

铁路部门表示,24 小时之内没有被取走的火车票会重新进入售票系统,但旅客何时退票,哪些车次有退票,这些信息铁路部门无法提前掌握,所以也就没有固定规律可循。建议旅客不要盲目候在售票窗口等退票,不妨多关注网上和电话订票"碰碰运气",这样"命中率"反而更高。

(2013 年 1 月 29 日浙江电视台《浙江新闻联播》播出,记者李婷报道)

　　新华社北京 6 月 5 日电（记者侠克）　抓获"号贩子"1342 人、配合公安机关打掉一个"黑救护"势力团伙、捣毁非法销售"明星小药"窝点 12 个……记者日前从北京市卫生健康委获悉，自全国扫黑除恶专项斗争开始以来，北京市卫生健康委持续整治系统内行业乱象，共实施卫生健康行政处罚 19394 件，罚没款 3698 万元，查处取缔非法行医窝点 550 余处。

　　据介绍，北京市卫生健康委及相关部门全面加强对"号贩子"和"医托"的综合治理。数据显示，2018 年以来，公安机关共抓获"号贩子"1342 人，治安拘留 1337 人，刑事拘留 5 人；北京市卫生健康委配合公安机关打掉一个"黑救护"势力团伙，侦破非法组织卖血案 41 起，拘留 55 人。

　　此外，北京市卫生健康委还配合公安机关捣毁非法销售"明星小药"窝点 12 个，刑事拘留 16 人，查获涉及北京市 20 家医院的近 100 种医疗制剂共 3600 余盒（剂），起获涉案"京医通""北京通"等医院就诊卡 300 余张。

　　据悉，北京市卫生健康委在 20 多所医院推广人脸识别信息系统，及时识别"号贩子"，严控其活动范围；对公安机关认定的"号贩子"实施限挂专家号等措施；医院保安人员对进入医院内和在医院周边活动的"号贩子"及时驱离。

　　　　　　　　　　　　　　　　（选自新华社 2019 年 6 月 5 日，记者侠客）

　　据中央气象台 9 月 12 号消息：12—13 日，受副高外围切变线的影响，江淮东部、云南西部、海南等地的部分地区有大雨，局地有暴雨。13—14 日，受北方地区较强冷空气的影响，东北大部地区将有中到大雨，部分地区有暴雨。12 日 8 时至 13 日 08 时，新疆北部、内蒙古中东部、黑龙江西北部、华北中北部、陕西中北部、甘肃东部、宁夏东南部、黄淮南部，江淮、江汉大部，江南北部和西部，西南地区大部、西藏东南部、华南大部、海南等地有小到中雨或阵雨，其中，江苏中北部、云南北部、贵州西部等地的部分地区有大雨，局地暴雨。渤海有 4—6 级西南风，黄海中南部将有 4—6 级旋转风。13 日 8 时至 14 日 8 时，新疆沿天山地区、内蒙古东部、东北地区大部、华北北部、江淮南部、江南中东部、西南地区南部、华南以及西藏的西部和东南部有小到中雨或阵雨，其中，黑龙江中部、吉林北部、江苏南部等地的部分地区有大雨，局地暴雨。内蒙古东部等地有 4—5 级风。14 日 8 时至 15 日 8 时，新疆西北部、内蒙古东部、华北东南部、江南大部、华南、云南南部、四川盆地西部、西北地区中部以及西藏大部有小到中雨或阵雨，其中，辽宁东部、吉林东部、黑龙江南部等地的部分地区有大雨，局部地区有暴雨。内蒙古东部、东北地区等地有 4—5 级风。

　　　　　　　　　　　　　　　　　（中央电视台消息，2013 年 9 月 12 日）

　　中央台消息：国家主席习近平 11 日在比什凯克同吉尔吉斯斯坦总统阿坦巴耶夫举行会谈。双方就发展中吉关系、深化两国合作坦诚深入交换意见，达成重要共识。两国元首宣布将中吉关系提升为战略伙伴关系。

习近平指出，两国建立战略伙伴关系是中吉关系新的里程碑，具有重大深远意义。双方要政治上相互支持，安全上密切配合，经济上互利合作，将中吉关系建设成平等、信任、合作、共赢的邻国关系典范。

习近平强调，双方要保持密切沟通，打击包括"东突"在内的"三股势力"，维护共同安全和稳定。双方要抓紧推进中国—中亚天然气管道 D 线等大项目，扩大双边贸易规模，加强电力、能源、交通、农业毗邻地区合作，支持教育、学术、文艺交流，提升人文合作水平。

阿坦巴耶夫表示，吉方支持习近平主席建设"丝绸之路经济带"的倡议，愿同中方扩大经贸、能源、互联互通、人文等领域合作，加强安全执法和防务协作，共同打击"三股势力"。

两国元首同意，加强在上海合作组织内协调和配合，推动成员国团结合作和本组织健康稳定发展，维护本地区和平稳定、发展繁荣。中方高度评价吉方担任本组织轮值主席国所做工作，支持比什凯克峰会取得成功。

会谈后，两国元首共同签署了《中吉关于建立战略伙伴关系的联合宣言》，并见证了经贸、能源、投融资、中医药等领域多项合作文件签署。两国元首共同会见了记者。习近平指出，相信在中国和中亚国家共同努力下，"丝绸之路经济带"一定会在不远的将来收获丰硕成果。

（中央电视台消息，2013 年 9 月 11 日）

中新网圣彼得堡 9 月 5 日电（记者　郭金超 贾靖峰）　二十国集团领导人第八次峰会 5 日在俄罗斯圣彼得堡举行。中国国家主席出席会议并发表重要讲话，强调各国要放眼长远，要努力塑造各国发展创新、增长联动、利益融合的世界经济，坚定维护和发展开放型世界经济，建设更加紧密的经济伙伴关系，肩负起应有的责任。中国将坚定不移全面深化改革，坚持互利共赢的开放战略。中国有条件有能力实现经济持续健康发展。

会议主题是增长和就业，与会领导人围绕世界经济形势、贸易、发展、国际货币金融体系改革等议题发言。习近平在讲话中表示，当前，世界经济逐步走出低谷，形势继续朝好的方向发展。同时，国际金融危机负面影响依然存在，全球经济复苏依然有很长的路要走。我们要努力塑造各国发展创新、增长联动、利益融合的世界经济。

习近平指出，发展创新，是世界经济可持续增长的要求。各国要提高经济增长质量和效益，通过积极的结构改革增强经济竞争力。增长联动，是世界经济强劲增长的要求。各国要树立命运共同体意识，在竞争中合作，在合作中共赢。在追求本国利益时兼顾别国利益，在寻求自身发展时兼顾别国发展。让每个国家发展都能同其他国家增长形成联动效应。利益融合，是世界经济平衡增长的需要。各国要建设利益共享的全球价值链，培育普惠各方的全球大市场，实现互利共赢的发展。

习近平强调，塑造这样的世界经济，需要二十国集团各成员建设更加紧密的经济伙伴关系，肩负起应有的责任。

第一，采取负责任的宏观经济政策。各主要经济体要首先办好自己的事，确保自己的经济不出大的乱子。各国加强宏观经济政策沟通和协调。中国采取的经济政策既对中国经济负责，也对世界经济负责。中国经济基本面良好，我们坚定推动结构改革，宁可将增长速度降下来一些。中国有条件有能力实现经济持续健康发展，为世界经济带来更多正面外溢效应。

第二，共同维护和发展开放型世界经济。要反对各种形式的保护主义，维护自由、开放、非歧视的多边贸易体制，探讨完善全球投资规则，引导全球发展资本合理流动。

第三，完善全球经济治理，使之更加公平公正。各有关国家要进一步抓紧落实好国际货币基金组织份额和治理改革方案。要制定反映各国经济总量在世界经济中权重的新份额公式。要继续加强国际金融市场监管，建设稳定、抗风险的国际货币体系，改革特别提款权货币篮子组成，加强国际和区域金融合作机制的联系，建立金融风险防火墙。

习近平强调，为推动中国经济社会持续健康发展，中国将坚定不移推进改革。我们正在就全面深化改革进行总体研究，以统筹推进经济、政治、文化、社会、生态文明领域体制改革，进一步解放和发展社会生产力、解放和增加全社会创造活力。中国将加强市场体系建设，推进宏观调控、财税、金融、投资、行政管理等领域体制改革，更加充分地发挥市场在资源配置中的基础性作用。中国将努力深化利率和汇率市场化改革，增强人民币汇率弹性，逐步实现人民币资本项目可兑换。中国将坚持互利共赢的开放战略，深化涉及投资、贸易体制改革，完善法律法规，为各国在华企业创造公平经营的法治环境，通过协商解决同相关国家的贸易争端。

习近平强调，只要我们携手努力，建设更紧密伙伴关系，二十国集团就会走得更稳、更好、更远，各国人民就会对世界经济更有信心、对未来生活更有信心。

其他与会领导人表示，当前世界经济复苏进程尚未完成，正处于关键阶段，挑战与机遇并存。二十国集团各成员应该加强政策协调与合作，处理好所采取的货币政策的外溢效应，维护国际金融市场稳定，对处于不同发展阶段的国家，应该照顾他们的利益，为实现世界经济强劲、可持续、平稳增长奠定基础。

（《人民日报》2013 年 9 月 6 日）

杭州台消息：中宣部、浙江省委今天上午在人民大会堂举行杭州"最美现象"思想道德建设先进经验报告会。报告会前，中共中央政治局常委、中央书记处书记刘云山会见报告团成员,强调要把学习"最美人物"、弘扬"最美精神"作为社会主义核心价值体系建设的重要载体,与全面建成小康社会实践结合起来,更好地激励人们奋发有为,凝聚起实现中国梦的强大精神力量。中共中央政治局委员、中央书记处书记、中宣部部长刘奇葆,省委书记、省人大常委会主任夏宝龙,中宣部常务副部长雒树刚,省市领导黄坤明、葛慧君、赵一德、翁卫军等参加会见。

近年来,杭州涌现出吴菊萍、吴斌、黄小荣等一批来自普通岗位的先进典型,他们用爱心和善举,用勇敢和坚强,在危急时刻做出英雄壮举,在生死关头展现人间大爱,感动了杭州,感动了全国,被人们誉为"最美人物"。在他们的感召和带动下,越来越多的人参与到学习"最美人物"、争做"最美人物"的行列中来。

刘云山说,"最美人物"的先进事迹和崇高精神传递了道德建设正能量,唱响了中华民族正气歌,形成了好人好报正效应,一个个最美盆景连接成了最美风景。杭州"最美现象"启示我们:思想道德建设重在建设积累,贵在贴近实际,难在持之以恒。文明道德风尚的形成是逐步积累的过程,春风化雨、润物无声,让积极健康向上的思想和精神在人们心里播下种子,就能生根、开花、结果,转化为崇德向善的实际行动。思想道德建设贴近实际才会有生命力,要与社会生产生活紧密结合,与人们日常工作紧密结合,善于用平凡生活中的美好精神,用群众身边的生动事例教育人、引导人。从善如登、从恶如崩,做好事一时一事容易,长期坚持难,推进思想道德建设要在常、长二字上下功夫,做到机制常态化、工作长期抓。

刘云山指出,全党全国正在深入学习贯彻党的十八大精神,致力于实现"两个一百年"奋斗目标,实现中华民族伟大复兴的中国梦。实现这样的宏伟目标,需要坚持中国道路、弘扬中国精神、凝聚中国力量,需要先进思想的引领、良好道德的支撑。要深入推进社会主义核心价值体系建设,营造崇尚先进、学习先进的浓厚氛围,引导全社会礼敬"最美人物"、争做"最美人物"。要从多方面关心帮助先进典型,让他们真正感到光荣、心中得到温暖。

夏宝龙在会见时说,党中央和中央领导同志一直十分重视和关心浙江工作,刘云山同志和中宣部领导多次就"最美现象"作出指示。我们要认真贯彻落实刘云山同志重要讲话精神,以此为动力,进一步加强思想道德建设,充分发挥"最美现象"的示范带动作用,努力打造"最美浙江人"精神文化品牌。要结合开展党的群众路线教育实践活动,以良好的党风政风带动社会风气的全面好转,推动社会主义核心价值体系建设,汇聚实现中国梦的强大正能量。

(杭州电视台《新闻60分》2013年6月22日播出,记者徐佳佳报道)

杭州台消息:昨天下午,市委召开专题会议,传达学习中央党的群众路线教育实践活动工作会议和省委常委会议精神。省委常委、市委书记、市人大常委会主任黄坤明主持会议并讲话。

会议指出,在全党开展以为民务实清廉为主要内容的党的群众路线教育实践活动,是党的十八大作出的重大部署。习近平总书记从实现"两个一百年"奋斗目标和中国梦、保持党的先进性和纯洁性、巩固党的执政基础和执政地位的高度,对开展党的群众路线教育实践活动进行了全面部署、有力动员。全市广大党员特别是党员领导干部要认真学习、深刻领会中央工作会议特别是习近平总书记重要讲话精神,准确把握教育实践活动的重大意义、指导思想、目标要求,切实把思想和行动统一到中央和省委的部署上来,以高度的思想自觉和行动自觉做好教育实践活动各项工作。

会议强调,要按照动真情、动真格、出实招、求实效的要求,切实做好第一批教育实践活动各项工作。动真情,就是要从政治、全局和战略的高度,深刻认识教育实践活动的重要性和紧迫性,以忧党之心、为民之责积极投身教育实践活动。动真格,就是要触及思想、联系实际,充分征求人民群众和基层党组织的意见和建议,增强教育实践活动的针对性。出实招,就是要认真研究在加强作风建设、解决"四风"问题上近期要抓些什么、如何建立长效机制等,并出台落实各项举措。求实效,就是要通过深入扎实开展教育实践活动,扎扎实实推动群众反映强烈的热点难点问题的解决,达到党员干部受教育、正作风和人民群众得实惠的目的,树立党员干部队伍良好形象,增强党的凝聚力、战斗力。

会议指出,市委常委和市级领导班子成员要按照"照镜子、正衣冠、洗洗澡、治治病"的总要求,坚决落实中央和省、市委关于改进工作作风各项规定,认真践行省委常委会提出的"六个带头",以延安整风精神找问题、解决问题,真正做到领导带头、从严要求。

（杭州电视台《新闻60分》2013年6月21日播出,记者甘婷婷报道）

二、文学作品播讲

卖火柴的小女孩　安徒生

天冷极了,下着雪,又快黑了。这是一年的最后一天——大年夜。在这又冷又黑的晚上,一个乖巧的小女孩,赤着脚在街上走着。她从家里出来的时候还穿着一双拖鞋,但是有什么用呢?那是一双很大的拖鞋——那么大,一向是她妈妈穿的。她穿过马路的时候,两辆马车飞快地冲过来,吓得她把鞋都跑掉了。一只怎么也找不着,另一只叫一个男孩捡起来拿着跑了。他说,将来他有了孩子可以拿它当摇篮。

　　小女孩只好赤着脚走,一双小脚冻得红一块青一块的。她的旧围裙里兜着许多火柴,手里还拿着一把。这一整天,谁也没买过她一根火柴,谁也没给过她一个硬币。

　　可怜的小女孩!她又冷又饿,哆哆嗦嗦地向前走。雪花落在她的金黄的长头发上,那头发打成卷儿披在肩上,看上去很美丽,不过她没注意这些。每个窗子里都透出灯光来,街上飘着一股烤鹅的香味,因为这是大年夜——她可忘不了这个。

　　她在一座房子的墙角里坐下来,蜷着腿缩成一团。她觉得更冷了。她不敢回家,因为她没卖掉一根火柴,没挣到一个钱,爸爸一定会打她的。再说,家里跟街上一样冷。他们头上只有个房顶,虽然最大的裂缝已经用草和破布堵住了,风还是可以灌进来。

　　她的一双小手几乎冻僵了。啊,哪怕一根小小的火柴,对她也是有好处的!她敢从成把的火柴里抽出一根,在墙上擦燃了,来暖和暖和自己的小手吗?她终于抽出了一根。哧!火柴燃起来了,冒出火焰来了!她把小手拢在火焰上。多么温暖多么明亮的火焰啊,简直像一支小小的蜡烛。这是一道奇异的火光!小女孩觉得自己好像坐在一个大火炉前面,火炉装着闪亮的铜脚和铜把手,烧得旺旺的,暖烘烘的,多么舒服啊!哎,这是怎么回事呢?她刚把脚伸出去,想让脚也暖和一下,火柴灭了,火炉不见了。她坐在那儿,手里只有一根烧过了的火柴梗。

　　她又擦了一根。火柴燃起来了,发出亮光来了。亮光落在墙上,那儿忽然变得像薄纱那么透明,她可以一直看到屋里。桌上铺着雪白的台布,摆着精致的盘子和碗,肚子里填满了苹果和梅子的烤鹅正冒着香气。更妙的是这只鹅从盘子里跳下来,背上插着刀和叉,摇摇摆摆地在地板上走着,一直向这个穷苦的小女孩走来。这时候,火柴又灭了,她面前只有一堵又厚又冷的墙。

　　她又擦着了一根火柴。这一回,她坐在美丽的圣诞树下。这棵圣诞树比她去年圣诞节透过富商家的玻璃门看到的还要大,还要美。翠绿的树枝上点着几千支明晃晃的蜡烛,许多幅美丽的彩色画片,跟挂在商店橱窗里的一个样,在向她眨眼睛。小女孩向画片伸出手去。这时候,火柴又灭了。只见圣诞树上的烛光越升越高,最后成了在天空中闪烁的星星。有一颗星星落下来了,在天空中划出了一道细长的红光。

　　"有一个什么人快要死了。"小女孩说。唯一疼她的奶奶活着的时候告诉过她:一颗星星落下来,就有一个灵魂要到上帝那儿去了。

　　她在墙上又擦着了一根火柴。这一回,火柴把周围全照亮了。奶奶出现在亮光里,是那么温和,那么慈爱。"奶奶!"小女孩叫起来,"啊!请把我带走吧!我知道,火柴一灭,您就会不见的,像那暖和的火炉、喷香的烤鹅、美丽的圣诞树一个样,就会不见的!"

　　她赶紧擦着了一大把火柴,要把奶奶留住。一大把火柴发出强烈的光,照得跟白天一样明亮。奶奶从来没有像现在这样高大,这样美丽。奶奶把小女孩抱起来,搂在怀里。她俩在光明和快乐中飞走了,越飞越高,飞到那没有寒冷,没有饥饿,也没有痛苦的地方去了。

　　第二天清晨,这个小女孩坐在墙角里,两腮通红,嘴上带着微笑。她死了,在旧年的大年夜冻死了。新年的太阳升起来了,照在她小小的尸体上。小女孩坐在那儿,手里还捏着一把烧过了的火柴梗。

　　"她想给自己暖和一下。"人们说。谁也不知道她曾经看到过多么美丽的东西,她曾经多么幸福,跟着她奶奶一起走向新年的幸福中去。

　　　　　　　　　　　　　(选自《安徒生童话》,任溶溶译,上海译文出版社 1978 年版)

第七章　语　气

训练内容：将理论和实践有机结合起来，通过不同体裁文章来训练语气这一有声语言的表达技巧。

训练目的：通过训练，更好地掌握不同体裁的不同预期，将文章基调、思想感情表达得更清晰。

训练要求：通过不同体裁稿件的训练，让学生认识到语气在有声语言表达中的重要性，在对全文大意理解后，能准确拿捏文章的语气。

第一部分　理论概述

语气是有声语言表达的外部技巧之一。在有声语言表达中，语气是指思想感情运动状态下语句的声音形式。语气由两方面构成：另一方面是一定的具体思想感情；一方面是一定的具体声音形式。前者决定后者，后者反作用于前者，二者相辅相成。具体的思想感情包含两个方面的内容：一个是语气的感情色彩，一个是语气的分量。这是语气的灵魂。

语气的感情色彩是指语句中所包含的态度倾向和感情情绪。态度和倾向是建立在判断和分析基础上。比如：是赞扬、支持、亲切、活泼，还是批评、反对、严肃、郑重、犹豫等。感情是属于主观的、感性的心理范畴，如：向往、期待、狂喜、厌恶、冷漠等。

语气的感情色彩要从两方面去把握。

1. 准确贴切、丰富细腻。要在具体的语言环境中把握语句的感情色彩，符合该句在上下文中的含义，做到不偏离主线。避免见字生情、见句生情。我们需要注意两点：①要把握不同语句间不同的语气感情色彩。②要把握相近语气感情色彩之间的差异。

2. 要抓不同语句的个性色彩，避免模棱两可，似是而非。这既要有创作主体的个性体验，又要和播出目的、背景相吻合。避免为个性而个性，避免千篇一律。

　　语气的分量就是要在把握其感情色彩的基础上，还要进一步掌握其"度"的要求，也就是要把握好感情色彩的分寸火候。语气的感情色彩和语气的分量共同构成了具体的思想感情。正是不同语气感情色彩和分量上微小之处的区别，造就了丰富多彩的情感表达，形成了语言的个性化，也决定了声音形式的千变万化。

　　语气的分量可以从两方面去把握：

　　1.语气的个性分量。它是语气感情色彩本身的级差。区别主要是同一语气色彩浓淡程度上的区别。

　　2.语气的主次分量。外部相关因素影响下，态度分寸方面的级差。

　　一般来说，最能体现主题、目的的语句，语气分量较重。而那些尽管在字面上看起来感情色彩分量较重的语句，如果全篇处于次要位置，那么表达时不可分量过重。

　　在表达不同的思想感情时，有声语言呈现出一种高低起伏、强弱快慢的变化状态。我们把一个句子在思想感情运动状态下声音的态势或者说有声语言的发展趋向称为语势。

　　我们从以下几个角度认识语势：

　　1.语势是动态曲折的，反应了思想感情是变化的这一基本特征。语势的变化并不会因具体的某一色彩或分量而有固定的方向。即我们不能说表示高兴的情绪时声音都上扬，也不能说只有表示高兴的情绪时声音才上扬。

　　2.语势的变化是由口腔状态、气息状态、声音状态变化来呈现的。气息是发声的动力，而这个动力来自思想感情的运动。思想感情的运动导致气息的运动，气息的深浅、快慢、多少的运动使声音形式发生了变化。声音是指音色、音高、音强、音长。它们的变化会导致声音形式的变化。口腔状态是指吐字归音时口腔的松紧、开闭、前后等状态。这三个要素中的一个发生改变，声音形式都会起变化，而往往是三者在配合下共同作用于语气的声音形式。

　　3.语无定势。五种基本形态并非能包罗万象，在具体的语句中能产生更多的形式，所以在播音时不必过于拘泥。所谓"语无定势"说的就是不能到处套用公式，而要靠我们驾驭有声语言的功力。有的人在播音时表现为可恶的固定腔调，这需要我们在声音形式上多下工夫，努力克服单一刻板的语势，尽量在思想感情的色彩和分量准确的前提下追求形式的活泼多变。

　　语势可以大致归为五种基本类型：

　　1.波峰类。声音的发展态势是由低向高再向低行进，状如波峰。两端低，中间高。一般情况下，重音在句腰时多用波峰类。

　　2.波谷类。声音由高向低再向高发展。即句头、句尾较高，句腰较低，状如波谷。一般情况下，重音在句首和句尾时多用波谷类。

3.上山类。声音由低向高发展。即：句头最低，句尾最高，状如登山。不过，有时是步步高，有时是盘旋而上。

4.下山类。特点是句头最高，而后顺势而下，状如下山。应注意的是它有时是直线而下，有时是呈蜿蜒曲折的态势。

5.半起类。特点是句头较低，而后呈上行趋势，行至中途，气提声止。由于没有行至最高点，所以称为半起。

语气的运用要注意几个问题：

1.语气不是播音员、主持人主观确定的。因为语气的确定要依据稿件和节目的要求确定。稿件的内容、意图、体裁和节目的目的、特点、形态要求播音员、主持人不能随心所欲。

2.播音主持的语气生活化所指的不是生活中有声语言的原始状态。这是某些传播者语言功力缺乏的一种借口，是对广播电视语言发展短视的表现，是不足道的。

3.语气并不是万能的。语气的体现是多种因素共同作用的结果，语气本身是外部技巧的一种，和其他内部技巧一起影响有声语言的表达。

第二部分　示例与示例分析

一、示例

《苏州漫步》节选一　陆文夫

我喜爱苏州，特别喜爱它那恬静的小巷。这倒不是因为"故宫闲地少，水巷小桥多"，而是因为在小巷中往往最容易看到生活的巨变，城市的新生，由此而产生一种自豪和喜悦。

苏州的小巷是饶有风味的。它整洁幽深，曲折多变。巷中都用弹石铺路，春天没有灰沙，夏日阵雨刚过，便能穿布鞋而不湿脚。巷子的两边都是高高的院墙，墙上爬满了常春藤、紫藤；间或有缀满花朵的树枝从墙上探出头来。在庭院的深处，这里、那里传出织机的响声，那沙沙沙沙的是织绸缎；那吱呀喊嚓的是织章绒。我见过苏州的绸缎和弹绒，像蓝天上嵌着彩云，像朝阳、像晚霞、像薄暮升起的轻烟。你怎么也不会想到，这些举世闻名的丝织品，是在万户杂住的小巷里诞生的。

小巷子里，大门常开。在敞开的大门里，常常可以看到母女二人伏在一张绷架上，在安静地绣花。她们把一根极细的丝线劈成八根，用几百种针法绣出花鸟、虫鱼、人物、山水。绣出齐白石的活虾；绣出徐悲鸿的奔马，泼墨，水印，神态都能准确无误地表现出来。

十六年前我也曾见过"苏绣"，见过苏州的"绣女"。秋夜沉寂的小巷里，常见她们傍着微弱的灯光，从深夜绣到天明，赶到顾绣庄去换钱，然后排到米店门口，任人用粉笔在肩上编起号码，指一点平价米。

今天，我们不仅能在小巷中，在北京的人民大会堂看到"苏绣"；在国际的展览会上，还能看苏州姑娘表演刺绣。伦敦的居民曾经要求看一看刺绣姑娘的手，看看她的手上有什么秘密，为什么绣出的花儿能迷惑住蝴蝶！谁知道唯一的秘密就是这双手的勤劳，就是我们的社会对勤劳双手的尊重。

解放前，在苏州一座残破的古庙里，住着一个白发垢面、患着严重眼疾的乞妇，她就是有名的"绣女"沈静芬。她把青春全献给了"苏绣"，她会几百种巧妙的针法，她年轻时为闺阁千金描绣了无数的游龙飞凤，替顾绣庄赚来了大批利润。到头来落得个破庙容身，乞求度日。"苏绣"的技术跟着她被人践踏，像破庙一样在风雨中凋零！

如今，在一座小巧的园林里、花径上、曲桥旁，人们又见到了刺绣工场的顾问沈静芬。她的头发还是斑白的，可是眼疾消失了，面色红润了，精神抖擞了，她正指导着一群活泼年轻的姑娘，种花、绘画、刺绣，把传统的技艺推向新的高峰。寄语伦敦的居民，苏州姑娘手上的秘密，可以到这里寻找。

秋天，全城弥漫着桂花的香气。嗅着花香信步向前，便会被引入一座座古老的园林。园林像天女散下的鲜花，分布在苏州的大街小巷，有记载的就有一百多个，至于那些凿一池，架一山，中筑一二小亭者就不可数计。《吴风录》记载："虽闾阎下刻亦饰小山盆鸟以玩"，这说明苏州园林的普遍，在这样普遍的基础上，历代的巧匠名师留下了大批精湛的杰作。

在所有的园林当中，我最爱"留园"。它像所有的艺术杰作一样，带着深深的含蓄。入口处一条朴实的走廊，普通的庭院。林中部的池台亭榭便隐约可见。等到穿过"涵碧山房"，站在近水的凉台上时，只见一派假山迎面而起，山石犬牙交错，"可亭"的六角高耸在山石的上面，高高低低的三道小桥横卧在山涧上。远望迂回曲折，仿佛深不见底。到这里，便感到人在画中，但又不见画的全貌。

登上爬山的游廊，走进"闻木樨香轩"，园中部的景物便全都呈现在眼前。东西是楼阁参差，古木奇石掩映着亭台水榭，南面是廊台，花墙，小巧的"明瑟楼"凌驾于一切建筑之上，楼前是满池清水，倒映着南面的全部景色，造成了园外的奇景。池塘当中，有一个小岛，叫"小蓬莱"，这里的桥、亭都和水面相平，登上"小蓬莱"好像站在湖心水底，而觉得四面皆山。过了"小蓬莱"到达"曲溪楼"的底层时，中部的景物都已一览无余，可以告一段落了。但是，"曲溪楼"旁还有许多砖框、漏窗,它像取景框一样,把园中的景色浓缩起来,使人处处凌虚,移步换影。抬头西望,深秋时,鲜红的枫叶漫铺在高下起伏的云墙上,叫人留恋不已,回味无穷。

解放前,"留园"竟成了国民党军队的马厩。树木砍伐,楼阁倒塌,到处是残垣败壁、碎石乱砖。今天的"留园"处处金碧辉煌,富丽万千。回头看"留园"的外面,只见虎丘道上,运河的两旁,到处耸立着高大的烟囱。解放后兴建起来的工厂,在日夜吐着浓烟,把安详的蓝天抹上浓重的笔墨。那里机器在轰鸣,金属在碰撞,生活在沸腾。从全城各处的小巷里,古老的花园里,日夜有经过充分休息的人,一路淡然着走向那沸腾的地方。

（半月文章网 2018 年 4 月 9 日）

二、示例分析

第一段是文章的总起段,为文章奠定了喜爱、愉悦的感情色彩,在语气上应愉悦、轻快,在转折部分要有语气的变化,使文章更具感情。

第二、三段是描写苏州的小巷别具风味,在语气处理上要有惊喜之感,让听众感觉出不同与特别,吐露对苏州的喜爱之情。

第四至第七段是对"苏绣"的一个描写,细腻具体,还用一个故事来生动地讲述"苏绣"之精巧细密,让人非常喜爱。在播读中要注意区分讲故事和描述的区别,讲故事的语气要更亲和,走进受众的心里,在描述的时候注意语气起伏变化和感情调动,这样文章读出来更有趣。

另外,还要确定全文富有赞美肯定的色彩。作者在描写苏州美景时都是饱含着肯定和赞美感情色彩的,在表达时注意情感和态度的把握,语气要欢快、惊喜。但是要拿捏好情感的"度",不能过于夸张表现语气,那会给人做作之感。用声上要气息饱满,但是不能够僵死,不能够太"实",要"匀""活",还要"通"。语势上行趋势明显,起伏有变化,用起伏变化来显出愉悦喜爱之感。

第三部分　训练指导

一、新闻播报

方法:让学生理解掌握不同的语气类型,或者一句话给学生不同的语境,让他们根据不同的语境用五种不同的语气色彩来表达。

提示:语势的五种基本形态并非能包罗万象,在具体的语句中能产生更多的形式,所以在播音时不必过于拘泥。所谓"语无定势"说的就是不能到处套用公式,而要靠我们驾驭有声语言的功力。

需要注意的问题:①语气的确定要依据稿件和节目的要求确定,不是播音员、主持人主观确定的。稿件的内容、意图、体裁和节目的目的、特点、形态要求播音员、主持人不能随心所欲、为所欲为。②播音员、主持人的语气生活化不是生活中有声语言的原始状态。

西藏各地举行文艺演出,喜迎藏历新年

训练提示:准备稿件,确定基调,选择恰当的语气。这篇新闻主要是对西藏新年风俗等的描述,充满了喜庆欢乐的色彩,注意语气的热烈兴奋。需要注意的问题:表达时,状态要保持积极。

当前,春节和藏历新年年味正浓,冬游西藏再次呈现出升温态势,不少游客选择此时来高原过藏历新年,在体验传统藏历新年民俗的同时,享受冬日高原温暖的阳光。

眼下,春节和藏历新年年味正浓,冬季拉萨市旅游市场也呈现出升温态势,不少游客选择此时来拉萨过藏历新年,在体验传统藏历新年民俗的同时,享受冬日高原温暖的阳光。藏历新年是藏族群众一年中最为隆重的传统节日,从藏历初一开始,至十五结束。2016 年藏历火猴新年,是藏族人一年中最大的节日,可以说是整个藏区的狂欢节。欢乐的节日从藏历新年初一开始,将一直持续半个月。

节日期间,藏族群众会按照传统习俗欢庆新年,家家户户吃古突,在打扫一新的房子里摆放各类供品,身着节日盛装走亲访友拜年,在房顶插挂经幡,举办锅庄、藏戏、马术等各类民俗活动,年味十足。

30 岁的广西籍游客蒋震宇刚刚在平措康桑青年旅社办完入住手续,他笑着说:"选择这时来西藏旅游,就是为了体验藏历新年的气氛,在感受独特民俗的同时,祈求家人平安健康。"

（选自《西藏日报》2016 年 2 月 12 日,记者黄志武）

外交部举行例行记者会,表达对日不满

训练提示:该消息表达出中方的强烈不满,有"怒"的倾向。语气要表达出对正义的坚定态度和决心。另外,对怒的表达要注意度。

国际在线消息:据新华社电,中国外交部发言人洪磊 11 日在北京表示,日方对中方正常的海空活动说三道四,中方强烈不满。

当日例行记者会上,有记者问,日本防卫大臣日前要求自卫队加强警戒,切实应对中方在日本政府"购买钓鱼岛"一周年之际采取针对日本的海空行动。中方对此有何评论?

洪磊说,在日本政府非法"购岛"一周年之际,日本不认真反省自身错误行为,反而对中方正常的海空活动说三道四,中方对此表示强烈不满。

洪磊表示,中方将继续采取必要措施,坚定维护钓鱼岛主权。我们要求日方纠正错误,停止一切损害中国领土主权的行动,为消除改善两国关系的障碍做出实实在在的努力。

(新华社北京 2013 年 9 月 11 日电,记者张鹏雄、杨依军)

我国选手首摘国际科学与工程大奖赛奖项

训练提示:该消息是一则喜讯,充满欢喜赞扬的色彩。表达时,语气必须是欢快与兴奋的。

中新网北京 5 月 18 日消息:在日前举办的第 51 届英特尔国际科学与工程大奖赛上,上海华东师范大学二附中的诸珏敏、汪灏和侯雍容以"空调房内空气污染的净化研究",获美国联合技术公司颁发的优秀环境科学奖,奖品很独特,是 38 股该公司的股票,价值约 2500 美元。

英特尔国际科学与工程大奖赛被誉为是世界中学生的科学"世界杯"。这次在美国汽车城底特律举行的大赛吸引了 40 多个国家和地区的 1224 名学生参加,有 446 名杰出科学家应邀担任大赛裁判,8 位诺贝尔奖获得者莅临现场,回答学生们的提问。

来自北京、上海、安徽和浙江的 19 名中学生带着 8 个个人项目和 4 个团体项目代表中国首次参赛,并夺得 6 个奖项。

另据《北京晚报》今天报道,参加第 51 届英特尔国际科学与工程大奖赛的 19 位中国中学生昨晚载誉归来。

(选自中新网 5 月 18 日)

少女街头打耳洞竟引发感染

训练提示:本段文字叙述了由"打耳洞"而引发的疾病,表达时语气要惋惜,还要传递出期望该患者早日康复的人文关怀。

五年前,来自宁乡的吴女士在当地一家小店打了耳洞,当时两个耳垂曾出现过发热红肿的现象,但她一直未加在意。直到近日,吴女士的耳垂突然肿大,目前已经变成了两个直径达到三四厘米的肉疙瘩,经医院检查,已确诊为耳垂疤痕瘤,昨天,医生对吴女士进行了手术切除和耳垂重建治疗。经过手术切除,医生已从吴女士双耳上取下了 4 个肾状的疤痕瘤,并且进行了相应的耳垂修复治疗,目前恢复情况良好。医生介绍,并非任何人都可以打耳孔,对于疤痕体质者来说,打耳孔可能造成瘢痕疙瘩增生,并越长越大。此外,打耳洞时消毒不严导致病毒感染或打耳洞后经常揉搓耳垂等都可能引起耳垂疤痕瘤。医生提醒,如果市民耳洞创伤部位一旦发生感染,需要及时到正规医院进行检查治疗,防止病情进一步发展。

(选自北青网 2018 年 2 月 8 日)

中共中央、国务院、中央军委关于授予杨利伟同志"航天英雄"荣誉称号并颁发"航天功勋奖章"的决定

训练提示:该则消息是对航天英雄杨利伟的表彰与赞扬,语气中应该充满赞美的色彩,分量较重,是一种充满激情的赞美。表达时,声音要有力,气息要饱满,上行趋势明显。

现在播送中共中央、国务院、中央军委关于授予杨利伟同志"航天英雄"荣誉称号并颁发"航天功勋奖章"的决定。

2003 年 10 月 15 日,我国自行研制的"神舟"五号载人飞船成功发射,将我国航天员杨利伟同志送入太空,并于 16 日安全返回地面。我国首次载人航天飞行获得了圆满成功,实现了中华民族的飞天梦想。这是中国人民在攀登世界科技高峰征程上完成的又一个伟大壮举,是我国航天发展史上耸立的又一座里程碑。这一令世界瞩目的辉煌成就,充分显示了中华民族的非凡智慧和伟大创造力,对于推动我国科学技术事业的发展,增强我国的经济实力、科技实力、国防实力和民族凝聚力,激励全党、全军和全国人民为全面建设小康社会而团结奋斗,都具有重大的现实意义和深远的历史意义。

首次载人航天飞行的圆满成功,凝结着所有参加工程研制、建设和试验的科学家、工程技术人员和航天员的心血和汗水。杨利伟同志作为执行我国首次载人航天飞行任务的航天员,不畏艰险,敢为人先,创造了彪炳史册的功绩,为祖国、为人民、为民族赢得了巨大荣誉。

为表彰杨利伟同志为我国航天事业做出的突出贡献,中共中央、国务院、中央军委决定,授予杨利伟同志"航天英雄"荣誉称号,并颁发"航天功勋奖章"。

杨利伟同志是航天科技战线的杰出代表,是自觉实践"三个代表"重要思想的模范。全党、全军和全国人民都要学习他忠于党、忠于祖国、忠于人民的高尚品德,学习他勇于面对挑战、敢于夺取胜利的革命斗志,学习他英勇无畏、坚毅果敢的进取精神。让我们在以胡锦涛同志为总书记的党中央领导下,高举邓小平理论伟大旗帜,全面贯彻"三个代表"重要思想,大力弘扬"两弹一星"精神和载人航天精神,自强不息,团结协作,开拓创新,不懈进取,为全面建设小康社会、实现中华民族伟大复兴做出新的更大的贡献!

(新华社北京 2003 年 11 月 7 日)

二、文学作品播讲

方法:选择不同体裁的文学稿件,从短篇的到长篇,从容易的到难度越来越大的,从色彩较为单一的到色彩比较复杂的,进阶式对学生进行不同语气的训练。

提示:有的人在进行了大量的新闻播音训练后,在进行文学稿件播讲时会保持一定的固定腔调,这需要我们在声音形式上多下工夫,练习播讲不同体裁的文学稿件时,要灵活多变,努力克服单一刻板的语势,尽量在思想感情的色彩和分量准确的前提下追求形式的活泼多变。

需要注意的问题:①声音形式必须要注意恰切地体现具体的感情,必须符合语境的要求。②要注意叙述、抒情、议论等不同语气特点的区分,以及声音形式的变化。③语气不是万能的,语气本身是外部技巧的一种,和其他内部技巧一起影响有声语言的表达。

三张纸条　王愿坚

训练提示:注意语气的转换,由前面的"兴冲冲"到后来的"浑身都凉了",有一个由高兴向失望的转换。表达时,语气的变化要表现得较为明显。

我兴冲冲地上了路,可是当我走了一夜,从拂晓的晨雾里看清了这个村子的面貌时,像一跤跌到水井里,浑身都凉了。这哪里是个村子,简直像个乱坟岗,没有一间完整的房子,黑黑的土墙歪歪地立在那里,窗子只剩了个方洞洞,遍地是碎砖乱瓦,屋里地上的茅草,有一人多深,小树也长得有碗口粗了。野鸟听见响动,"扑棱"一声从窗洞里飞出来。我从村东头一直走到村西头才看见一排排傍着残垣断壁搭起的竹寮篷子,看样子还有人住。

（《三张纸条》,上海人民美术出版社 1959 年版）

陈奂生进城　高晓声

训练提示:该段落主要是在描述房中的一切事物,注意语言的语气要亲切自然,声音要柔和沉稳。

原来这房里的一切,都是新堂堂,亮澄澄,平顶(天花板)白得耀眼。四周的墙,用青漆漆了一人高,再往上就刷刷白。地板暗红闪光,照出人影子来;紫檀色五斗橱,嫩黄色写字台,更有两张出奇的矮凳,比太师椅还大,里外包着皮,也叫不出它的名字来。再看床上,垫的是花床单,盖的是新被子,雪白的被底,崭新的绸面,刮刮叫三层新。陈奂生不由自主地立刻在被窝里缩成一团,他知道自己身上(特别是脚)不大干净,生怕弄脏了被子……

（发表于《人民文学》1980 年第 2 期）

当代英雄 ［俄］莱蒙托夫

训练提示:该段落透出对迷人景色的赞美,语气要上扬激动。表达时,语言要舒展大气。

真的,这样迷人的景色恐怕哪儿也见不着,我们的下面是科依索尔谷地。谷地里贯穿着阿拉格瓦河和另一条河,仿佛两根银线;淡蓝色的迷雾在谷地上流动着。受到温暖的曙光的照耀,向附近的峡谷飘去;左右都是白雪皑皑、灌木丛生的山脊,一个比一个高,它们互相交错,绵延不绝;远方是同样的山岭,但没有两个山岩形状彼此相似,而山上的积雪又那么喜气洋洋、那么光辉灿烂地闪耀着玫瑰红的色彩,使人真想在这儿待上一辈子;太阳稍稍从暗蓝色的山岭后面露出脸来。只有看惯这种景色的眼睛才能把山岭同阴云分辨开来。

（选自莱蒙托夫:《当代英雄》,吕绍宗译,上海三联书店 2015 年版）

一 生 ［法］莫泊桑

训练提示:这一段话是对"寒冷"的细致刻画和描写,注意语气要稍收敛,感情要略落寞。要注意描述性词汇的表达。

什么也不能教她暖过来;她的脚冷得发木,从小腿直到臀部都发着抖,使她不停地翻来覆去安不下心,神经焦躁到极点了。

不久,牙齿咯咯作响;两手发抖;胸口紧压得难受;心怦怦地跳得很慢,有时简直像要停止跳动了;嗓子仿佛就要喘不上气来。

难以抵挡的寒冷一直透入她的骨髓,同时她精神上也产生了一种极度的恐怖。她从来没有过这种感觉,从来没有这样地受到过生命的威胁,简直就只剩下最后一口气了。

（选自莫泊桑:《一生》,盛澄华译,人民文学出版社 1963 年版）

马裤先生 老 舍

训练提示:这篇文章以人物对话居多,注意不同情景、人物行为、心理的不同状态,在语气上应该体现出来,使人物形象更加丰满。

火车在北平东站还没开,同屋那位睡上铺的穿马裤,戴平光眼镜,青缎子洋服上身,胸袋插着小楷羊毫,足蹬青绒快靴的先生发了问:"你也是从北平上车?"很和气的。火车还没动呢,不从北平上车,由哪儿呢? 我只好反攻了:"你从哪儿上车?"他没言语。看了看铺位,用尽全身的力气喊了声:"茶房!"茶房跑来了。

"拿毯子!"马裤先生喊。

"请少待一会儿,先生。"茶房很和气地说。马裤先生用食指挖了鼻孔一下,别无动作。茶房刚走开两步。

"茶房!"这次连火车好似都震得直动。茶房像旋风似的转过身来。

"拿枕头!"

"先生,您等我忙过这会儿去,毯子和枕头就一齐全到。"茶房说得很快,可依然是很和气。茶房看马裤先生没任何表示,刚转过身去要走,这次火车确是哗啦了半天,"茶房!"茶房差点吓了个跟头,赶紧转回身来。

"拿茶!"

"先生请略微等一等,一开车茶水就来。"

马裤先生没任何的表示。茶房故意地笑了笑,然后搭讪着慢慢地转身,腿刚预备好要走,背后打了个霹雳,"茶房!"

茶房不是假装没听见,便是耳朵已经震聋,竟自快步走开。

"茶房! 茶房! 茶房!"马裤先生连喊,一声比一声高。站台上送客的跑过一群来,以为车上失了火,要不然便是出了人命。茶房始终没回头。马裤先生又挖了鼻孔一下,坐在我床上。"你坐二等?"这是问我呢。我又毛了,我确是买的二等,难道上错了车?

"你呢?"我问。

"二等。快开车了吧? 茶房!"

他站起来,数他的行李,一共八件,全堆在另一卧铺上。数了两次,又说了话,"你的行李呢?""我没有行李。"

"呕?!"他确是吓了一跳,好像坐车不带行李是大逆不道似的。"早知道,我那四只皮箱也可以不打行李票了!"

茶房从门前走过。"茶房! 拿手巾把!""等等。"茶房似乎下了抵抗的决心。

马裤先生把领带解开,摘下领子来,分别挂在铁钩上:所有的钩子都被占了,他的帽子,大衣,已占了两个。

车开了。他爬上了上铺,在我的头上脱靴子,并且击打靴底上的土。枕着个手提箱,车还没到永定门,他睡着了。

我心中安坦了许多。

到了丰台,车还没停住,上面出了声,"茶房!"没等茶房答应,他又睡着了;大概这次是梦话。过了丰台,大概还没到廊坊,上面又打了雷,"茶房!"

茶房来了,眉毛拧得好像要把谁吃了才痛快。"干吗? 先——生——"

"拿茶!"

"好吧!"茶房的眉毛拧得直往下落毛。"不要茶,要一壶开水!"

"好啦!"

马裤先生又入了梦乡,呼声只比"茶房"小一点。有时呼声低一点,用咬牙来补上。有趣!

到了天津。又上来些旅客。

马裤先生出去，呆呆地立在走廊中间，专为阻碍来往的旅客与脚夫。忽然用力挖了鼻孔一下，走了。下了车，看看梨，没买；看看报，没买。又上来了，向我招呼了声，"天津，唉？"我没言语。他向自己说："问问茶房，"紧跟着一个雷，"茶房！"我后悔了，赶紧地说："是天津，没错儿。"

"总得问问茶房。茶房！"我笑了，没法再忍住。车好容易又从天津开走。

刚一开车，茶房给马裤先生拿来头一份毯子枕头和手巾把。马裤先生用手巾把耳孔鼻孔全钻得到家，这一把手巾擦了至少有一刻钟，最后用手巾擦了擦手提箱上的土。

我给他数着，从老站到总站的十来分钟之间，他又喊了四五十声茶房。茶房只来了一次，他的问题是火车向哪面走呢？茶房的回答是不知道；于是又引起他的建议，车上总该有人知道，茶房应当负责去问。茶房说，连驶车的也不晓得东西南北。于是他几乎变了颜色，万一车走迷了路？！茶房没再回答，可是又掉了几根眉毛。

他又睡了，这次是在头上摔了摔袜子，可是一口痰并没往下唾，而是照顾了车顶。我的目的地是德州，天将亮就到了。谢天谢地！

我雇好车，进了城，还清清楚楚地听见："茶房！"

一个多礼拜了，我还惦记着茶房的眉毛呢。

（选自老舍：《骆驼祥子·马裤先生》，同心出版社 2013 年版）

怎样吃苹果和糖果　昆　梓

训练提示：这篇文稿是生活服务类文章，具有思考议论的色彩，语气的逻辑意味较浓，表达时要注意声音稳健，气息下沉，语言洒脱。

苹果是大众化水果，人们几乎随时随地都能品尝到它甘美的味道，但苹果吃起来有些讲究，很多人却不知道。

吃苹果需要细嚼慢咽，这样不仅有利于消化，更重要的是，还能清洁口腔。苹果含有多种维生素和酸性物质，只有细嚼慢咽，这些物质才能充分利用吸收。根据植物学家试验：如果一个苹果 15 分钟吃完，则苹果中的有机酸和苹果酸质就可以把口腔里的细菌杀死 90％。因此，慢慢吃苹果，对人体健康是有好处的。

对于糖果来说，则吃起来与苹果恰恰相反。这是因为人的口腔里有一种乳酸杆菌，能使糖发酵产生酸。糖在嘴里的时间越长，产生的乳酸越多，对牙越不利。所以，吃糖一定要快。

（选自《小学生生活》2010 年第 12 期）

我做得到

训练提示：文章具有坚定、昂扬的色彩，语言要具有极大的鼓舞性，语气要坚定有力，极具说服力，给受众以坚定的信念。表达时，需要注意人物语言中包含的言外之意。

一天，洛克和母亲开着小货车行经阿拉巴马的乡间小道上，由于路况原因，车子冲出了路面，掉到了二十英尺下的峡谷中。母亲凯丽满脸是血，不辨东西，牙龈残破，脸颊损毁，肩膀也被压碎，整个人被支离破碎的车门压得动弹不得。

洛克则奇迹般地毫发未伤，洛克从车窗爬出了小货车，试图将母亲拉出车子，但凯丽一动也不动，洛克急得大喊："妈妈，洛克会带你出去，你要支持住，千万别睡着啊！"

洛克又钻进了小货车，并将母亲推出了车子的残骸。接着又用瘦小的身子将两倍半重的母亲一寸一寸往上推，准备爬到马路上求救，就这样一点点犹如蜗牛爬行。凯丽感到如此疼痛，几乎要放弃希望，但洛克始终鼓舞着她。

为了鼓励凯丽，洛克告诉妈妈想想《小火车》的童话故事，故事中的小火车虽然只有小小引擎却能爬上陡峭的山头，洛克不断重复着故事中提到的："我相信你能做到，我相信你能……"

仿佛过了一个世纪，他们终于爬到路边，洛克才借着光亮看清母亲受重创的脸，他开始泪流满面，挥舞着双手，对着驶过的货车呼喊："停下来，请停下来！请带我妈妈到医院去！"

总共花了八个小时，缝了344针来整合凯丽的脸，虽然看起来和以往不大相同，但妈妈还是痊愈了。洛克成了新闻人物，但他自己却说："这一切都在意料之外，我只是做了该做的事，任何人在当时都会那样做的。"

（选自播音主持网，2016年8月4日）

黄河颂 　光未然

训练提示：《黄河颂》是一首大气磅礴的诗歌，主旨在于赞颂黄河的宏伟气势与奔腾不息的气魄，在朗诵诗注意语气要坚定昂扬，充满深情赞美与热爱的色彩，要极具激情，铿锵有力。另外，还要注意保持语气的统一性。

啊，朋友！
黄河以它英雄的气魄，
　出现在亚洲的原野；
　它表现出我们民族的精神；
　伟大而又坚强！
这里，我们向着黄河，

唱出我们的赞歌。

我站在高山之巅，

望黄河滚滚，

奔向东南。

惊涛澎湃，

掀起万丈狂澜；

浊流婉转，

结成九曲连环。

从昆仑山下奔向黄海之边，

把中原大地劈成南北两面。

啊！黄河！

你是中华民族民族的摇篮，

五千年的古国文化，

从你这儿发源；

多少英雄的故事，

在你的身边扮演。

啊！黄河！

你伟大坚强！

像一个巨人出现在亚洲平原之上，

用你那英雄的体魄，

筑成我们民族的屏障。

啊！黄河！

你一泻千丈，

浩浩荡荡，

向南北两岸伸出千万条铁的臂膀。

我们民族的伟大精神，

将要在你的哺育下发扬滋长。

我们祖国的英雄儿女，

将要学习你的榜样。

像你一样的伟大坚强！

像你一样的伟大坚强！

（选自《语文·七年级·下册》，人民教育出版社 2016 年版）

微笑　杨钧炜

训练提示：这首诗歌具有亲切柔和的色彩，感情细腻，轻不着力，虚实结合。

表达时,不能处理得太平,需要注意平中有变。

微笑是心灵上无声的问好,

微笑是淡雅友爱的花苞。

它是像蓝天一样宁静的小诗,

它是试探性的信任和礼貌。

不要只在上级面前才把微笑慷慨馈赠,

不要见了关系户才咧开嘴角。

不要为了谋求私利就去廉价拍卖,

不要为了失望和惆怅就把它扔进了地窖。

在繁忙的柜台,在拥挤的车厢,

在摩肩接踵的人行道,

越是那火星儿容易燃爆的地方,

越是需要有微笑。

我们的事业展开了金色的翅膀,

喜悦溢出了嘴角,漫上了眉梢。

微笑应该成为我们经常的面容,

微笑应该成为我们共同遵守的一个信条。

朋友们,微笑吧,微笑是沉静的美,

朋友们,微笑吧,微笑是文明的桥。

让全世界都投来羡慕,

中国充满了微笑。

(百度文库 2018 年 7 月 1 日)

孤独的树 〔保加利亚〕埃·彼林

训练提示:《孤独的树》一文所写的是对亲情无比依恋,在播读时,语气要带有忧伤。另外,还需要注意气息下沉,语言节奏尽量舒缓,以起到发人深思的作用。

一阵肆虐的狂风从遥远的树林里刮来两颗种子,随意将它们分撒在田野里。雨水将它们润湿,泥土将它们埋藏,阳光给它们温暖。于是,它们在田地里长成了两棵树。

最初,它们十分矮小,然而无心的时间把它们高高地拉离地面。它们便能眺望得比从前远多了。

它们也能彼此看见了。

田野十分辽阔,直到那葱绿的平原的尽头,也看不到任何其他的树木,只有这两株远远分隔着的树,形影相依地伫立在田野中间。它们的枝丫纵横交错,仿佛是些用来丈量这旷野的奇怪的标尺。

它们遥遥相望,彼此思念,彼此倾慕。然而,当春天来临,生命的力量给它们温暖,充盈的液汁在它们体内流动起来时,它们心中也勾起了对那永存的、同时也是永远离开了的母林的思念。

它们会心地摇动着树枝,相互默默地打着手势。当一只小鸟像一种心念从这棵树飞到那棵树的时候,它们就高兴得战栗了起来。

狂风暴雨来临时,它们惶恐地东摇西摆,折断了树枝,呜呜地呻吟叫喊,仿佛想挣脱地面,双方飞奔到一起,紧靠支撑,并在相互拥抱中获得解救。

夜晚到来,它们消失在黑暗中,重又被分隔开来。它们痛苦得如同病魔缠身,它们祈求地仰望天空,期望快快给它们送来白日的光辉,以求再能彼此相见。

如果猎人和干活的人坐在它们中一个的影子下休息,另一个就忧伤地喃喃低语,沉痛地诉说孤独的生活多么苦恼,离开亲人的日子过得多么缓慢、沉重、没有意义;它们的理想因得不到理解而消失;它们的希望因不能实现而破灭;找不到慰藉的爱情多么强烈,没有亲情的处境多么难以忍受。

(选自《外国散文百年精华鉴赏:精华本》,长江出版社 2008 年版)

秋天的怀念　史铁生

训练提示:《秋天的怀念》更多的是作者对母亲的怀念,全文充满了深情怀念的感情色彩,表达时要真挚,声音较低缓、深沉,要注意对语气的度的把握。

双腿瘫痪后,我的脾气变得暴怒无常。望着望着天上北归的雁阵,我会突然把面前的玻璃砸碎;听着听着李谷一甜美的歌声,我会猛地把手边的东西摔向四周的墙壁。母亲就悄悄地躲出去,在我看不见的地方偷偷地听着我的动静。当一切恢复沉寂,她又悄悄地进来,眼边红红的,看着我。"听说北海的花儿都开了,我推着你去走走。"她总是这么说。母亲喜欢花,可自从我的腿瘫痪后,她侍弄的那些花都死了。"不,我不去!"我狠命地捶打这两条可恨的腿,喊着:"我活着有什么劲!"母亲扑过来抓住我的手,忍住哭声说:"咱娘儿俩在一块儿,好好儿活,好好儿活……"可我却一直都不知道,她的病已经到了那步田地。后来妹妹告诉我,她常常肝疼得整宿整宿翻来覆去地睡不了觉。

那天我又独自坐在屋里,看着窗外的树叶"唰唰啦啦"地飘落。母亲进来了,挡在窗前:"北海的菊花开了,我推着你去看看吧。"她憔悴的脸上现出央求般的神色。"什么时候?""你要是愿意,就明天?"她说。我的回答已经让她喜出望外了。"好吧,就明天。"我说。她高兴得一会坐下,一会站起:"那就赶紧准备准备。""唉呀,烦不烦?几步路,有什么好准备的!"她也笑了,坐在我身边,絮絮叨叨地说着:"看完菊花,咱们就去'仿膳',你小时候最爱吃那儿的豌豆黄儿。还记得那回我带你去北海吗？你偏说那杨树花是毛毛虫，跑着，一脚踩扁一个……"她忽然不说了。对于"跑"和"踩"一类的字眼儿。她比我还敏感。她又悄悄地出去了。

她出去了，就再也没回来。

邻居们把她抬上车时，她还在大口大口地吐着鲜血。我没想到她已经病成那样。看着三轮车远去，也绝没有想到那竟是永远的诀别。

邻居的小伙子背着我去看她的时候，她正艰难地呼吸着，像她那一生艰难的生活。别人告诉我，她昏迷前的最后一句话是："我那个有病的儿子和我那个还未成年的女儿……"

又是秋天，妹妹推我去北海看了菊花。黄色的花淡雅、白色的花高洁、紫红色的花热烈而深沉，泼泼洒洒，秋风中正开得烂漫。我懂得母亲没有说完的话。妹妹也懂。我俩在一块儿，要好好儿活……

（选自《史铁生散文自选集》，百花文艺出版社1999年版）

大独裁者 ［英］卓别林

训练提示：这是电影《大独裁者》中的一段台词，充满了坚定、昂扬的色彩，全文的最后一段是全篇的高潮，语气要坚定，激情洋溢。表达时，声音要实而有力，以极大的煽动力和号召力来感染受众。

战士们，你们别去为那些野兽们卖命啊——他们鄙视你们——奴役你们——统治你们——吩咐你们应当做什么，应当想什么，应当具有什么样的感情！他们强迫你们去操练——限定你们的伙食——把你们当牲口，用你们当炮灰，你们别去受这些丧失了理性的人摆布了——他们都是一伙机器人，长的是机器人的脑袋，有的是机器人的心肝！可是你们不是机器！你们是人！你们心里有着人的爱！不要仇恨哪！只有那些得不到爱的人才仇恨别人——只有那些丧失了理性的人才仇恨别人！

战士们！不要为奴役而战斗！要为自由而战争！《路加福音》第十七章里写着：神的国就在人的心里，（在你们的心里）——不是在一个人或一群人的心里，而是在所有人的心里！在你们的心里！你们人民有力量——有创造机器的力量，有创造幸福的力量！你们人民有力量建立起自由美好的生活——使生活更有意义。那么，为了民主，就让我们使出力量来吧，就让我们团结在一起吧！就让我们进行战斗，建设一个新世界——一个美好的世界。它将使每一个人都有工作的机会，它将使青年人都有光明的前途，老年人都有安定的生活。

那些野兽也就是用这些诺言窃取了权力。但是他们是说谎！他们从来不去履行他们的诺言，他们永远不会履行他们的诺言！独裁者自己享有幸福，但是他们使人们沦为奴隶。现在就让我们进行斗争，为了解放全世界，为了消除国家的弊政,为了消除贪婪、仇恨、顽固。让我们进行斗争,为了建立一个理智的世界——在那个世界上,科学与进步将使我们所有的人获得幸福。战士们,为了民主,让我们团结在一起!

哈娜,你听见我在说什么吗?不管你在哪里,你抬起头来看哪!抬起头来看哪,哈娜,乌云正在消散,阳光照射进来!我们正在离开黑暗,进入光明!我们正在进入一个新的世界——一个可爱的世界。那里的人将克服他们的贪婪、他们的仇恨、他们的残忍。抬起头来看哪,哈娜,人的灵魂已长了翅膀,他们终于要振翅飞翔。他们飞到了霓虹里——飞到了希望的光影里。抬起头来看呀,哈娜!抬起头来看呀!

（出自卓别林执导电影《大独裁者》,1940 年于 10 月 15 日于美国首映）

第四部分 补充练习

一、新闻播报

北京通州水厂运行 23 万人喝"南水"

近日,通州水厂正式通水,这是通州首座接纳南水北调水源的水厂。据介绍,通州水厂远期日供水能力将达 60 万立方米,将有效缓解通州城区供水紧张。

市自来水集团潞洲水务有限公司副总经理肖春龙介绍,通州水厂一期工程 7 月 24 日试通水运行,8 月 26 日投入运行,日供水能力 20 万立方米,并规划建设二期、三期工程,远期日供水能力将达 60 万立方米。

此前,通州水厂试通水运行时,日供水量 3 万立方米,主要供水范围是通州城区怡乐西路以东,六环路西,京津公路以南,万盛南街以北地区;面积约 13 平方公里,服务人口约 18 万人,用户以居民用水为主。

经过半个月的持续监测,供水水质安全稳定。目前,通州水厂每日供水量为 5 万立方米,服务 23 万市民,有效缓解了通州城区供水紧张的局面,提高了城市副中心供水安全保障度。

通州水厂运行后,将有效缓解通州供水紧张。截至目前,通州共有通州地下水水厂、甘棠水厂、通州水厂等五路来水保障通州城区供水。

通州水厂运行后,北京市接纳南水的水厂也增至 8 座。市自来水集团相关负责人介绍,目前,南水直接受益人口超过 1100 万,城区 7 成供水来自南水。

截至 2017 年 8 月 30 日,江水进京水量突破 26.07 亿立方米,其中有 17.77

亿立方米用于自来水厂供水,6.09 亿立方米存入大中型水库和地下应急水源地,2.21 亿立方米替代密云水库用于河湖补水。

(《新京报》2017 年 8 月 31 日,记者信娜)

我国提速迈向人才强国　人才资源总量达 1.75 亿

日前,中央组织部会同人力资源和社会保障部、国家统计局组织开展了 2015 年度全国人才资源统计工作,这是继 2010 年后开展的第二次全口径统计。统计数据显示:人才资源总量稳步增长。全国人才资源总量达 1.75 亿人,人才资源总量占人力资源总量的比例达 15.5%,基本实现 2020 年 1.8 亿人、16% 的规划目标。党政人才、企业经营管理人才、专业技术人才、高技能人才、农村实用人才、社会工作专业人才资源总量分别为 729.0 万人、4334.1 万人、7328.1 万人、4501.0 万人、1692.3 万人、75.9 万人,较 2010 年分别增长 4.0%、45.5%、32.0%、57.2%、61.4%、272.1%,其中企业经营管理人才和高技能人才资源总量分别比 2020 年规划目标超出 3.2% 和 15.4%。

人才队伍素质明显增强。每万劳动力中研发人员达 48.5 人/年,比 2010 年增长 14.9 人/年,超出 2020 年规划目标 5.5 人/年;主要劳动年龄人口受过高等教育的比例达 16.9%,高技能人才占技能劳动者的比例达 27.3%,农村实用人才占农村劳动力的比例达 3.3%,分别比 2010 年上升 4.4、1.7、1.1 个百分点;党政人才、企业经营管理人才和专业技术人才中大学本科及以上学历所占比例达 42.4%,比 2010 年上升 8.2 个百分点。

人才投入和效能显著提高。人力资本投资占国内生产总值比例达到 15.8%,比 2010 年上升 3.8 个百分点;人才贡献率达到 33.5%,比 2010 年上升 6.9 个百分点,人才对我国经济增长的促进作用日益凸显。

全球人才市场效应不断增强。截至 2016 年底,国家“千人计划”共引进海外人才 6089 人,留学回国人才总数达 265.1 万人,其中 70% 均为党的十八大之后回国的,形成了新中国成立以来最大规模留学人才“归国潮”。

(《人民日报》2017-08-31,记者盛若蔚)

外卖小哥频现事故　平台也应担起责任

据上海市公安局交警总队统计,今年上半年,该市涉及送餐外卖行业的伤亡道路交通事故共 76 起,有多名外卖骑手在交通事故中被撞身亡,而且骑手的交通违法行为是事故发生的重要原因之一。

在都市中风驰电掣的外卖小哥,常常让机动车驾驶人、非机动车骑行者和行人都头疼不已。为了赶时间送单,他们在行驶过程中,常常无视道路用途,无视交通信号灯,也无视其他车辆行人,这样的问题,在全国许多城市都存在。

事实上,如果按照电动自行车时速不应超过 20 公里、整车重量不超过 40 公斤、必须具有脚踏骑行功能的国家标准,那么跑在大街上的外卖电动车,有多少是符合要求的?如果按照非机动车道时速不得超过 15 公里,驾驶电动摩托车必须符合上牌和具备驾驶资格的法律法规要求,有多少外卖小哥的骑行是完全合法合规的?

那么,为什么这样显而易见的问题,就一直处于"模棱两可"的状态?

对于外卖小哥而言,其收入除基本工资外,主要与送单量挂钩,在相同时间内送得越多,收入越高,自然追求更高速度。作为用人企业,外卖公司本来有义务对送餐骑手进行交通安全教育,并约束其违规行为,而上海市公安局的调查也发现,每家送餐外卖企业对骑手的规范都是有规章制度要求的,但是这些制度并没有被很好地贯彻执行。

因为,如果让外卖小哥全部换成自行车,现有的送餐员根本应对不了飞速增长的外卖市场,以及庞大的订单量。艾媒咨询发布的报告显示,今年我国外卖市场整体交易额将达到 2045.6 亿元,增速为 23.1%。

为了争夺市场,任何一家公司都不愿降低送餐速度,如果要保持送餐速度还要让车辆人员皆符合法律法规要求,就势必要增加人手,这会带来企业人力成本上升,或是增加送餐费用以调节订单量,这又会影响市场份额。相比于这些措施,企业自然更愿意对车辆和送餐员违法违规"睁一只眼闭一只眼",用最少的人力成本来完成最多的订单。

当然,违规违法成本低,也是送餐企业不愿投入更多力度强制保障外卖小哥安全出行,以及外卖小哥不断出现违规违法行为的重要原因。只要不出事故,电动自行车违规改装、非机动车道超速行驶、占用机动车道阻碍交通以及闯红灯等行为,都很难被现场处罚,也使得以身试法者多,"法难责众"。最终,在交通违规违法现象中,外卖小哥和其他车辆驾驶人、行人都是受害者,公共利益也受损,唯有外卖企业稳赚不赔。

在大城市里,不同送餐平台的外卖小哥数以万计,且流动性很大,不易管理。但是,这并不意味着没有管理方法,相关机构应当从外卖送餐企业的监管入手,全面梳理企业车辆情况,并建立健全送餐骑手身份识别系统,对于交通违法骑手,应对其公司有所惩戒。毕竟,外卖小哥卖命骑行换来的送餐费不是直接进了自己腰包,而是外卖平台拿走了大头。

(《工人日报》2017-08-30,记者赵昂)

交通运输部将全面清理规范行政处罚、检查和涉企收费

新华社北京 8 月 31 日电(记者赵文君) 交通运输部新闻发言人吴春耕 31 日在交通运输部专题新闻发布会上表示,交通运输部将全面清理规范行政处

罚、检查和涉企收费，坚决治理和杜绝交通运输领域乱罚款、滥收费、任性检查问题，坚决斩断"向企业乱伸的手"。

交通运输部法制司副司长王海峰介绍，此次清理规范的范围包括各级交通运输主管部门及所属管理机构在行使公路路政、道路运政、航道管理、港口管理、水路运政、海事管理、工程质量监督、安全管理等职责过程和组织社团活动过程中，对公民、法人或其他组织实施的各类行政处罚、行政检查和涉企收费。对于没有法律、法规、规章规定的，全部予以取消。

此次清理的重点有三个方面：一是行政处罚，主要包括罚款、没收违法所得、没收非法财物、责令停产停业、暂扣或吊销许可证、暂扣或吊销执照等；二是行政检查，主要包括路面水面巡查、设备设施监查、经营场所实地检查等；三是涉企收费，主要包括行政事业性收费、政府性基金、政府定价（含指导价）经营服务性收费、行政审批前置中介服务收费、行业协会商会收费。

吴春耕说，在清理规范交通收费方面，自 2012 年以来，交通运输部已陆续取消了船舶港务费等 8 项行政事业性收费，每年减轻企业负担约 56 亿元。联合财政部完善中转货物港口建设费征收政策，每年减轻企业负担约 1 亿元。在此基础上，2017 年，停征了船舶登记费、船舶及船用产品设施检验费（中国籍非入级船舶法定检验费），每年可再减轻企业负担 7 亿元。至此，中央级交通运输领域公路水路行业涉企行政事业性收费仅剩 1 项，即体现国家主权按照国际对等原则收取的长江干线船舶引航费，目前也已纳入全国及中央行政事业性收费目录清单，并由财政部对社会进行了公示。

（新华社记者赵文君，2017 年 8 月 31 日报道）

二、文学作品播讲

《生命之树常绿》节选　　徐　迟

当中国总理从车中跨下来时，人山人海都惊喜地看到了，人山人海都热烈地欢呼了。总理已在车上换上了一身傣族的服装，头戴着水红色的头巾。这时，高升火箭迎空飞起。在彩色的火花底下，龙舟竞渡。群情如此激动。

四月十五日的黎明，允景洪万人空巷，倾城而出，凤凰树上，开满了彩色的大花朵；凤凰树下，攒动着鲜丽色彩的傣族姑娘。皓齿玉臂，笑着舞着，到处是清脆的笑声，到处是轻歌曼舞。在市中心的十字街头，群众拥挤而整齐，齐整而狂热地盼着，一时欢声雷动，和谐而有节奏。

（选自徐迟：《生命之树常绿》，山东教育出版社 1998 年版）

《彩虹梦幻曲》节选　惠长林

"看，彩虹！彩虹来了！"我们顺着他手指的方向望去，只见一道半圆形的彩带藏匿在水瀑胸前的浅烟薄雾中，若隐若现。太阳越来越近了，它用力地把自己的光与热掷于瀑布，用自己粗大的手拨开缭绕的烟雾，红黄绿蓝几色相并的彩链愈益发亮。

（瑞文网 2018 年 5 月 22 日）

《爬满青藤的木屋》节选　古　华

这一年冬天，气候有些反常：没有落雪，尽打霜。老辈人讲这是干冬和干春的预兆。绿毛坑数万亩老树林子天天早晨结着狗牙霜，常绿阔叶树就像披上了银缕玉衣，成了个白花花的世界，不过晌午不得消散。绿毛坑峡谷底的那一高一矮两栋木屋，每天早晨、上午都戴着洁白的玉冠。木屋后头那溪山水，也结上了一层硬壳，僵直地躺在那里，失去了往时叮咚流淌的气息。

（选自古华：《爬满青藤的木屋》，人民文学出版社 1983 年版）

《滚来滚去的石头》节选　〔俄〕高尔基

外祖父家花园左边围墙外的院子里，几乎每天下午都有三个小男孩在玩耍。他们都是灰衣灰帽灰眼睛，我只能从个子高矮来分辨他们。

我从围墙缝里观察他们，他们从未发现我，可是我倒希望他们发觉我。我喜欢他们那么有趣、快乐、和睦地玩我没有见过的各种游戏，喜欢他们相互关心，特别使我喜欢的是两个哥哥对小弟弟 —— 那个长得挺滑稽的、活泼机敏的小不点儿的态度。倘若他跌跤了，两个哥哥就会笑起来，但并不像通常一些对栽跟头的人那样幸灾乐祸地笑，而是马上就去帮助小弟弟爬起来，如果他跌脏了手或膝盖，他们就用牛蒡叶子、手帕擦净他的手和裤子，二哥还对他说：

"瞧你这笨样儿……"

（选自〔俄〕高尔基：《童年》，郑海凌译，天津人民出版社 2017 年版）

《燕赵悲歌》节选　蒋子龙

夜，静得瘆人。深秋的夜风，像剃头刀儿一样扫荡着这黑沉沉、死寂寂的百里大洼。月亮像半张死人的脸，冷光熹微，根本刺不透沉沉夜幕。

（选自蒋子龙：《燕赵悲歌》，中国青年出版社 1985 年版）

《在其香居茶馆里》节选　沙　汀

幺吵吵终于一路吵过来了。这是那种精力充足，对这个世界任何事物都采取一种毫不在意的态度的典型男性。他时常打起哈哈在茶馆里自白道："老子这张嘴么,就这样:说是要说的,吃也是要吃的;说够了回去两杯甜酒一喝,倒下去就睡!……"

(选自沙汀:《在其香居茶馆里》,花城出版社 2011 年版)

《风波》节选　鲁　迅

赵七爷是邻村茂源酒店的主人,又是这三十里方圆以内的唯一的出色人物兼学问家;因为有学问,所以又有些遗老的臭味。他有十多本金圣叹批评的《三国志》,时常坐着一个字一个字的读;他不但能说出五虎将姓名,甚而至于还知道黄忠表字汉升和马超表字孟起。革命以后,他便将辫子盘在顶上,像道士一般;常常叹息说,倘若赵子龙在世,天下便不会乱到这地步了。

(选自《呐喊》,北京新潮社 1923 年版)

《家》节选　巴　金

"然而这又有什么用?现在太迟了!我不愿意往前走了。"觉慧似乎被解除了武装,他的愤怒已经消失了,他绝望地说。"你居然说这样的话?难道你为了鸣凤就放弃一切吗?这跟你平日的言行完全不符!"觉民责备道。"不,不是这样。"觉慧连忙辩解说。但是他又住了口,而且避开了觉民的探问的眼光。他慢慢地说:"不只是为了鸣凤。"过后他又激愤地说:"我对这种生活根本就厌倦了。"

(选自《家》,开明书局 1933 年版)

《高山下的花环》节选　李存葆

军长主持召开军党委会,把军帽猛地朝桌上一甩:"不怕罢官者,跟我坐在这里开会! 对那帮乌合之众要夺市委的大权,我雷某决不支持! 怕去乌纱帽者,请出去! 请到红色新政权中去坐第一把交椅!"……

(选自《十月》,1982 年第 6 期)

《落花生》节选　许地山

我们家的后园有半亩空地。母亲说:"让它荒着怪可惜的,你们那么爱吃花生,就开辟出来种花生吧。"我们姐弟几个都很高兴,买种、翻地、播种、浇水,没过几个月,居然收获了。

母亲说:"今晚我们过一个收获节,请你们的父亲也来尝尝我们的新花生,好不好?"母亲把花生做成了好几样食品,还吩咐就在后园的茅亭里过这个节。

那晚上天色不大好。可父亲也来了,实在很难得。

父亲说:"你们爱吃花生吗?"

我们争着答应:"爱!"

"谁能把花生的好处说出来?"

姐姐说:"花生的味儿美。"

哥哥说:"花生可以榨油。"

我说:"花生的价钱便宜,谁都可以买来吃,都喜欢吃。这就是它的好处。"

父亲说:"花生的好处很多,有一样最可贵:它的果实埋在地里,不像桃子、石榴、苹果那样,把鲜红嫩绿的果实高高地挂在枝头上,使人一见就生爱慕之心。你看它矮矮地长在地上,等到成熟了,也不能立刻分辨出来它有没有果实,也必须挖起来才知道。"

(选自《落花生:许地山散文菁华集》,湖南文艺出版社 2011 年版)

《世间最美的坟墓》节选 〔奥〕茨威格

它只是树林中的一个小小长方形土丘,上面开满鲜花,没有十字架,没有墓碑,没有墓志铭,连托尔斯泰这个名字也没有。这个比谁都感到受自己的声名所累的伟人,就像偶尔被发现的流浪汉、不为人知的士兵那样不留名姓地被人埋葬了。谁都可以踏进他最后的安息地,围在四周的稀疏的木栅栏是不关闭的——保护列夫·托尔斯泰得以安息的没有任何别的东西,唯有人们的敬意;而通常,人们却总是怀着好奇,去破坏伟人墓地的宁静。这里,逼人的朴素禁锢住任何一种观赏的闲情,并且不容许你大声说话。风儿在俯临这座无名者之墓的树木之间飒飒响着,和暖的阳光在坟头嬉戏;冬天,白雪温柔地覆盖这片幽暗的土地。无论你在夏天还是冬天经过这儿,你都想象不到,这个小小的、隆起的长方形包容着当代最伟大的人物当中的一个。

(选自《外国优秀散文选》,中国文联出版公司 1985 年版)

《王子复仇记》节选 〔英〕莎士比亚

生存还是毁灭?这是个问题。究竟哪样更高贵,去忍受那狂暴的命运无情的摧残,还是挺身去反抗那无边的烦恼,把它扫一个干净。

去死,去睡就结束了,如果睡眠能结束我们心灵的创伤和肉体所承受的千百种痛苦,那真是生存求之不得的天大的好事。去死,去睡,去睡,也许会做梦!

唉,这就麻烦了,即使摆脱了这尘世,可在这死的睡眠里又会做些什么梦呢?真得想一想,就这点顾虑使人受着终身的折磨,谁甘心忍受那鞭打和嘲弄,受人压迫,受尽侮蔑和轻视,忍受那失恋的痛苦,法庭的拖延,衙门的横征暴敛,默默无闻的劳碌却只换来多少凌辱。但他自己只要用把尖刀就能解脱了。

谁也不甘心，呻吟、流汗拖着这残生，可是对死后又感觉到恐惧，又从来没有任何人从死亡的国土里回来，因此动摇了，宁愿忍受着目前的苦难 而不愿投奔向另一种苦难。

顾虑就使我们都变成了懦夫，使得那果断的本色蒙上了一层思虑的惨白的容颜，本来可以做出伟大的事业，由于思虑就化为乌有了，丧失了行动的能力。

（选自《王子复仇记》，中国出版集团，现代出版社 2013 年版）

第八章　节　奏

训练内容:节奏的分类分析及表达方法有轻快型、凝重型、低沉型、高亢型、舒缓型、紧张型。

训练目的:通过对所选训练材料、稿件的思想感情进行分析,帮助学生把握稿件全篇节奏,明确节奏运用的技巧,并将此项外部技巧熟练运用于稿件的二度创作。

训练要求:通过讲解和练习,分清节奏的基本类型,熟练掌握节奏的技巧,使得在处理稿件时能够娴熟地运用节奏技巧体现文章的思想感情,辅助完成有声语言的表达。

第一部分　理论概述

一、节奏的概念

节奏是有声语言运动的一种形式。在播音中,节奏应该是由全篇稿件生发出来的,是播音员、主持人思想感情的波澜起伏所造成的抑扬顿挫、轻重缓急的声音形式的回环往复。

第一,节奏是以思想感情运动为依据的声音运动形式,不是人为地、随意地制造出来的,而是依据稿件本身和理解、感受稿件的主客观把握的结合,生理与心理的统一。那些"完全传者中心"和"完全受者中心"的观点是不符合正确的创作道路的。在体现节奏时我们要坚守这一点。

第二,节奏是通过声音形式得以实现的,有声语言中声音高低、强弱、快慢、顿挫等方面是组成播音节奏的基本要素。它们的承续、主次、分合、对比等多层次、多侧面的立体变化,形成有序的律动,形成了播音节奏的存在形式。

第三,节奏的本质是声音的回环往复。在语流中,音节、词语、词组等通过表情达意的需要和行文规律的要求而形成序列、呼应、再现、反复的样式,在全篇稿件中形成相似的语气的感情色彩、分量和语势,这种声音形式的重复就构成了节奏。简单地说,回环往复就是相似的语气的色彩、分量和语势有规律的重复。

第四,节奏由"全篇稿件生发",立足于全篇,由播出目的和稿件整体统率,被基调制约,一篇稿件的基本节奏具有相对稳定的鲜明个性,同时又具有变化性,寓变化于齐整中。

二、节奏的类型

(一)轻快型

多扬少抑,多轻少重,语流中顿挫少,且顿挫时间短,基本语气、基本转换都偏轻快,重点句、段更为明显。

(二)凝重型

多抑少扬,多重少轻,语势较平稳,音强而着力,顿挫较多,时间长,语速偏慢,重点处的基本语气、基本转换都显得凝重。

(三)低沉型

语势多为落潮类,句尾落点多显沉重,音节多长,声音偏暗,基本语气、转换都带有沉缓的感受。

(四)高亢型

语势多为起潮类,峰峰紧连,扬而更扬,势不可遏,声音多明亮高昂。重点处语气、转换都趋于高昂或爽朗。

(五)舒缓型

语势多扬而少坠,声较高而不着力,气流长而声清,语节内较疏但不多顿。语势、语气有跌宕但都较为舒展,语速徐缓。

(六)紧张型

多扬少抑,多重少轻,语节内密度大,气较促,音较短。语气转换都较为急促、紧张。

以上所列举这些节奏类型,并不是说每一句话都要符合,也不是说每一语气、转换都雷同,恰恰相反,每一种节奏类型都是全局性、整体性的概括。这六种类型基本把节奏立体化的形态描摹出来。但一篇稿件不可能是单一的一种节奏,可能是以一种节奏类型为主,也就是我们说的主导节奏,几种辅助节奏相互交叉、相互渗透,这样稿件的表达才不会陷入到单调、刻板、平白的沼泽中。

三、运用节奏的方法

(一)欲抑先扬、欲扬先抑

"扬"一般是指声音的趋势向上发展,"抑"一般是指声音的趋势向下发展。如果重点要"扬","扬"前要"抑";如果重点要"抑","抑"前要"扬"。简单地说就是,要想使这一部分突出,就要使前一部分削弱。突出的方法既可以是较重、较高、较慢的声音形式,也可以是较轻、较低、较快的声音形式。扬抑之间的界限不是截然分开的,要避免僵硬的直线型。而且,抑和扬不是绝对的,分别都有各自的不同层次,什么层次的抑和什么层次的扬,相互转换都是水到渠成、顺其自然的。

(二)欲慢先快、欲快先慢

慢就是指字音稍长、停顿多而时间长,快就是指字音短促、停顿少而时间短,连接较多。在人们的大脑中,速度的快慢最能体现语言的节奏。当语速发生快慢变化时,容易引起受众的注意,打破了一成不变的节奏。但是我们要注意,快慢的变化不是随意的,想快就快,想慢就慢,它的变化必须符合语气的需要。快并不是像连珠炮似的,每个字音都很短促,一口气说一大段话,听上去气喘吁吁的,我们把这种现象叫做"促"。导致"促"的原因有很多,可能是平时说话的语言习惯,说的语速比较快;也可能是稿件内容上所表现的语气很着急,播读者沉浸在这样的情景中,对节奏变化缺乏敏感度,而造成"一促到底"。"慢"也不是慢条斯理,拉长每一个音节,使听众总是急于知道下一个词是什么,我们把这种现象叫做"抻"。造成"抻"的原因也很多,和"促"相反。在快慢的问题上要掌握"快而不乱,慢而不断"的原则,在舒缓的节奏中善于处理紧、疾;在紧张的节奏中善于用畅、缓的节奏。根据语气的需要,做到"快中有慢,慢中有快"。

(三)欲重先轻、欲轻先重

虚实相间、轻重相间也是形成节奏的重要方法。虚实是轻重的不同程度,在语流推进过程中用"虚"表示轻时,并不是用全虚的声音,一般用半虚即可。也不要一虚到底,全虚的声音不适合大众传媒的特点,给人虚假、小气、故弄玄虚的感觉。在表达时要虚中有实,实中有虚,虚实结合,使语言充满灵性。

(四)欲高先低、欲低先高

语调的高低和音高的高低本身代表某种特殊的语气,"高"通常给人高亢、鲜明、亮丽、激烈的感觉。"低"常令人感到沉稳、压抑、扎实、厚重等氛围。高和低在语气和节奏上给人的印象通常是相对的,在语流中呈现起伏感和明暗感,调节语言的曲线和色彩。

(五)欲停先连、欲连先停

停连不仅区分语意、显示重音,而且体现语气。要区别运用少停多连和少连多停的方法。该一气呵成、一泻千里时,前后要找准停顿的位置;该停顿的时候,前后要找准连接的位置和时间。

(六)凸显对比、控纵自如

在语流中,把抑扬、快慢、轻重、高低、停连等对比鲜明的声音形式用交替和转换的方式表现出来,使人感受到语流的波澜起伏、色彩变换、疾缓相间的变化。初学者容易犯的毛病是播什么都是"一个味儿"或是极度夸张，一惊一乍，大起大落，我们一定要避免。

四、停连、重音、语气、节奏四者的关系

播音过程是语句循序渐进的过程，是语气的时间变化过程。语句是我们表达的基本单位，并不是意味着我们只管句子不顾全篇，我们一定要立足全篇，立足于各语句之间的内在联系，深刻理解感受每一句话的内涵、色彩和分量。这样就会使停连、重音融入到语流中，贯通于语气之内。而节奏也就在重点语气的回环往复之中自然显露。在播音中，重点要抓语气的表达用以带动重音，用以统领停连，用以显露节奏。目前我们播音中明显的弱点就是语气不够鲜明、生动，突出的毛病是有固定腔调。这就集中表现在语气技巧的贫乏上。要想提高播音质量，必须在语气上下功夫。在语气上下功夫，就要把这四种基本技巧综合运用，而不要顾此失彼。有的人习惯于只在稿件上划停连和重音，其他就不管了，这是不对的。因为停连、重音失去了语气的带动，就会显得僵硬，失去语言的活力。语气的色彩、分量、语势的趋向和态势，是不容易在稿件上标出来的，但却是十分重要。可以说，停连、重音虽然可以根据所标符号播讲，显得容易掌握，如果不用语气带动那是播不好的，语气需要内心的充实。重视语气技巧的训练，将使我们的播音更上一层楼。

第二部分　示例与示例分析

一、示例

海　燕　［俄］高尔基

在苍茫的大海上，狂风卷集着乌云。在乌云和大海之间，海燕像黑色的闪电，在高傲地飞翔。

一会儿翅膀碰着波浪，一会儿箭一般地直冲向乌云，它叫喊着，——就在这鸟儿勇敢的叫喊声里，乌云听出了欢乐。

在这叫喊声里，充满着对暴风雨的渴望！在这叫喊声里，乌云听出了愤怒的力量、热情的火焰和胜利的信心。

海鸥在暴风雨来临之前呻吟着，——呻吟着，它们在大海上飞窜，想把自己对暴风雨的恐惧，掩藏到大海深处。

海鸭也在呻吟着，——这些海鸭啊，享受不了生活的战斗的欢乐：轰隆隆的

雷声就把它们吓坏了。

蠢笨的企鹅，胆怯地把肥胖的身体躲藏到悬崖底下……只有那高傲的海燕，勇敢地，自由自在地，在泛起白沫的大海上飞翔！

乌云越来越暗，越来越低，向海面直压下来，而波浪一边歌唱，一边冲向高空，去迎接那雷声。

雷声轰响。波浪在愤怒的飞沫中呼叫，跟狂风争鸣。看吧，狂风紧紧抱起一层层巨浪，恶狠狠地把它们甩到悬崖上，把这些大块的翡翠摔成尘雾和碎沫。海燕叫喊着，飞翔着，像黑色的闪电，箭一般地穿过乌云，翅膀掠起波浪的飞沫。

看吧，它飞舞着，像个精灵，——高傲的、黑色的暴风雨的精灵，——它在大笑，它又在号叫……它笑那些乌云，它因为欢乐而号叫！

这个敏感的精灵，——它从雷声的震怒里，早就听出了困乏，它深信，乌云遮不住太阳，——是的，遮不住的！

狂风吼叫……雷声轰响……

一堆堆乌云，像青色的火焰，在无底的大海上燃烧。大海抓住闪电的箭光，把它们熄灭在自己的深渊里。这些闪电的影子，活像一条条火蛇，在大海里蜿蜒游动，一晃就消失了。

——暴风雨！暴风雨就要来啦！这是勇敢的海燕，在怒吼的大海上，在闪电中间，高傲地飞翔；这是胜利的预言家在叫喊：——让暴风雨来得更猛烈些吧！

（选自高尔基：《高尔基文集》，李玉祥译，中央编译出版社 2010 年版）

二、示例分析

全文自然段短小精悍，一浪推起一浪，形成层层高潮。第一自然段首句大场景铺开，舒缓、低沉又积蓄着力量，气息不可松弛，为下文语势做铺垫。第二句海燕的出现打破第一句的节奏，声音形态随之变化、调整。

第二层次第一句先用了一个排比，形容海燕的矫健身姿，语势略平稳。第二句一开端，语势逐渐上扬，节奏加快。最后一句，用坚定的态度，似讲述，又似肯定一种信念。三个"叫喊声"层层推进，注意表达时避免单一运用爬高的声音形态来表达，声音的强度、力度，语词的疏密、节奏的控纵变化丰富。

第三层次转场，第一句稍有局促感、紧张感，气氛的凝固感，也为第二句海鸭的状态留下创作空间。第二句，语气的嘲讽、鄙夷色彩加重。第三句的"蠢笨"二字，强调突出描写了企鹅面对暴风雨的胆怯，省略号后最后一句要激昂、渐重，有了前面三者的衬托，突出海燕的高傲与坚强，气息承托情绪音高陡转上扬。

从乌云的描述开始，语势可取波谷式，体现出乌云的暗、低与沉。第二、三句语势较高，节奏稍稍紧张，渐重，体现出雷声、波浪、狂风三者合为一体呼啸的场面。第四句为下面的高潮作铺垫,描写海燕闪电般的动作,这句要积极。第五句是本层次的高潮,描写海燕的具体姿态,以及它对"乌云遮不住太阳"的深刻理解。高亢型节奏,分量加重,尤其是形容词,要有洒脱、释然的豪放感。第六句要有气势,它是深层本质的体现。"是的,遮不住的"这句肯定的色彩,内在语表达要到位,声音的强控制和气息的配合要到位。

"狂风吼叫……雷声轰响……"要放慢语速,气托住进行叙述,将八个字的语词节奏抻开一些。第二句起分量变重,语势略上扬,第三句第四句情绪持续酝酿,为最后一段,也是全文的高潮作铺垫。

最后是全文最高亢的一段,是文章的高潮,第一句为紧张型,程度加强。二、三句为排比,高亢型节奏体现出海燕胜利者的姿态。因此,第四句应将气势推到最高,充满激情地表达最后一句。注意表达时不可声嘶力竭,而要注重色彩和内心真实感受的自然运动。

第三部分　训练指导

一、轻快型

方法:多扬少抑,多轻少重,语流中顿挫少,且顿挫时间短,基本语气、基本转换都偏轻快,重点句、段更为明显。

提示:循序渐进,首先把握基本的节奏。注意主导节奏和辅助节奏的转换衔接。

需要注意的问题:播音节奏的外部形式表现为有声语言流的抑扬顿挫、轻重缓急,运用节奏的四种方法在播读中不应单一使用。它们各有长处,不同稿件可以有不同侧重。舒缓不是一味的慢条斯理,要防止"抻"。

美丽的小兴安岭　　佚　名

训练提示:这篇文章描写小兴安岭的四季。整体节奏轻快自然,但是在轻快型节奏中,注意夹杂着部分舒缓型节奏的辅助,例如第一自然段的引入。

进入具体的景物描写,注意声音弹性的层次变化,突出四季的特征。在色彩感很强的片段,例如,森林的绿,雾的乳白,太阳的金灿灿,以及野花的色彩斑斓时,注意状态积极,语速略加快,野花的颜色要读出跳跃感。而到了秋冬季的描写画面由动转静,可以偏向舒缓型的辅助节奏。

我国东北的小兴安岭,有数不清的红松、白桦、栎树……几百里连成一片,就像绿色的海洋。

春天,树木抽出新的枝条,长出嫩绿的叶子。山上的积雪融化了,雪水汇成小溪,淙淙地流着。小鹿在溪边散步。它们有的俯下身子喝水,有的侧着脑袋,欣赏自己映在水里的影子。溪里涨满了春水。一根根原木随着流水往前淌,像一支舰队在前进。

夏天,树木长得葱葱茏茏,密密层层的枝叶把森林封得严严实实的,挡住了人们的视线,遮住了蓝蓝的天空。早晨,雾从山谷里升起来,整个森林浸在乳白色的浓雾里。太阳出来了,千万缕像利剑一样的金光,穿过树梢,照射在工人宿舍门前的草地上。草地上盛开着各种各样的野花,红的、白的、黄的、紫的,真像个美丽的大花坛。

秋天,白桦和栎树的叶子变黄了,松柏显得更苍翠了。秋风吹来,落叶在林间飞舞。这时候,森林向人们献出了酸甜可口的山葡萄,又香又脆的榛子,鲜嫩的蘑菇和木耳,还有人参等名贵药材。

冬天,雪花在空中飞舞。树上积满了白雪。地上的雪厚厚的,又松又软,常常没过膝盖。西北风呼呼地刮过树梢,黑熊用舌头舔着自己又肥又厚的脚掌。小兴安岭一年四季景色诱人,是一座美丽的大花园,也是一座巨大的宝库。

(选自人教版《语文》第五册,人民教育出版社 2016 年版)

在天晴了的时候　戴望舒

训练提示:此诗写于抗日战争时期,诗人用象征的手法,歌颂光明和解放,表达心中的"淡然""宁静"和"暖意"。语言上通过拟人化的手法,用"动态化"的表达方式,为我们描绘出了一幅幅雨后放晴充满清新气息的乡村画卷。表达一韵到底,节奏轻松跳跃。用声上注意虚实结合,明快为主。

在天晴了的时候,
该到小径中去走走;
给雨润过的泥路,
一定是凉爽又温柔;
炫耀着新绿的小草,
已一下子洗净了尘垢;
不再胆怯的小白菊,
慢慢地抬起它们的头,
试试寒,试试暖,
然后一瓣瓣地绽透;
抖去水珠的凤蝶儿
在木叶间自在闲游,
把它的饰彩的智慧书页

曝着阳光一开一收。

到小径中去走走吧,

在天晴了的时候;

赤着脚,携着手,

踏着新泥,涉过溪流。

新阳推开了阴霾了,

溪水在温风中晕皱,

看山间移动的暗绿——

云的脚迹——它也在闲游。

(选自冀教版《语文》五年级上册,主编郭振有、陶月华,

河北教育出版社 2008 年版)

火烧云 萧 红

训练提示:这是一篇充满童真童趣的小文,瑰丽的想象、生动的比喻、活泼的文字、灵动的画面,读来朗朗上口。原文的自然段比较多,处理时避免过于零碎割裂,在划分层次和表达时注意连贯和整体性。

晚饭过后,火烧云上来了。霞光照得小孩子的脸红红的。大白狗变成红的了,红公鸡变成金的了,黑母鸡变成紫檀色的了。喂猪的老头儿在墙根靠着,笑盈盈地看着他的两头小白猪变成小金猪了。他刚想说:"你们也变了……"旁边走来个乘凉的人对他说:"您老人家必要高寿,您老是金胡子了。"

天上的云从西边一直烧到东边,红彤彤的,好像是天空着了火。

这地方的火烧云变化极多,天空中一会儿红彤彤的,一会儿金灿灿的,一会儿半紫半黄,一会儿半灰半百合色。葡萄灰、梨黄、茄子紫,这些颜色天空都有,还有些说也说不出来、见也没见过的颜色。

一会儿,天空出现一匹马,马头向南,马尾向西。马是跪着的,像等人骑上它的背,它才站起来似的。过了两三秒钟,那匹马大起来了,马腿伸开了,脖子也长了,尾巴可不见了。看的人正在寻找马尾巴,那匹马变模糊了。

忽然又来了一条大狗。那条狗十分凶猛,在向前跑,后边似乎还跟着好几条小狗。跑着跑着,小狗不知哪里去了,大狗也不见了。

接着又来了一头大狮子,跟庙门前的石头狮子一模一样,也那么大,也那样蹲着,很威武很镇静地蹲着。可是一转眼就变了,再也找不着了。

一时恍恍惚惚的,天空里又像这个,又像那个,其实什么也不像,什么也看不清了。必须低下头,揉一揉眼睛,沉静一会儿再看。可是天空偏偏不等待那些爱好它的孩子。一会儿工夫,火烧云下去了。

(选自萧红:《呼兰河传》,浙江文艺出版社 2016 年版)

济南的冬天　老 舍

训练提示:这篇文章充分体现了作者对济南的冬天的喜爱之情,对济南这座城市的热爱之情,生动的语言唤起读者的联想和想象,二度创作时可以更加鲜明地使受众的头脑中产生具有光、色、态的具体形象,这就是语言的画面感。济南的冬天给我们的印象是非常温和安适,表达时注意虚实明暗结合、刚柔变化适度,节奏上轻快型与舒缓型交融。

对于一个在北平住惯的人,像我,冬天要是不刮风,便觉得是奇迹;济南的冬天是没有风声的。对于一个刚由伦敦回来的人,像我,冬天要能看得见日光,便觉得是怪事;济南的冬天是响晴的。自然,在热带的地方,日光是永远那么毒,响亮的天气,反有点叫人害怕。可是,在北中国的冬天,而能有温晴的天气,济南真得算个宝地。

设若单单是有阳光,那也算不了出奇。请闭上眼睛想:一个老城,有山有水,全在天底下晒着阳光,暖和安适地睡着,只等春风来把它们唤醒,这是不是个理想的境界? 小山整把济南围了个圈儿,只有北边缺着点口儿。这一圈小山在冬天特别可爱,好像是把济南放在一个小摇篮里,它们安静不动地低声地说:"你们放心吧,这儿准保暖和。"真的,济南的人们在冬天是面上含笑的。他们一看那些小山,心中便觉得有了着落,有了依靠。他们由天上看到山上,便不知不觉地想起:"明天也许就是春天了吧? 这样的温暖,今天夜里山草也许就绿起来了吧?"就是这点幻想不能一时实现,他们也并不着急,因为这样慈善的冬天,干啥还希望别的呢!

最妙的是下点小雪呀。看吧,山上的矮松越发的青黑,树尖上顶着一髻儿白花,好像日本看护妇。山尖全白了,给蓝天镶上一道银边。山坡上,有的地方雪厚点,有的地方草色还露着,这样,一道儿白,一道儿暗黄,给山们穿上一件带水纹的花衣;看着看着,这件花衣好像被风儿吹动,叫你希望看见一点更美的山的肌肤。等到快日落的时候,微黄的阳光斜射在山腰上,那点薄雪好像忽然害了羞,微微露出点粉色。就是下小雪吧,济南是受不住大雪的,那些小山太秀气!

古老的济南,城里那么狭窄,城外又那么宽敞,山坡上卧着些小村庄,小村庄的房顶上卧着点雪,对,这是张小水墨画,也许是唐代的名手画的吧。

那水呢,不但不结冰,倒反在绿萍上冒着点热气,水藻真绿,把终年贮蓄的绿色全拿出来了。天儿越晴,水藻越绿,就凭这些绿的精神,水也不忍得冻上,况且那些长枝的垂柳还要在水里照个影儿呢! 看吧,由澄清的河水慢慢往上看吧,空中,半空中,天上,自上而下全是那么清亮,那么蓝汪汪的,整个的是块空灵的蓝水晶。这块水晶里,包着红屋顶,黄草山,像地毯上的小团花的灰色树影。这就是冬天的济南。

（选自老舍：《老舍全集》，人民文学出版社 1999 年版》）

天气预报

训练提示：注意节奏和语气、重音的配合，尤其是本段中数字很多，分析一下哪些是必读重音，又分别用何种方式表达。

正在等春天的各位，接下去几天，杭州气温会节节升高，春天简直已经触手可及。昨天一整天，杭州虽然阳光灿烂，看上去很暖，但因为有弱冷空气过境，北风很大，"呼呼"地就把阳光带来的热量一下子清扫干净。昨天白天，杭城气温只在 8—9℃徘徊，还是有点冷。不过，从今天开始，随着冷空气的离开，未来几天，气温就会飞快上升。杭州市气象台预测，今天上午，杭州晴转多云，下午起多云到阴，市区最高气温 13℃；今天后半夜到明天，多云到晴，最高气温17℃；周五，多云到晴，最高气温就会冲到 20℃了。

20℃，这样的气温是不是看看就让人觉得"春光明媚"了？虽然这两天的回暖并不代表着未来的日子一直都那么暖和，但毕竟 3 月中旬了，或许停下脚步静下心，还能听到草木葱茏生长的声音。不过，杭城的"花海模式"早在二月份就已经开启了，太子湾的二月兰，天目山的杜鹃花，慧因寺的郁金香，乌龟潭的海棠花，而到了 4 月中旬，西湖景区"千年次生湿地"江洋畈生态公园即将盛开1.8 万平方米的虞美人，如此壮观的花海，咱们不妨去先睹为快。

（根据杭州网—《都市快报》2015－03－11，顾怡文改写）

二、凝重型

方法：多抑少扬，多重少轻，语势较平稳、音强而着力、顿挫较多，时间长，语速偏慢，重点处的基本语气、基本转换都显得凝重。

提示：避免把节奏看作单一的东西，有的人从稿件第一句开始到最后一句结束，句句都向凝重型靠拢，惟恐有一句脱离了凝重型，这就使我们的播音单调呆板，语气僵化。

需要注意的问题：凝重型的节奏区别于语气的表达，语气是以语句为单位的，节奏是以全篇为单位的，要注意整体性，注意节奏受基调的制约。

岳阳楼记　范仲淹

训练提示：本文表现作者虽身居江湖，但心忧国事，虽遭迫害，却仍不放弃理想的顽强意志，同时，也是对被贬友人的鼓励和安慰。开篇第一句切入正题，叙述事情缘起本末，"谪守"二字暗喻内心悲慨。

从第二句开始，格调振起，到第二自然段逐渐呈现气势壮观景象。第三自然段开始排比段,并行而下,一悲一喜,一暗一明,不同的景象呼应截然相反的人生情境。第一句"若夫"起笔,意味深长,下面紧跟四字短语,层层渲染,注意节奏的变化,避免单调。第四自然段变奏,叠加咏叹,音节上略走向高亢、明亮、有力,但注意不要脱离主线节奏。

接下来一段是全篇的重心,兼有抒情和议论的意味。作者在列举了悲喜两种情境后,笔调突然激扬,道出了超乎这两者之上的一种更高的理想境界,那就是"不以物喜,不以己悲",落笔凝重,一往情深。

庆历四年春,滕子京谪守巴陵郡。越明年,政通人和,百废具兴。乃重修岳阳楼,增其旧制,刻唐贤今人诗赋于其上。属予作文以记之。

予观夫巴陵胜状,在洞庭一湖。衔远山,吞长江,浩浩汤汤,横无际涯;朝晖夕阴,气象万千。此则岳阳楼之大观也。前人之述备矣。然则北通巫峡,南极潇湘,迁客骚人,多会于此,览物之情,得无异乎?

若夫霪雨霏霏,连月不开,阴风怒号,浊浪排空;日星隐耀,山岳潜形;商旅不行,樯倾楫摧;薄暮冥冥,虎啸猿啼。登斯楼也,则有去国怀乡,忧谗畏讥,满目萧然,感极而悲者矣。

至若春和景明,波澜不惊,上下天光,一碧万顷;沙鸥翔集,锦鳞游泳;岸芷汀兰,郁郁青青。而或长烟一空,皓月千里,浮光跃金,静影沉璧,渔歌互答,此乐何极!登斯楼也,则有心旷神怡,宠辱偕忘,把酒临风,其喜洋洋者矣。

嗟夫!予尝求古仁人之心,或异二者之为,何哉?不以物喜,不以己悲;居庙堂之高则忧其民;处江湖之远则忧其君。是进亦忧,退亦忧。然则何时而乐耶?其必曰"先天下之忧而忧,后天下之乐而乐"乎。噫!微斯人,吾谁与归?

时六年九月十五日。

(选自人教版《语文》八年级上册,人民教育出版社 2008 年版)

听听那冷雨(节选) 余光中

训练提示:这篇散文抒写的是深深的思乡情绪,这种乡情主要是通过雨声的描写流淌而出的,借冷雨抒情,这种乡情也表现在他在文中化用的诗词里面,中国古典诗词的意趣在被赋予生命的冷雨中表现得更淋漓尽致。表达时注意汉语辞藻所营造的珠落玉盘般的结构美、千变万化的节奏美。

惊蛰一过,春寒加剧。先是料料峭峭,继而雨季开始,时而淋淋漓漓,时而淅淅沥沥,天潮潮地湿湿,即连在梦里,也似乎有把伞撑着。而就凭一把伞,躲过一阵潇潇的冷雨,也躲不过整个雨季。连思想也都是潮润润的。每天回家,曲折穿过金门街到厦门街迷宫式的长巷短巷,雨里风里,走入霏霏令人更想入非非。想这样子的台北凄凄切切完全是黑白片的味道,想整个中国整部中国的历史无非是一张黑白片子，片头到片尾，一直是这样下着雨的。

......

杏花。春雨。江南。六个方块字，或许那片土就在那里面。而无论赤县也好神州也好中国也好，变来变去，只要仓颉的灵感不灭，美丽的中文不老，那形象那磁石般的向心力当必然长在。因为一个方块字是一个天地。太初有字，于是汉族的心灵他祖先的回忆和希望便有了寄托。譬如凭空写一个"雨"字，点点滴滴，滂滂沱沱，淅淅沥沥，一切云情雨意，就宛然其中了。视觉上的这种美感，岂是什么英文、日文、俄文所能满足？翻开一部《辞源》或《辞海》，金木水火土，各成世界，而一入"雨"部，古神州的天颜千变万化，便悉在望中，美丽的霜雪云霞，骇人的雷电霹雳，展露的无非是神的好脾气与坏脾气，气象台百读不厌门外汉百思不解的百科全书。

听听，那冷雨。看看，那冷雨。嗅嗅闻闻，那冷雨，舔舔吧，那冷雨。雨下在他的伞上这城市百万人的伞上雨衣上屋上天线上，雨下在基隆港在防波堤海峡的船上，清明这季雨。雨是女性，应该最富于感性。雨气空蒙而迷幻，细细嗅嗅，清清爽爽新新，有一点薄荷的香味，浓的时候，竟发出草和树林沐浴之后特有的腥气，也许那尽是蚯蚓和蜗牛的腥气吧，毕竟是惊蛰了啊。也许地上的地下的生命也许古中国层层叠叠的记忆皆蠢蠢而蠕，也许是植物的潜意识和梦紧，那腥气。

......

雨不但可嗅，可亲，更可以听。听听那冷雨。听雨，只要不是石破天惊的台风暴雨，在听觉上总是一种美感。大陆上的秋天，无论是疏雨滴梧桐，或是骤雨打荷叶，听去总有一点凄凉，凄清，凄楚，于今在岛上回味，则在凄楚之外，再笼上一层凄迷了，饶你多少豪情侠气，怕也经不起三番五次的风吹雨打。一打少年听雨，红烛昏沉。再打中年听雨，客舟中江阔云低。三打白头听雨的僧庐下，这便是亡宋之痛，一颗敏感心灵的一生：楼上，江上，庙里，用冷冷的雨珠子串成。

......

雨天的屋瓦，浮漾湿湿的流光，灰而温柔，迎光则微明，背光则幽黯，对于视觉，是一种低沉的安慰。至于雨敲在鳞鳞千瓣的瓦上，由远而近，轻轻重重轻轻，夹着一股股的细流沿瓦槽与屋檐漏漏泻下，各种敲击音与滑音密织成网，谁的千指百指在按摩耳轮。"下雨了"，温柔的灰美人来了，她冰冰的纤手在屋顶拂弄着无数的黑键啊灰键，把旰午一下子奏成了黄昏。

......

在旧式的古屋里听雨，听四月，霏霏不绝的黄梅雨，朝夕不断，旬月绵延，湿黏黏的苔藓从石阶下一直侵到舌底，心底。到七月，听台风台雨在古屋顶一夜盲奏,千寻海底的热浪沸沸被狂风挟持,掀翻整个太平洋只为向他的矮屋檐重重压下,整个海在他的蜗壳上哗哗泻过。不然便是雷雨夜,白烟一般的纱帐里听羯鼓一通又一通,滔天的暴雨滂滂沛沛扑来,强劲的电琵琶忐忑忑忐忑忑忐,弹动屋瓦的惊悸腾腾欲掀起。不然便是斜斜的西北雨斜斜,刷在窗玻璃上,鞭在墙上打在阔大的芭蕉叶上,一阵寒潮泻过,秋意便弥漫旧式的庭院了。

在旧式的古屋里听雨,春雨绵绵听到秋雨潇潇,从少年听到中年,听听那冷雨。雨是一种单调而耐听的音乐,是室内乐是室外乐,户内听听,户外听听,冷冷,那音乐。雨是一种回忆的音乐,听听那冷雨,回忆江南的雨下得满地是江湖下在桥上和船上,也下在四川在秧田和蛙塘,下肥了嘉陵江下湿布谷咕咕的啼声,雨是潮潮润润的音乐下在渴望的唇上,舔舔吧那冷雨。

……

前尘隔海。古屋不再。听听那冷雨。

(选自余光中:《听听那冷雨》,国际文化出版公司 2014 年版)

野草题辞 鲁 迅

训练提示:鲁迅写《题辞》的时候,正是"4·12"反革命政变后的十多天,这时,鲁迅的思想已发生了巨大变化,从苦闷、彷徨中走了出来,决心去迎接新的战斗。用《题辞》中的话来说,便是:"过去的生命已经死亡。"旧的我已死,新的我已诞生。所以作者面对这已经过去的生命历程,抱"大欢喜"的态度。现在已经告别过去,迈开步伐走向未来。处理这篇稿件的节奏,注意凝重节奏中的坚定的语气。

当我沉默着的时候,我觉得充实;我将开口,同时感到空虚。

过去的生命已经死亡。我对于这死亡有大欢喜,因为我借此知道它曾经存活。死亡的生命已经朽腐。我对于这朽腐有大欢喜,因为我借此知道它还非空虚。

生命的泥委弃在地面上,不生乔木,只生野草,这是我的罪过。

野草,根本不深,花叶不美,然而吸取露,吸取水,吸取陈死人的血和肉,各各夺取它的生存。当生存时,还是将遭践踏,将遭删刈,直至于死亡而朽腐。

但我坦然,欣然。我将大笑,我将歌唱。

我自爱我的野草,但我憎恶这以野草作装饰的地面。

地火在地下运行,奔突;熔岩一旦喷出,将烧尽一切野草,以及乔木,于是并且无可朽腐。

但我坦然,欣然。我将大笑,我将歌唱。

天地有如此静穆,我不能大笑而且歌唱。天地即不如此静穆,我或者也将不能。我以这一丛野草,在明与暗,生与死,过去与未来之际,献于友与仇,人与兽,爱者与不爱者之前作证。

为我自己,为友与仇,人与兽,爱者与不爱者,我希望这野草的死亡和朽腐,火速到来。要不然,我先就未曾生存,这实在比死亡与朽腐更其不幸。

去罢,野草,连着我的题辞!

一九二七年四月二十六日

鲁迅记于广州之白云楼上

(选自鲁迅:《野草》,人民文学出版社 2015 年版)

邓小平同志逝世讣告

训练提示:凝重与低沉有时交织在一起,难以区分,这是表达时的难度所在,要从整体基调上通盘考虑。邓小平同志为人民、为国家做出了巨大贡献,对于他的逝世,人们的心情是沉重的,注意节奏与语气的配合,并注意第二自然段化悲痛为力量的细微变化。语势处理上注意比较平稳,高强着力,多抑少扬。

中国共产党中央委员会、中华人民共和国全国人民代表大会常务委员会、中华人民共和国国务院、中国人民政治协商会议全国委员会、中国共产党和中华人民共和国中央军事委员会,极其悲痛地向全党全军全国各族人民通告:我们敬爱的邓小平同志患帕金森病晚期,并发肺部感染,因呼吸循环功能衰竭,抢救无效,于一九九七年二月十九日二十一时零八分在北京逝世,享年九十三岁。

邓小平同志的逝世,对我党我军我国各族人民是不可估量的损失,定将在我国人民心中引起极大的悲痛。中央号召全党全军全国各族人民,化悲痛为力量,继承邓小平同志的遗志,以更加努力地做好各方面工作的实际行动,来表达我们的悼念。

(《江泽民同志在邓小平同志追悼大会上致悼词》,人民网 2002 年 2 月 9 日)

新 闻

训练提示:新闻中的凝重带有严肃的语气,对咬字出字的力度和清晰度要求较高,气息深沉,语势平稳,态度鲜明。

中国驻法国使馆 16 号发表新闻公报,严厉谴责 14 号在法国发生的中国留学生遭暴力攻击事件。中国外交部发言人华春莹今天表示,中方已就此事向法方提出交涉,要求法方妥善处理此案,依法严惩凶手。

当地时间 14 号晚,6 名在当地学习葡萄酒工艺专业的中国留学生在西部吉伦特省侯斯坦小镇的住宅内遭到当地不良青年酒后袭击,一名女留学生被玻璃瓶击伤脸部。目前,这名女学生已经在波尔多市医院得到有效治疗,脸上有一条约为 4 厘米的伤口需要处理,另外几名学生没有大碍。3 名袭击者已全部交由宪兵羁押。

(选自央视网《新闻联播》,2013 年 6 月 17 日)

三、低沉型

方法:语势多为落潮类,句尾落点多显沉重,音节多长,声音偏暗,基本语气、转换,都带有沉缓的感受。

提示:"低"常令人感到沉稳、压抑、扎实、厚重等氛围。高和低在语气和节奏上给人的印象通常是相对的,主要体会在语流中呈现起伏感和明暗感,调节语言的曲线和色彩。

需要注意的问题:低沉与凝重有时候常常交织在一起,分析稿件时要判断主导节奏是哪种,要详细了解作者写作的时代背景,并结合当下的播出背景进行整体观照。

在柏林 〔美〕奥莱尔

训练提示:文章短小精悍,侧面反映出战争给人民带来的肉体痛苦和对人民心灵的沉重打击。开始的伏笔使读者迷惘,后来的结局令读者心头一震,足以表现出文学的绝妙。故事在体弱多病的老妇人重复"一、二、三"中开始,很容易判断出这个老妇人是个精神上有点问题的人,在两个天真无邪的小姑娘的笑声中引来了老头狠狠的目光,但是老头为什么要和这两个小姑娘计较呢?这为下文作了铺垫。在小姑娘再次笑的时候,导出了文章的高潮,老兵的话更加反映了战争的血与泪,车厢里的静是人民对战争的反思还是对老兵遭遇的同情?

一列火车缓慢地驶出柏林,车厢里尽是妇女和孩子,几乎看不到一个健壮的男子。在一节车厢里,坐着一位头发灰白的战时后备役老兵,坐在他身旁的是个身体虚弱而多病的老妇人。显然她在独自沉思,旅客们听到她在数着:"一、二、三……"声音盖过了车轮的"咔嚓咔嚓"声。停顿了一会儿,她又不时重复数起来。两个小姑娘看到这种奇特的举动,指手画脚,不假思索地笑起来。那个后备役老兵狠狠扫了她们一眼,随即车厢里平静了。

"一、二、三……"神志不清的老妇人重复数着。两个小姑娘再次偷笑起来。这时,那位灰白头发的后备役老兵挺了挺身板,开口了。

"小姐,"他说,"当我告诉你们这位可怜夫人就是我的妻子时,你们大概不会再笑了。我们刚刚失去了三个儿子,他们是在战争中死去的。现在轮到我自己上前线了。在我走之前,我总得把他们的母亲送进阿卡姆疯人院啊。"

车厢里一片寂静,静得可怕。

(选自《初中生世界·九年级》,江苏教育报刊社,2013年第11期)

我爱这土地 艾 青

训练提示:诗的第一节是从虚拟的视角,即从鸟儿的视角去想象,表现鸟儿对土地的忠诚与挚爱,显得形象含蓄;第二节从作者自我的视角去实写自己"常含泪水的眼睛",倾诉自己对土地的"深沉"之爱,是直抒胸臆。这样,虚境和实境的结合与对应,构筑了全诗内在完整的艺术空间。全诗自始至终沉浸在浓郁的深沉的情感氛围中,以一个强有力的情感抒发结束了全篇,节奏处理上循环往复,层层叠叠推向高潮。

假如我是一只鸟,

我也应该用嘶哑的喉咙歌唱:

这被暴风雨所打击着的土地,

这永远汹涌着我们的悲愤的河流,

这无止息地吹刮着的激怒的风,

和那来自林间的无比温柔的黎明……

——然后我死了,

连羽毛也腐烂在土地里面。

为什么我的眼里常含泪水?

因为我对这土地爱得深沉……

（选自艾青:《艾青诗选》,北京燕山出版社 2018 年版）

目 送 龙应台

训练提示:前七自然段写的是作者与儿子华安的母子之情。孩子从小学到大学,也曾与母亲手牵手,却因为长大不得不独自踏上人生道路。作者以时间为线讲述了与儿子内心世界渐行渐远的无奈,表达时要注意这种感情的推进,为后文做铺垫。

第八自然段作为经典段落也是全文故事的转折点,感情的推进点。由自己目送儿子转承到目送父亲的情景中来。

第九自然段一直到倒数第二段的情绪把握显然要更加落寞,是一种对父亲深深的怀念与惆怅。在语气的运用上也要略带凝重。

最后一段与第八段相呼应,但注意要做不同的处理。因为作者情绪已经从对儿子的无奈深入到了对父亲的怀念,如果说第八段是一种了解,那最后一段便更加笃定。相较第八段语气更低沉,节奏更缓慢。切忌处理成悲痛欲绝,因为作者虽面对亲情的离去,在锥心的疼痛中目送,但更多的是告诉人们亲人的重要与亲情的珍贵。在最后语气的处理上,有悲伤、有凝重、有释然。

华安上小学第一天,我和他手牵着手,穿过好几条街,到维多利亚小学。九月初,家家户户院子里的苹果和梨树都缀满了拳头大小的果子,枝丫因为负重而沉沉下垂,越出了树篱,钩到过路行人的头发。

很多很多的孩子,在操场上等候上课的第一声铃响。小小的手,圈在爸爸的、妈妈的手心里，怯怯的眼神，打量着周遭。他们是幼儿园的毕业生，但是他们还不知道一个定律：一件事情的毕业，永远是另一件事情的开启。

铃声一响，顿时人影错杂，奔往不同方向，但是在那么多穿梭纷乱的人群里，我无比清楚地看着自己孩子的背影——就好像在一百个婴儿同时哭声大作时，你仍旧能够准确听出自己那一个的位置。华安背着一个五颜六色的书包往前走，但是他不断地回头；好像穿越一条无边无际的时空长河，他的视线和我凝望的眼光隔空交会。

我看着他瘦小的背影消失在门里。

十六岁，他到美国做交换生一年。我送他到机场。告别时，照例拥抱，我的头只能贴到他的胸口，好像抱住了长颈鹿的脚。他很明显地在勉强忍受母亲的深情。

他在长长的行列里，等候护照检验；我就站在外面，用眼睛跟着他的背影一寸一寸往前挪。终于轮到他，在海关窗口停留片刻，然后拿回护照，闪入一扇门，倏忽不见。

我一直在等候，等候他消失前的回头一瞥。但是他没有，一次都没有。

现在他二十一岁，上的大学，正好是我教课的大学。但即使是同路，他也不愿搭我的车。即使同车，他戴上耳机——只有一个人能听的音乐，是一扇紧闭的门。有时他在对街等候公交车，我从高楼的窗口往下看：一个高高瘦瘦的青年，眼睛望向灰色的海；我只能想象，他的内在世界和我的一样波涛深邃，但是，我进不去。一会儿公交车来了，挡住了他的身影。车子开走，一条空荡荡的街，只立着一只邮筒。

我慢慢地、慢慢地了解到，所谓父女母子一场，只不过意味着，你和他的缘分就是今生今世不断地在目送他的背影渐行渐远。你站立在小路的这一端，看着他逐渐消失在小路转弯的地方，而且，他用背影默默告诉你：不必追。

我慢慢地、慢慢地意识到，我的落寞，仿佛和另一个背影有关。

博士学位读完之后，我回台湾教书。到大学报到第一天，父亲用他那辆运送饲料的廉价小货车长途送我。到了我才发觉，他没开到大学正门口，而是停在侧门的窄巷边。卸下行李之后，他爬回车内，准备回去，明明启动了引擎，却又摇下车窗，头伸出来说："女儿，爸爸觉得很对不起你，这种车子实在不是送大学教授的车子。"

我看着他的小货车小心地倒车，然后"噗噗"驶出巷口，留下一团黑烟。直到车子转弯看不见了，我还站在那里，一口皮箱旁。

每个礼拜到医院去看他，是十几年后的时光了。推着他的轮椅散步，他的头低垂到胸口。有一次，发现排泄物淋满了他的裤腿，我蹲下来用自己的手帕帮他擦拭，裙子也沾上了粪便，但是我必须就这样赶回台北上班。护士接过他的轮椅,我拎起皮包,看着轮椅的背影,在自动玻璃门前稍停,然后没入门后。

我总是在暮色沉沉中奔向机场。

火葬场的炉门前,棺木是一只巨大而沉重的抽屉,缓缓往前滑行。没有想到可以站得那么近,距离炉门也不过五米。雨丝被风吹斜,飘进长廊内。我掠开雨湿了前额的头发,深深、深深地凝望,希望记得这最后一次的目送。

我慢慢地、慢慢地了解到,所谓父女母子一场,只不过意味着,你和他的缘分就是今生今世不断地在目送他的背影渐行渐远。你站立在小路的这一端,看着他逐渐消失在小路转弯的地方,而且,他用背影默默告诉你:不必追。

（选自龙应台：《目送》,广西师范大学出版社 2014 年版）

新 闻

训练提示：灾难性新闻播报,注意整体基调和节奏的把握,新闻的语体区别于一般文学类作品的表达。此外,要分析新闻的背景、联系上下情,不能一沉到底,还要注重灾难性新闻对受众心理的影响,低沉中有镇定、信心。

央视网消息（新闻联播）：这两天,台风"苏力"的余威继续给我国南方部分地区带来强降雨。

受台风"苏力"残余环流影响,广东梅州、河源、潮州等地出现强降雨,梅州黄陂镇发生山体滑坡,多名群众被困。今天早上,再次到访的暴雨还一度使广州白云机场近 20 班出港航班延误 1 小时以上。在江西吉安市泰和县沙村镇,山洪汹涌而下进入一些村庄,积水深度超过 1.5 米,救援人员紧急出动,转移 300 多名被困群众。国家防总今天通报,台风"苏力"带来强降雨共造成福建闽江等 14 条中小河流发生超警洪水,目前全部退至警戒水位以下,预计"苏力"影响将趋于结束。昨天,广西来宾金秀县忠良乡天堂谷突发暴雨引发山洪,19 名游客在乘坐游船漂流时发生翻船事故,8 人遇难,11 人受伤。另据国土资源部的消息,初步认定 7 月 10 日四川省都江堰市中兴镇三溪村 1 组发生的山体滑坡,为特殊地质和降雨条件下形成的特大型高位滑坡自然灾害。专家指出,特殊的地质条件是这次滑坡发生的内因,而暴雨和地震形成的震裂山体则是滑坡发生的重要诱发因素。鉴于四川未来三天又有强降雨过程,而震区山体破碎程度高,特别要注意防范山洪滑坡泥石流灾害。

（选自中央电视台《新闻联播》,2018 年 8 月 21 日》）

四、高亢型

方法：语势多为起潮类,峰峰紧连,扬而更扬,势不可遏,声多明亮高昂。重点处语气、转换都趋于高昂或爽朗。

提示：高亢的节奏不代表一喊到底,表达时依然是有抑扬顿挫、起伏变化的。

需要注意的问题：注意句、段、篇之间的逻辑关系，起伏变化，留有主线，一定要有循环往复。

沁园春·雪　毛泽东

训练提示：毛泽东诗词中这一首是典型的高亢型节奏，表达时注意情气声的配合，每一句的句头起点起势，每一句的语势走向，以及高亢的节奏中叙述性语言的恰当表达方式。

> 北国风光，千里冰封，万里雪飘。
>
> 望长城内外，惟余莽莽；大河上下，顿失滔滔。
>
> 山舞银蛇，原驰蜡象，欲与天公试比高。
>
> 须晴日，看红装素裹，分外妖娆。
>
> 江山如此多娇，引无数英雄竞折腰。
>
> 惜秦皇汉武，略输文采；唐宗宋祖，稍逊风骚。
>
> 一代天骄，成吉思汗，只识弯弓射大雕。
>
> 俱往矣，数风流人物，还看今朝。

（选自《毛泽东诗词》，中央文献出版社 2017 年版）

日　巴　金

训练提示：《日》这篇短文通过飞蛾扑火和夸父追日两个事例，赞美了追求光和热而英勇献身的精神，火热象征了光明的崇高信念，表达了作者宁可轰轰烈烈地战死，也不愿寒冷寂寞地偷生。同时期创作的还有一篇《月》，通过"我"对寒冷月光的感受，赞颂了像姮娥（嫦娥）一样为改变现状而不惜牺牲的献身精神。日从正面角度宣扬了人类追求光明和温暖的决心；月则是从反面角度宣扬远离了黑暗和寒冷的春天，一正一反，相辅相成。为了便于大家进行节奏对比理解，我们把《月》收录于第四部分补充训练材料中，大家不妨分析一下这篇《月》属于什么类型主导的节奏。

为着追求光和热，将身子扑向灯火，终于死在灯下，或者浸在油中，飞蛾是值得赞美的。在最后的一瞬间它得到光，也得到热了。

我怀念上古的夸父，他追赶日影，渴死在旸谷①。为着追求光和热，人宁愿舍弃自己的生命。生命是可爱的。但寒冷的、寂寞的生，却不如轰轰烈烈的死。

没有了光和热，这人间不是会成为黑暗的寒冷世界么？

---

① 旸谷：古书上指日出的地方。此处当为作者误记。据《列子·汤问》："夸父不自量，欲追日影，逐之于隅谷之际。"夸父渴死之地应为隅谷，日落之地。

倘使有一双翅膀,我甘愿做人间的飞蛾。我要飞向火热的日球。让我在眼前一阵光、身内一阵热的当儿,失去知觉,而化作一阵烟,一撮灰。

（选自巴金:《激流三部曲》,四川文艺出版社2015年版）

新闻　珠峰火炬队 把圣火送上最高的地方

训练提示:中国首次实现了奥运圣火在世界之巅的传递,振奋人心。播读此类稿件,节奏明确为高亢型,语势为起潮类,积极昂扬。但要注意不可一味高平调,并注意重音的选择和表达配合,三个"终于"的连续出现,峰峰紧连,在处理上要细化。

2008年5月8日上午九时十七分,中国登山队十九名队员成功登上珠峰之巅并进行了奥运火炬接力,首次实现了奥运圣火在世界之巅的传递。2008北京奥运圣火终于在海拔8844.43的世界之巅——珠穆朗玛峰点燃!来自奥林匹亚的圣火终于登上了世界最高峰!圣火耀珠峰的盛景终于呈现在世人面前!中国兑现了7年前的诺言,书写了奥运史上的一个奇迹!

那一刻全世界的中国人都感到无比的骄傲和自豪,而这五名英雄和他们所在的珠峰火炬队克服了重重困难,实现了所有中国人的梦想。

（选自2008感动中国年度人物颁奖词）

白杨礼赞　茅　盾

训练提示:作者以西北黄土高原上"参天耸立,不折不挠,对抗着西北风"的白杨树,来象征坚韧、勤劳的北方农民,歌颂他们在民族解放斗争中的朴实、坚强和力求上进的精神,同时对于那些"贱视民众,顽固的倒退的人们"也投出了辛辣的嘲讽。文章立意高远,形象鲜明,结构严谨,语言简练。用声状态上注意区别上一篇的明亮的用声较多的状态,本篇表达时声音以中音区的强控制为主,男生训练时注意不要盲目追求胸腔共鸣而压喉。

白杨树实在不是平凡的,我赞美白杨树!

汽车在望不到边际的高原上奔驰,扑入你的视野的,是黄绿错综的一条大毡子。黄的是土,未开垦的处女土,几十万年前由伟大的自然力堆积成功的黄土高原的外壳;绿的呢,是人类劳力战胜自然的成果,是麦田。和风吹送,翻起了一轮一轮的绿波——这时你会真心佩服昔人所造的两个字"麦浪",若不是妙手偶得,便确是经过锤炼的语言的精华。黄与绿主宰着,无边无垠,坦荡如砥,这时如果不是宛若并肩的远山的连峰提醒了你(这些山峰凭你的肉眼来判断,就知道是在你脚底下的),你会忘记了汽车是在高原上行驶。这时你涌起来的感想也许是"雄壮",也许是"伟大",诸如此类的形容词;然而同时你的眼睛也许觉得有点倦怠,你对当前的"雄壮"或"伟大"闭了眼,而另一种的味儿在你心头潜滋暗长了——"单调"。可不是? 单调,有一点儿吧?

　　然而刹那间,要是你猛抬眼看见了前面远远有一排——不,或者甚至只是三五株,一株,傲然地耸立,像哨兵似的树木的话,那你的恹恹欲睡的情绪又将如何? 我那时是惊奇地叫了一声的。

　　那就是白杨树,西北极普通的一种树,然而实在不是平凡的一种树。

　　那是力争上游的一种树,笔直的干,笔直的枝。它的干呢,通常是丈把高,像是加以人工似的,一丈以内绝无旁枝。它所有的丫枝呢,一律向上,而且紧紧靠拢,也像是加以人工似的,成为一束,绝无横斜逸出。它的宽大的叶子也是片片向上,几乎没有斜生的,更不用说倒垂了;它的皮,光滑而有银色的晕圈,微微泛出淡青色。这是虽在北方的风雪的压迫下却保持着倔强挺立的一种树。哪怕只有碗来粗细罢,它却努力向上发展,高到丈许,二丈,参天耸立,不折不挠,对抗着西北风。

　　这就是白杨树,西北极普通的一种树,然而决不是平凡的树!

　　它没有婆娑的姿态,没有屈曲盘旋的虬枝,也许你要说它不美丽,——如果美是专指"婆娑"或"横斜逸出"之类而言,那么白杨树算不得树中的好女子;但是它却是伟岸,正直,朴质,严肃,也不缺乏温和,更不用提它的坚强不屈与挺拔,它是树中的伟丈夫! 当你在积雪初融的高原上走过,看见平坦的大地上傲然挺立这么一株或一排白杨树,难道你觉得树只是树,难道你就不想到它的朴质,严肃,坚强不屈,至少也象征了北方的农民;难道你竟一点也不联想到,在敌后的广大土地上,到处有坚强不屈,就像这白杨树一样傲然挺立的守卫他们家乡的哨兵! 难道你又不更远一点想到这样枝枝叶叶靠紧团结,力求上进的白杨树,宛然象征了今天在华北平原纵横决荡用血写出新中国历史的那种精神和意志。

　　白杨不是平凡的树。它在西北极普遍,不被人重视,就跟北方农民相似;它有极强的生命力,磨折不了,压迫不倒,也跟北方的农民相似。我赞美白杨树,就因为它不但象征了北方的农民,尤其象征了今天我们民族解放斗争中所不可缺的朴质,坚强,以及力求上进的精神。

　　让那些看不起民众,贱视民众,顽固的倒退的人们去赞美那贵族化的楠木(那也是直干秀颀的),去鄙视这极常见,极易生长的白杨罢,但是我要高声赞美白杨树!

(选自《现代文选讲》,商务印书馆 1980 年版)

五、舒缓型

　　方法:语势多扬而少坠,声较高而不着力,气流长而声清,语节内较疏但不多顿。语势、语气有跌宕但都较为舒展,语速徐缓。

　　提示:舒缓型节奏的稿件以诗歌、散文居多,表达时防止情感变得虚假,目的模糊。形散神也散，或者貌似活泼有变化，但是没有主线，没有循环往复。

需要注意的问题：避免声音形式用声过虚。

月光曲　佚　名

训练提示：全文娓娓道来，缓缓引入，深挚亲切、轻柔舒展。从贝多芬的视线中，画面推拉摇移，用声的感觉上要注意情景再现的运用。强调听觉感受，对话注意把握语气的自然真实，在舒缓型节奏中表达人物的性格特点——哥哥的怜惜，妹妹的善良。盲姑娘的语气词表达注意自然生动，由衷敬佩的色彩。

从"一阵风把蜡烛吹灭了"开始，句尾轻柔徐缓，自然下行，构成了基本语气、基本语势，以及抑转扬、实转虚的基本转换。由此，循环往复的舒缓节奏得以成型，基调的总色彩、总分量也就整体显露出来。

月光有两种，现实中的月光，使茅屋里的一切好像披上了银纱；想象中的月光，伴随着大海、大风和巨浪，这是第一层。盲姑娘的神情，由哥哥的眼睛看出，仿佛也看到月光照耀下的波涛汹涌的大海，这是第二层。第三层是贝多芬的心境，前两层，由乐曲触发起来的哥哥和盲姑娘的心境映衬出来。这里，不但有语气、语势和转换的具体制约，而且有循环往复的贯穿，不但有基调的总和体现，更有节奏的声音流动。

舒缓、深挚的语气，在全篇朗读中时隐时现，全篇里的幸福感、宁静感，松弛的筋肉感觉中也存在着较为紧张的筋肉感觉，如琴声忽停，殷切盼望、询问、让座、激动、风浪、奔回客店等处，都有张弛的转换变化。这样，一张一弛，节奏显出了婀娜多姿，基调便也展现得丰富多彩。

两百多年前，德国有个音乐家叫贝多芬，他谱写了许多著名的曲子。其中有一首著名的钢琴曲叫《月光曲》，传说是这样谱成的。

有一年秋天，贝多芬去各地旅行演出，来到莱茵河边的一个小镇上。一天夜晚，他在幽静的小路上散步，听到断断续续的钢琴声从一所茅屋里传出来，弹的正是他的曲子。

贝多芬走近茅屋，琴声突然停了，屋子里有人在谈话。一个姑娘说："这首曲子多难弹啊！我只听别人弹过几遍，总是记不住该怎样弹，要是能听一听贝多芬自己是怎样弹的，那有多好啊！"一个男的说："是啊，可是音乐会的入场券太贵了，咱们又太穷。"姑娘说："哥哥，你别难过，我不过随便说说罢了。"

贝多芬听到这里，就推开门，轻轻地走了进去。茅屋里点着一支蜡烛。在微弱的烛光下，男的正在做皮鞋。窗前有架旧钢琴，前面坐着个十六七岁的姑娘，脸很清秀，可是眼睛瞎了。

皮鞋匠看见进来个陌生人，站起来问："先生，您找谁？走错门了吧？"贝多芬说："不，我是来弹一首曲子给这位姑娘听的。"

姑娘连忙站起来让座。贝多芬坐在钢琴前面,弹起盲姑娘刚才弹的那首曲子来。盲姑娘听得入了神,一曲完了,她激动地说:"弹得多纯熟啊!感情多深哪!您,您就是贝多芬先生吧?"贝多芬没有回答,他问盲姑娘:"您爱听吗?我再给您弹一首吧。"

一阵风把蜡烛吹灭了。月光照进窗子来,茅屋里的一切好像披上了银纱,显得格外清幽。贝多芬望了望站在他身旁的穷兄妹俩,借着清幽的月光,按起琴键来。

皮鞋匠静静地听着。他好像面对着大海,月光正从水天相接的地方升起来。微波粼粼的海面上,霎时间洒遍了银光。月亮越升越高,穿过一缕一缕轻纱似的微云。忽然,海面上刮起了大风,卷起了巨浪。被月光照得雪亮的浪花,一个连一个朝着岸边涌过来……皮鞋匠看看妹妹,月光正照在她那恬静的脸上,照着她睁得大大的眼睛。她仿佛也看到了,看到了她从来没有看到过的景象,在月光照耀下的波涛汹涌的大海。

兄妹俩被美妙的琴声陶醉了。等他们苏醒过来,贝多芬早已离开了茅屋。他飞奔回客店,花了一夜工夫,把刚才弹的曲子——《月光曲》记录了下来。

(选自人教版《语文》六年级上册,人民教育出版社 2006 年版)

桂林山水　陈　淼

训练提示:作者描绘桂林的山和水的美丽,运用了排比、对比、夸张、比喻等手法,让人细品桂林之美。节奏舒缓,注意表达时情声气的变化丰富多彩,不要一平到底。

人们都说:"桂林山水甲天下。"我们乘着木船荡漾在漓江上,来观赏桂林的山水。

我看见过波澜壮阔的大海,观赏过水平如镜的西湖,却从没看见过漓江这样的水。漓江的水真静啊,静得让你感觉不到它在流动;漓江的水真清啊,清得可以看见江底的沙石;漓江的水真绿啊,绿得仿佛那是一块无瑕的翡翠。船桨激起的微波扩散出一道道水纹,才让你感觉到船在前进,岸在后移。

我攀登过峰峦雄伟的泰山,游览过红叶似火的香山,却从没看见过桂林这一带的山。桂林的山真奇啊,一座座拔地而起,各不相连,像老人,像巨象,像骆驼,奇峰罗列,形态万千;桂林的山真秀啊,像翠绿的屏障,像新生的竹笋,色彩明丽,倒映水中;桂林的山真险啊,危峰兀立,怪石嶙峋,好像一不小心就会栽倒下来。

这样的山围绕着这样的水,这样的水倒映着这样的山,再加上空中云雾迷蒙,山间绿树红花,江上竹筏小舟,让你感到像是走进了连绵不断的画卷,真是"舟行碧波上,人在画中游"。

(选自人教版《语文》四年级下册,人民教育出版社 2004 年版)

海上日出　巴　金

训练提示：节奏舒缓的基础上，语词的疏密度、声音的音强音高可以做一些变化，以表达出期待盼望的心情。第三自然段是层次变化最丰富的一段，第一句舒缓型节奏引入，第二句语势走上山类，接第三句到高点，语气轻松跳脱，第四句抓住时间的转瞬感，但注意分寸，不要过头，不要过于高亢明亮。到第四自然段节奏重归平缓，区别于第三自然段的跳脱感，情绪舒缓，气息舒展。声音弹性以虚实结合，偏柔，语速中速。

　　为了看日出，我常常早起。那时天还没有大亮，周围很静，只听见船里机器的声音。

　　天空还是一片浅蓝，很浅很浅的，转眼间天水相接的地方出现了一道红霞，红霞的范围慢慢扩大，越来越亮。我知道太阳要从天边升起来了，便目不转睛地望着那里。

　　果然，过了一会儿，那里出现了太阳的小半边脸，却没有亮光。太阳像负着什么重担似的，慢慢儿，一纵一纵地，使劲儿向上升。到了最后，它终于冲破了云霞，完全跳出了海面，颜色红得可爱。一刹那间，这深红的圆东西发出夺目的亮光，射得人眼睛发痛。它旁边的云也突然有了光彩。

　　有时太阳躲进云里。阳光透过云缝直射到水面上。很难分辨出哪里是水，哪里是天，只看见一片灿烂的亮光。

　　有时候天边有黑云，云还很厚。太阳升起来了，人看不见它。它的光芒给黑云镶了一道光亮的金边。后来，太阳慢慢透出重围，出现在天空，把一片片云染成了紫色或者红色。这时候，不仅是太阳、云和海水，连我自己也成了光亮的了。

　　这不是伟大的奇观么？

（选自巴金：《海行杂记》，东方出版中心 2017 年版）

祖父的园子　萧　红

训练提示：一切景语皆情语。作者回忆童年的美好时光，是整部小说的浓墨重彩的聚焦点。成人视角与儿童视角交织，历史感呼之欲出。表达时以舒缓型为宜。

　　呼兰河这小城里住着我的祖父。我出生的时候，祖父已经六十多岁了。

　　我家有一个大园子，这园子里蜂子、蝴蝶、蜻蜓、蚂蚱，样样都有。蝴蝶有白蝴蝶、黄蝴蝶。这种蝴蝶极小，不太好看。好看的是大红蝴蝶，满身带着金粉。蜻蜓是金的，蚂蚱是绿的。蜜蜂则嗡嗡地飞着，满身绒毛，落到一朵花上，胖圆圆的就跟一个小毛球似的不动了。

　　祖父一天都在院子里边，我也跟着他在里面转。祖父戴一顶大草帽，我戴一顶小草帽。祖父栽花,我就栽花;祖父拔草,我就拔草。祖父种小白菜的时候,我就在后边,用脚把那下了种的土窝一个个地溜平。其实,不过是东一脚西一脚地瞎闹。有时不单没有盖上菜种,反而把它踢飞了。

祖父铲地,我也铲地。因为我太小,拿不动锄头杆,祖父就把锄头杆拔下来,让我单拿着那个锄头的"头"来铲。其实哪里是铲,不过是伏在地上,用锄头乱钩一阵。我认不得哪个是苗,哪个是草,往往把谷穗当做野草割掉,把狗尾草当做谷穗留着。

当祖父发现我铲的那块地还留着一片狗尾草,就问我:"这是什么?"

我说:"谷子。"

祖父大笑起来,笑得够了,把草摘下来问我:"你每天吃的就是这个吗?"

我说:"是的。"

我看着祖父还在笑,就说:"你不信,我到屋里拿来给你看。"我跑到屋里拿了一个谷穗,远远地抛给祖父,说:"这不是一样的吗?"

祖父把我叫过去,慢慢讲给我听,说谷子是有芒针的,狗尾草却没有,只是毛嘟嘟的,很像狗尾巴。

我并不细看,不过马马虎虎承认下来就是了。一抬头,看见一个黄瓜长大了,我跑过去摘下来,吃黄瓜去了。黄瓜还没有吃完,我又看见一只大蜻蜓从旁边飞过,于是丢下黄瓜追蜻蜓了。蜻蜓飞得那么快,哪里会追得上?好在也没有存心一定要追上,跟着蜻蜓跑了几步就又去做别的了。采一朵倭瓜花,捉一个绿蚂蚱,把蚂蚱腿用线绑上,绑了一会儿,线头上只拴着一条腿,蚂蚱不见了。

玩腻了,我又跑到祖父那里乱闹一阵。祖父浇菜,我也过来浇。但不是往菜上浇,而是拿着水瓢,拼尽了力气,把水往天空里一扬,大喊着:

"下雨啰!下雨啰!"

太阳在园子里是特别大的,天空是特别高的。太阳光芒四射,亮得使人睁不开眼睛,亮得蚯蚓不敢钻出地面来,蝙蝠不敢从黑暗的地方飞出来。凡是在太阳底下的,都是健康的、漂亮的。拍一拍手,仿佛大树都会发出声响;叫一两声,好像对面的土墙都会回答。

花开了,就像睡醒了似的。鸟飞了,就像在天上逛似的。虫子叫了,就像虫子在说话似的。一切都活了,要做什么,就做什么,要怎么样,就怎么样,都是自由的。倭瓜愿意爬上架就爬上架,愿意爬上房就爬上房。黄瓜愿意开一个花,就开一个花,愿意结一个瓜,就结一个瓜。若都不同意,就是一个瓜也不结,一朵花也不开,也没有人问它。玉米愿意长多高就长多高,它若愿意长上天去,也没有人管。蝴蝶随意地飞,一会儿从墙头上飞来一对黄蝴蝶,一会儿又从墙头上飞走了一只白蝴蝶。它们是从谁家来的,又飞到谁家去,太阳也不知道这个。

只是天空蓝悠悠的,又高又远。

白云来了,一大团一大团的,从祖父的头上飘过,好像要压到了祖父的草帽上。

我玩累了,就在房子底下找个阴凉的地方睡着了。不用枕头,不用席子,把草帽遮在脸上就睡着了。

（选自萧红:《呼兰河传》,百花文艺出版社 2005 年版)

海棠花祭(节选)　　邓颖超

训练提示:本文是邓颖超纪念周恩来所作的一篇散文,虽然是表达对故去的爱人、同志、战友的怀念,但因为基调积极、温暖,所以节奏并不低沉,语气也不压抑,而是饱含了深情娓娓道来,故而归类为舒缓型节奏中。

春天到了,百花竞放,西花厅的海棠花又盛开了。看花的主人已经走了,走了十二年了,离开了我们,他不再回来了。你不是喜爱海棠花吗?解放初期你偶然看到这个海棠花盛开的院落,就爱上了海棠花,也就爱上了这个院落,选定这个院落,到这个盛开着海棠花的院落来居住。你住了整整二十六年,我比你住得还长,到现在已经是三十八年了。

海棠花现在依旧开得鲜艳,开得漂亮,招人喜爱。它结的果实味美,又甜又酸,开白花的结红海棠,开红花的结黄海棠,果实累累,挂满枝头,真像花果山。秋后在海棠成熟的时候,大家就把它摘下来吃,有的把它做成果子酱,吃起来非常可口。你在的时候,海棠花开,你白天常常在繁忙的工作之中,抽几分钟散步观赏;夜间你工作劳累了,有时散步站在甬道旁的海棠树前,总是抬着头看了又看,从它那里得到一些花的美色和花的芬芳,得以稍稍休息,然后又去继续工作。你散步的时候,有时约我一起,有时和你身边工作的同志们一起。你看花的背影,仿佛就在昨天,就在我的眼前。我们在并肩欣赏我们共同喜爱的海棠花,但不是昨天,而是在十二年以前。十二年已经过去了,这十二年本来是短暂的,但是,偶尔我感到是漫长漫长的。

海棠花开的时候,叫人那么喜爱,但是花落的时候,它又是静悄悄的,花瓣落满地。有人说,落花比开花更好看。龚自珍在《己亥杂诗》里说:"落红不是无情物,化作春泥更护花。"你喜欢海棠花,我也喜欢海棠花。你在参加日内瓦会议的时候,我们家里的海棠花正在盛开,因为你不能看到那年盛开着的美好的花朵,我就特意地剪了一枝,把它压在书本里头,经过鸿雁带到日内瓦给你。我想你在那样繁忙的工作中间,看一眼海棠花,可能使你有些回味和得以休息,这样也是一种享受。

你不在了,可是每到海棠花开放的时候,常常有爱花的人来看花。在花下树前,大家一边赏花,一边缅怀你,想念你,仿佛你仍在我们中间。你离开了这个院落,离开它们,离开我们,你不会再来。你到哪里去了啊?我认为你一定随着春天温暖的风,又踏着严寒冬天的雪,你经过春风的吹送和踏雪的足迹,已经深入到祖国的高山、平原,也飘进了黄河、长江,经过黄河、长江的运移,你进入了无边无际的海洋。你,不仅是为我们的国家,为我们国家的人民服务,而且你为全人类的进步事业,为世界的和平,一直在那里跟人民并肩战斗。

(选自邓颖超:《海棠花祭》,写于 1988 年)

六、紧张型

方法:语势多扬少抑,多重少轻;语节内密度大,气较促,音较短。语气转换都较为急促、紧张。

提示:紧张型的节奏对于气息、声音、口腔状态的控制要求较高,平时练习时可以借助快板儿的节奏来找找感觉。

需要注意的问题:体会紧张型节奏中声音的强控制和弱控制。此外注意避免"一促到底"。

麻 雀 〔俄〕屠格涅夫

训练提示:全文为紧张型,但程度有轻重缓急的变化。开篇第一句略为舒缓,为下面紧张型的节奏做铺垫。第二句为紧张型,程度稍轻,"忽然"这个词在朗读时注意不可过于突兀,因为是为后一句判断色彩做铺垫的。

第二自然段语气中要有怜爱、呵护的色彩,视线的转移中要注意声音的导向性配合。

第三自然段为高潮部分,第一句稍紧张,渐疾、渐重;第二句紧张色彩变浓,分量加重,速度加快;第三句紧张至极,在具体表达时注意声音和气息的配合;第四句的"可是"是一个转折,紧张中带有坚定的语气。

最后自然段第一句稍紧张,分量变轻;第二句语气舒缓并带有有所思、有所感的色彩,耐人回味。

我打猎回来,走在林荫的路上,猎狗跑在我前面。忽然,我的猎狗放慢脚步,悄悄地向前走,好像前面有什么野物。

风,猛地摇着路旁的白桦树。我顺着林荫路望去,看见一只小麻雀呆呆地站在地上,拍打着翅膀。它嘴角嫩黄,头上长着绒毛,分明才出生不久,是从窝里摔下来的。

猎狗慢慢走近小麻雀,嗅了嗅,张开大嘴,露出锋利的牙齿。突然,一只老麻雀像一块石头似的从一棵树上飞下来,落在猎狗的面前。它蓬起了全身的羽毛,样子很难看,绝望地尖叫着。在它看来,猎狗是个多么庞大的怪物啊！可是，它不能站在高高的没有危险的树枝上，一股强大的力量，使它飞了下来。

猎狗怔住了，它可能没有料到老麻雀会有这么大的勇气，慢慢地、慢慢地向后退。我急忙唤回我的猎狗，带着它走开了。

（选自人教版《语文》四年级上册，人民教育出版社 2014 年版）

回延安（节选）　贺敬之

训练提示：《回延安》是一首采用民歌体形式写成的激情澎湃的诗篇，诗人以赤子之心歌颂了养育一代革命者的延安精神，从中可以感受到诗人跳动着的脉搏——对"母亲"延安的那份永不泯灭的真情。语词写作节奏紧凑，在播音创作中要注意把握激昂热情的情绪和真实感人的画面。

一

心口呀莫要这么厉害地跳，

灰尘呀莫把我眼睛挡住了……

手抓黄土我不放，

紧紧儿贴在心窝上。

几回回梦里回延安，

双手搂定宝塔山。

千声万声呼唤你

——母亲延安就在这里！

杜甫川唱来柳林铺笑，

红旗飘飘把手招。

白羊肚手巾红腰带，

亲人们迎过延河来。

满心话登时说不出来，

一头扑进亲人怀。

二

二十里铺送过柳林铺迎，

分别十年又回家中。

树梢树枝树根根，

亲山亲水有亲人。

羊羔羔吃奶眼望着妈，

小米饭养活我长大。

东山的糜子西山的谷，

肩膀上的红旗手中的书。

手把手儿教会了我，

母亲打发我们过黄河。

革命的道路千万里，

天南海北想着你……

……

五

杨家岭的红旗啊高高地飘，

革命万里起高潮！

宝塔山下留脚印，

毛主席登上了天安门！

枣园的灯光照人心，

延河滚滚喊"前进"！

赤卫队……青年团……红领巾，

走着咱英雄几辈辈人……

社会主义路上大踏步走，

光荣的延河还要在前头！

身长翅膀吧脚生云，

再回延安看母亲！

（选自《贺敬之诗选》，人民文学出版社1997年版）

跳 水 ［俄］列夫·托尔斯泰

训练提示：全文重点在孩子性命攸关的时候。表达时语节内密度大，气较促，音较短。语气转换都较为急促、紧张。

一艘环游世界的帆船正往回航行。这一天风平浪静，水手们都在甲板上。一只大猴子在人群里钻来钻去，模仿人的动作，惹得大家哈哈大笑。它显然知道大家拿它取乐，因而更加放肆起来。

船长的儿子才十一二岁，他也笑得很开心。猴子忽然跳到他面前，摘下他的帽子戴在自己的头上，很快地爬上了桅杆。水手们又大笑起来，只有那个孩子哭笑不得，眼巴巴地望着猴子坐在桅杆的第一根横木上，摘下帽子来用牙齿咬，用爪子撕，好像故意逗他生气，孩子吓唬它，朝着它大喊大叫。猴子不但不理，还撕得更凶了。

水手们笑得更欢了，孩子却气得脸都红了。他脱了上衣，爬上桅杆去追猴子。他攀着绳子爬到第一根横木上，正要伸手去夺帽子，猴子比他更灵巧，转身抓着桅杆又往上爬。

"你逃不了！"孩子一边追赶一边喊。猴子还不时回过头来逗孩子生气。爬到了桅杆的顶端,它用后脚钩住绳子,把帽子挂在最高的那根横木的一头,然后坐在桅杆的顶端,扭着身子,龇牙咧嘴做着怪样。横木的一头离桅杆一米多。孩子气极了,他的手放开了绳子和桅杆,张开胳膊,摇摇晃晃地走上横木去取帽子。这时候,甲板上的水手全都吓呆了。孩子只要一失足,直摔到甲板上就没有命了。即使他走到横木头上拿到了帽子,也难以回转身来。有个人吓得大叫了一声。孩子听到叫声往下一望,两条腿不由得发起抖来。

正在这时候,船长从船舱里出来,手里拿着一支枪。他本来是想打海鸥的,看见儿子在桅杆顶端的横木上,就立刻瞄准儿子喊:"向海里跳!快!不跳我就开枪了!"孩子心惊胆战,站在横木上摇摇晃晃的,没听明白他爸爸的话。船长又喊:"向海里跳!!不然我就开枪了!一!二!……"刚喊出"三!"孩子往下一纵身,从横木上跳了下来,扑通一声,像颗炮弹扎进了海里。二十来个勇敢的水手已经跳进了大海:40秒钟——大家已经觉得时候太长。等孩子一浮上来,水手们就立刻抓住了他,把他救上了甲板。

（选自人教版《语文》五年级,人民教育出版社 2005 年版）

最后一次讲演　闻一多

训练提示:本文语气激昂,但区别于高亢。是李公朴被杀时,作者表示惋惜、愤恨的表达,情绪一浪推一浪,语势多扬少抑,用声多重少轻。

这几天,大家晓得,在昆明出现了历史上最卑劣最无耻的事情!李先生究竟犯了什么罪,竟遭此毒手?他只不过用笔写写文章,用嘴说说话,而他所写的,所说的,都无非是一个没有失掉良心的中国人的话!大家都有一支笔,有一张嘴,有什么理由拿出来讲啊!有事实拿出来说啊!为什么要打要杀,而且又不敢光明正大的来打来杀,而偷偷摸摸的来暗杀!这成什么话?今天,这里有没有特务?你站出来!是好汉的站出来!你出来讲!凭什么要杀死李先生?杀死了人,又不敢承认,还要诬蔑人,说什么"桃色事件",说什么共产党杀共产党,无耻啊!无耻啊!这是某集团的无耻,恰是李先生的光荣!李先生在昆明被暗杀,是李先生留给昆明的光荣!也是昆明人的光荣!

去年"一二·一"昆明青年学生为了反对内战,遭受屠杀,那算是青年的一代献出了他们最宝贵的生命!现在李先生为了争取民主和平而遭受了反动派的暗杀,我们骄傲一点说,这算是像我这样大年纪的一代,我们的老战友,献出了最宝贵的生命!这两桩事发生在昆明,这算是昆明无限的光荣!

反动派暗杀李先生的消息传出以后,大家听了都悲愤痛恨。我心里想,这些无耻的东西,不知他们是怎么想法,他们的心理是什么状态,他们的心怎样长的!其实简单,他们这样疯狂的来制造恐怖,正是他们自己在慌啊!在害怕啊!所以他们制造恐怖,其实是他们自己在恐怖啊!特务们,你们想想,你们还有几天？你们完了，快完了！你们以为打伤几个，杀死几个就可以了事，就可以把人民吓倒了吗？其实广大的人民是打不尽的，杀不完的！要是这样可以的话，世界上早没有人了。

你们杀死一个李公朴，会有千百万个李公朴站起来！你们将失去千百万的人民！你们看着我们人少，没有力量？告诉你们，我们的力量大得很，强得很！看今天来的这些人，都是我们的人，都是我们的力量！此外还有广大的市民！我们有这个信心：人民的力量是要胜利的，真理是永远存在的。历史上没有一个反人民的势力不被人民毁灭的！希特勒，墨索里尼，不都在人民面前倒下去了吗？翻开历史看看，你们还站得住几天！你们完了，快完了！我们的光明就要出现了。我们看，光明就在我们眼前，而现在正是黎明之前那个最黑暗的时候。我们有力量打破这个黑暗，争到光明！我们的光明，就是反动派的末日！

现在司徒雷登出任美驻华大使，司徒雷登是中国人民的朋友，是教育家，他生长在中国，受的美国教育。他住在中国的时间比住在美国的时间长，他就如一个中国的留学生一样，从前在北平时，也常见面。他是一位和蔼可亲的学者，是真正知道中国人民的要求的，这不是说司徒雷登有三头六臂，能替中国人民解决一切，而是说美国人民的舆论抬头，美国才有这转变。

李先生的血不会白流的！李先生赔上了这条性命，我们要换来一个代价。"一二·一"四烈士倒下了，年轻的战士们的血换来了政治协商会议的召开；现在李先生倒下了，他的血要换取政协会议的重开！我们有这个信心！

"一二·一"是昆明的光荣，是云南人民的光荣。云南有光荣的历史，远的如护国，这不用说了，近的如"一二·一"，都属于云南人民的。我们要发扬云南光荣的历史！

反动派挑拨离间，卑鄙无耻，你们看见联大走了，学生放暑假了，便以为我们没有力量了吗？特务们！你们看见今天到会的一千多青年，又握起手来了，我们昆明的青年决不会让你们这样蛮横下去的！

反动派，你看见一个倒下去，可也看得见千百个继起的！

正义是杀不完的，因为真理永远存在！

历史赋予昆明的任务是争取民主和平，我们昆明的青年必须完成这任务！

我们不怕死，我们有牺牲的精神！我们随时像李先生一样，前脚跨出大门，后脚就不准备再跨进大门！

（选自《闻一多全集》，湖北人民出版社1993年版）

新闻通讯 抗洪救灾中的共产党员和基层党组织
青川县人武部民兵小分队赴舟曲抢险：我们是块合金钢

刘裕国 张 涛

训练提示：新闻通讯的紧张型节奏表达要注意区别于一般文学类作品的表达，"度"的把握以信息的准确传达为前提，不可刻意紧张，失去新闻的客观性，造成受众恐慌心理。时间、地点、人物、情节、场面、情绪的表达是此条新闻的重点难点所在。

8月7日晚，甘肃舟曲发生特大泥石流自然灾害。按照上级部署，四川青川县派出125人的救援队，赶赴舟曲抢险救援。青川县委、县政府决定：人武部政委肖子浚在家留守值班，部长董汉培带队前往舟曲。

接到命令后，正在老家休假的董汉培立即赶往武装部驻地，同时通过电话要求骑马、木鱼、沙州、姚渡四乡镇，在1小时内把民兵应急小分队组建完毕。队伍紧急开拔。他们中有小老板、建筑工人、司机，更多的是庄稼汉。有人开句玩笑："我们是支杂牌军。"董汉培的话掷地有声："不，我们是块合金钢！"

经过近10小时急行军，小分队于8月9日5时30分到达舟曲县救援现场。

这是第一支率先到达灾区的外省民兵救援队伍。他们被分成两部分，一部分负责现场救援抢险及挖掘遗体，另一部分负责后勤物资的装卸及搬运。尽管气温高达40摄氏度，尸臭、恶臭弥漫，他们顾不了这些，铲子断了就用手刨，手指磨破了咬咬牙坚持。救人要紧！

8月10日6时30分，青川救援队来到舟曲泥石流冲毁现场。老乡们说，电信大楼下面埋着他们的亲戚。面对将大楼第二层淹没的厚厚淤泥，除了铁锹，再没有其他工具。"再艰难，也要找出尸体，给活着的人一些心理安慰。"他们挥汗如雨，战斗了两个多小时，可就是没有任何发现。此时，一个叫姚明泰的老乡过来说："下面有人，在底楼。"

"活要见人，死要见尸，同志们坚持到底！"董汉培给青川民兵下了命令。

22个人接着挖，挖了约2.5米的时候，露出一个直径约1米的洞口。参加过"5·12"地震救援的队员柳丕才最先进去。借助手机微弱的光，他摸索着到了约3米深的地方，看见四周都是砖头、预制板、木板等，可是没有人。一口气喝掉半瓶水，休息了10分钟，柳丕才又钻进洞里，走到不能前进的地方，继续用铁锹挖，铁锹断了用手刨。当生命通道挖掘至3.5米左右时，他不顾泥石流垮塌的危险，倾听生命迹象。一次没有，两次还是没有，他继续用手向前刨。

挖到接近4米的时候，通道终于打通了。洞里漆黑一片，什么也看不见，柳丕才就用手慢慢摸,把耳朵贴在地上听。当他的身体压向一块预制板时,突然传来"哼"的一声,吓了一跳的他一下就反应过来,向洞外大声喊:"有人,有活人,人还活着!"

历经5个小时,终于把被掩埋近60小时的刘马胜代成功救出。

(人民网《人民日报》,2010年8月26日)

第四部分　补充练习

以下补充训练材料,没有区分节奏类型,请大家自行分析判断,进行补充拓展练习。

我骄傲 我是中国人　王怀让

在无数蓝色的眼睛和棕色的眼睛之中,
我有着一双宝石般的黑色眼睛,
我骄傲,我是中国人!
在无数白色的皮肤和黑色的皮肤之中,
我有着大地般黄色的皮肤,
我骄傲,我是中国人!
我是中国人——
黄土高原是我挺起的胸脯,
黄河流水是我沸腾的血液,
长城是我扬起的手臂,
泰山是我站立的脚跟。
我是中国人——
我的祖先最早走出森林,
我的祖先最早开始耕耘,
我是指南针、印刷术的后裔,
我是圆周率、地动仪的子孙。
我是中国人——
在我的民族中,
不光有史册上万古不朽的
孔夫子、司马迁、李自成、孙中山,
还有那文学史上万古不朽的
花木兰、林黛玉、孙悟空、鲁智深。

我骄傲,我是中国人!
我是中国人——
在我的国土上,
不光有雷电轰击不倒的长白雪山、黄山劲松,
还有那风雨不灭的井冈传统、延安精神!
我骄傲,我是中国人!
我是中国人——
我那黄河一样粗犷的声音,
不光响在联合国的大厦里,
大声发表着中国的议论,
也响在奥林匹克的赛场上,
大声高喊着"中国得分"!
当掌声把五星红旗送上蓝天,
我骄傲,我是中国人!
我是中国人——
我那长城一样的巨大手臂,
不光把采油钻杆钻进外国人预言打不出石油的地心;
也把通信卫星送上祖先们梦里也没有到过的白云。
当五大洲倾听东方声音的时候,
我骄傲,我是中国人!
我是中国人——
我是莫高窟壁画的传人,
让那翩翩欲飞的壁画与我们同往。
我就是飞天,
飞天就是我们。
我骄傲,我是中国人!

(选自鄂教版《语文》五年级下册,湖北教育出版社2015年版)

雪落在中国的土地上　艾　青

雪落在中国的土地上,
寒冷在封锁着中国呀……

风,
像一个太悲哀了的老妇,
紧紧地跟随着,

伸出寒冷的指爪，
拉扯着行人的衣襟。
用着像土地一样古老的话，
一刻也不停地絮聒着⋯⋯

那从林间出现的，
赶着马车的，
你中国的农夫，
戴着皮帽，
冒着大雪，
你要到哪儿去呢？

告诉你，
我也是农人的后裔——
由于你们的，
刻满了痛苦的皱纹的脸，
我能如此深深地，
知道了，
生活在草原上的人们的，
岁月的艰辛。

而我，
也并不比你们快乐啊，
——躺在时间的河流上，
苦难的浪涛，
曾经几次把我吞没而又卷起——
流浪与监禁，
已失去了我的青春的最可贵的日子，
我的生命，
也像你们的生命，
一样的憔悴呀。

雪落在中国的土地上，
寒冷在封锁着中国呀⋯⋯

沿着雪夜的河流，
一盏小油灯在徐缓地移行，
那破烂的乌篷船里，
映着灯光，垂着头，
坐着的是谁呀？

——啊，你，
蓬发垢面的少妇，
是不是
你的家，
——那幸福与温暖的巢穴——
已被暴戾的敌人，
烧毁了么？
是不是
也像这样的夜间，
失去了男人的保护，
在死亡的恐怖里，
你已经受尽敌人刺刀的戏弄？

咳，就在如此寒冷的今夜，
无数的，
我们的年老的母亲，
都蜷伏在不是自己的家里，
就像异邦人，
不知明天的车轮，
要滚上怎样的路程？
——而且，
中国的路，
是如此的崎岖，
是如此的泥泞呀。

雪落在中国的土地上，
寒冷在封锁着中国呀……

透过雪夜的草原，

那些被烽火所啮啃着的地域，
无数的，土地的垦植者，
失去了他们所饲养的家畜，
失去了他们肥沃的田地，
拥挤在，
生活的绝望的污巷里；
饥馑的大地，
朝向阴暗的天，
伸出乞援的，
颤抖着的两臂。

中国的苦痛与灾难，
像这雪夜一样广阔而又漫长呀！

雪落在中国的土地上，
寒冷在封锁着中国呀……

中国，
我的在没有灯光的晚上，
所写的无力的诗句，
能给你些许的温暖么？

（选自《线装经典》，昆明晨光出版社 2016 年版）

月　巴　金

每次对着长空的一轮皓月，我会想：在这时候某某人也在凭栏望月吗？

圆月犹如一面明镜，高悬在蓝空。我们的面影都该留在镜里吧，这镜里一定有某某人的影子。

寒夜对镜，只觉得冷光扑面。面对凉月，我也有这感觉。

在海上，山间，园内，街上，有时在静夜里一个人立在都市的高高露台上，我望着明月，总感到寒光冷气侵入我的身子。冬夜的深夜，立在小小庭院中望见落了霜的地上的月色，觉得自己衣服上也积了很厚的霜似的。

的确，月光冷得很。我知道死了的星球是不会发出热力的。月的光是死的光。但是为什么还有嫦娥奔月的传说呢？难道那个服了不死之药的美女便可以使这已死的星球再生吗？或者她在那一面明镜中看见了什么人的面影吧。

（选自巴金《激流三部曲》，四川文艺出版社 2015 年版）

董存瑞炸碉堡

25 日凌晨,天还没亮,阵地上一片寂静。战士们焦急地等待着总攻的信号。随着三颗红色信号弹腾空而起,我人民解放军强大的炮火,把苔山上的敌人火力全给压住了。在硝烟弥漫、烈火滚滚中,苔山顶峰的砖塔,被我人民解放军的大炮轰倒了,炮楼也被打掉了,不一会儿,胜利的红旗就插上了苔山的顶峰。

下午 3 点 30 分,第二次总攻开始。六连向隆化中学发起冲锋。突然,敌人的机枪像暴雨般横扫过来,把战士们压在一条土坡下面,抬不起头来。原来,这是隆化中学东北角横跨旱河的一座桥上喷出来的 6 条火舌。狡猾的敌人,在桥上修了一个伪装得十分巧妙的暗堡,拦住了我军冲锋的道路。这时,董存瑞和战友们纷纷向连长请战,要求把这座桥型暗堡炸掉。白副连长派出李振德等 3 名爆破手去爆破,李振德冲出不远,炸药包就被敌人枪弹打中,李振德阵亡,其余两名爆破手负了重伤。这时,团部来了紧急命令,要六连火速从中学东北角插进去,配合已突进中学院内的兄弟部队,迅速解决战斗。白副连长命令董存瑞去炸碉堡。

董存瑞挟起炸药包,弯着腰冲了出去。在郅顺义火力掩护下,他一会儿匍匐前进,一会儿又借着郅顺义扔出的手榴弹的烟雾,站起来一阵猛跑。桥型暗堡里,国民党军的机枪越打越紧,子弹带着尖利的啸声,从他的耳边掠过。在快要冲进开阔地时,郅顺义指着前面的一个小土堆,对董存瑞说:"你就在这儿掩护!"一阵手榴弹把敌人碉堡前的鹿砦、铁丝网炸坏了。国民党军的机枪又慌忙朝他打过来,突然,董存瑞扑倒了,郅顺义站起刚要向前冲去,只见他猛然爬起来,一阵快跑跳进旱河沟里,进入了国民党军的火力死角。

而这时,他的腿受了伤,鲜血直流。他抱着炸药包迅速猛冲到桥下。这桥离地面有一人多高,两旁是砖石砌的,没沟、没棱,哪儿也没有安放炸药包的地方。如果把炸药包放在河床上,又炸不着暗堡,河床上又找不到任何东西代替火药支架。怎么办?郅顺义清清楚楚看着这一切,急得直攥拳头。突然,身后响起了嘹亮的冲锋号声,总攻的时间到了。

董存瑞抬头看了看桥顶,又看了看身后一个个倒下的战友,愣了一下,突然,身子向左一靠,站在桥中央,左手托起了炸药包,使其紧紧地贴着桥底,右手拉燃了导火索,郅顺义看到后,纵身一跳,朝桥下的战友奔去,董存瑞看见了,厉声喝道:"卧倒!卧倒!快趴下!!"随着天崩地裂的一声巨响,敌人的暗堡被炸毁,董存瑞用自己的生命为部队开辟了前进道路。

牺牲时,他年仅十九岁。

(选自冷笛:《董存瑞的故事》,中国社会出版社 2012 年版)

井冈翠竹　袁　鹰

井冈山五百里林海里,最使人难忘的是毛竹。

从远处看,郁郁苍苍,重重叠叠,望不到头。到近处看,有的修直挺拔,好似当年山头的岗哨;有的密密麻麻,好似埋伏在深坳里的奇兵;有的看不久,却也亭亭玉立,别有一番神采。

"井冈山的竹子,是革命的竹子!"井冈山人爱这么自豪地说。

有道是:天下竹子数不清,井冈山竹子头一名。

是的,当年用自己的血和汗保卫过第一个红色政权的战士们,谁不记得井冈山上的翠竹呢? 用它搭过帐篷;用它做过梭镖;用它当罐盛过水,当碗蒸过饭;用它做过扁担和吹火筒;在黄洋界和八面山上,还用它摆过三十里竹钉阵,使多少白匪魂飞魄散,鬼哭狼嚎。如今,早就不再用竹钉当武器了,然而谁又能把它们忘怀呢?

你看,那边山路上走来了两位老表,一人提着一只竹筒。这是什么? 这不是红军的硝盐罐吗? 要不,是给山头的红军送饭来了吧? 这两只小小的竹筒,能引起老表们想起冲过白匪封锁线冒着生命危险送上山来的粮食,想起山上缺粮的年月。那时,红军每天每顿只能用南瓜充饥,但是同志们仍然意气风发地唱:"天天吃南瓜,革命打天下!"

你看那毛竹做的扁担,多么坚韧,多么结实,再重的担子也能挑得起。当年毛委员和朱军长带领队伍下山去挑粮食,不就是用这样的扁担么? 井冈山革命博物馆里,还陈列着一根写着"朱德的"三个字的扁担,他们肩上挑的,哪里只是粮食? 挑的是中国的无产阶级革命! 我们的老一辈无产阶级革命家们,正是用井冈山的毛竹做的扁担,把这关系全中国人民命运的重担,从井冈山出发,走过漫漫长途,一直挑到北京城。

毛委员和朱军长下山去了,红军下山去了。井冈山的毛竹,同井冈山的人民一样,坚贞不屈。血雨腥风,毛竹青了又黄,黄了又青,不向残暴低头,不向敌人弯腰;竹叶烧了,还有竹枝,竹枝断了,还有竹鞭,竹鞭砍了,还有深埋在地下的竹根。"野火烧不尽,春风吹又生。"一到春天,漫山遍野,向大地显露着无限生机的,依然是那一望无际的翠竹。

毛竹年年长,为的是向敌人示威:井冈山是压不倒、烧不光的。毛竹年年绿,为的是等待亲人,等待当年用竹筒盛水蒸饭、用竹钉竹枪打白匪的红军,等待自己的英雄子弟。朝也等,暮也等,等了漫长的二十年。二十年过去了,毛竹依旧是那么青翠,那么稠密,井冈山终于换了人间!

为了叫井冈山变得更快,党派来了两千好儿女,同井冈山人民一起开发这座万宝山。他们上得山来,头一件事就是来竹林里,依靠这青青毛竹盖房落脚;

他们踩着当年老红军的脚印，攀山过岭，用竹筒盛水蒸饭。一眼望不到边的毛竹，成年累月地藏在深坳里，据说有一千多万根，轮流砍伐，是永远也砍不完的。

如今，你若是在井冈山许多山坳走过，便能看到一条条修长的竹滑道。它们几乎是笔直地从山顶上穿过竹林挂下山来。这便是英雄的井冈山人的业绩。他们在竹林里送走了几百个白天和黑夜，用竹滑道，用水滑道，送出了一百多万根毛竹。这一百万根毛竹，流去了井冈山人多少汗水，是无法计算的。为了搭起滑道，他们翻越了多少陡峭的悬岩绝壁；为了找寻水路，他们踏遍了多少曲折的幽谷荒滩。冒着大风雪，二百多青年男女来到离茨坪六十多里的深山，要在那周围二十多里没有人烟的林海深处，完成砍伐三十多万毛竹的任务。漫天风雪，封住山、阻住路，却摇撼不了人们的意志，扑灭不了人们心头的熊熊烈火。风雪一天比一天大，人们的干劲一天比一天猛，砍下的毛竹一天比一天堆得高，为竹滑道修的架在两座高山之间的竹桥，也在一天比一天往上长。杜鹃花开满山头的时候，英雄们终于唱着凯歌，欢送着亲手砍下的那三十万根毛竹，让它们沿着满山绕的滑道，一路欢唱着飞下山去了。

你看，你看，这不是又一批新砍的毛竹滑下山来了吗？这些青翠的竹子，沿着细长的滑道，穿云钻雾，呼啸而来。它们滑下溪水，转入大河，流进赣江，挤上火车，走上迢迢的征途。井冈山的翠竹啊！去吧，去吧，快快地去吧！多少工地，多少工厂矿山，多少高楼大厦，多少城市和农村，都在殷切地等待着你们！

井冈山的翠竹啊，你是革命的竹子！你永远那么青翠，永远那么挺拔，风吹雨打，从不改色；刀砍火烧，永不低头——你是英雄的井冈山的象征。

（选自鄂教版《语文》六年级，湖北教育出版社 2015 年版）

沈园的故事　夏雨清

一处宋朝的园林，能够一代代传下来，到今天还依然有名，也许只有绍兴的沈园了。沈园的出名却是由一曲爱情悲剧引起的。诗人陆游和表妹唐琬在园壁上题写的两阕《钗头凤》是其中的热点。

陆游也许是宋朝最好的诗人之一，但肯定不是一个值得唐琬为他而死的人。

表妹唐琬是在一个秋天忧郁而逝的，临终前，她还在念着表哥那阕被后人诵咏的《钗头凤》。自从那个春天和陆游在沈园不期而遇后，病榻之上的唐琬就在低吟这首伤感的宋词。一枝梅花落在了诗人的眼里，这是南宋的春天，年迈的陆游再次踏进了沈园。在斑驳的园壁前，诗人看到了自己四十八年前题写的旧词：红酥手，黄藤酒，满城春色宫墙柳。东风恶，欢情薄，一怀愁绪，几年离索。错，错，错。春如旧，人空瘦，泪痕红浥鲛绡透。桃花落，闲池阁。山盟虽在，锦书难托。莫，莫，莫！

唐琬在临终的日子里,一遍遍回想自己和表哥那段幸福的岁月。陆游二十岁时,初娶表妹唐琬,两人诗书唱和,绣花扑蝶,就像旧小说中才子佳人的典型故事。

可惜这样的日子太短了,唐琬只记得有一天,婆婆说,他们两个太相爱了,这会荒废陆游的学业,妨碍功名的。

唐琬至死都没有想通,相爱也会是一种罪名。不过她更没想通的是,那个据说在大风雨之夜出生在淮河一条船上,后来又横戈跃马抗击金兵的表哥,竟然违不了父母之命,在一纸休书上签下了羞答答的大名。

陆游四十八年后重游沈园,发现了园壁间一阕褪了色的旧词,也是《钗头凤》,那是唐琬的词迹:世情薄,人情恶,雨送黄昏花易落。晓风干,泪痕残。欲笺心事,独语斜阑。难,难,难。人成各,今非昨,病魂常似秋千索。角声寒,夜阑珊。怕人寻问。咽泪装欢。瞒,瞒,瞒!

在南宋的春天,一枝梅花斜在了诗人的眼里,隔着梅花,陆游没能握住风中的一双红酥手。

(选自微信公众号"朗读荟",2017-09-22)

新闻两则

《人民日报》记者曹焕荣6月18号从巴黎发回消息说:马赛球迷骚乱以后,法国世界杯赛各赛场所在城市纷纷采取新的安全措施,防止类似事件的发生。

马赛市规定,在比赛前后的日子里,禁止酒类销售。所有酒吧、咖啡馆按规定,均不得超时营业。

英格兰队将于下周一晚上在图卢兹与罗马尼亚队比赛。为此,当地政府要求:周日和周一两天,关闭酒吧、餐馆。同时,各大超市、杂货店限制含酒精饮料出售。原定的在比赛前一天晚上举行的大型音乐会,被延至7月11日。已经设立在市中心的大屏幕电视,将不再播映。

朗斯在6月25、26日也有两场音乐会。由于英格兰与哥伦比亚的比赛这期间在此举行,地方当局取消了音乐会的安排。

昨日上午,深入学习实践科学发展观活动总结大会在丽水市召开。市委书记陈荣高在会上强调,我们要认真贯彻中央和省委的战略思路和决策部署,紧紧围绕"建设生态文明和全面小康社会"两大战略任务,进一步深化理论学习,坚持惠民利民,完善保障科学发展的体制机制,努力把学习实践活动中形成的认识成果、实践成果和制度成果,充分运用到谋划和推进当前的各项工作中来,不断推进丽水科学发展、和谐发展、跨越发展。

根据中央和省委的统一部署,丽水市从去年3月到今年2月,分两批组织开展了深入学习实践科学发展观活动。全市共有 5406 个单位、143926 名党员参加了活动,其中副处以上党员领导干部 690 名。在学习实践活动中,丽水按照"党员干部受教育、科学发展上水平、人民群众得实惠"的总目标,围绕"建设生态文明和全面小康社会"两大战略任务,紧扣"坚持科学发展,促进转型升级,建设生态文明,推进全面小康"这一实践载体,把开展学习实践活动与应对危机保增长、改善民生促和谐、改革创新增活力、推进党建强保障等工作有机结合起来,高标准、高质量地完成了各批次、各阶段的学习实践任务。

（改编自"丽水市委深入学习实践科学发展观活动"专栏,2010－03－24）

参考文献

[1]张颂.中国播音学[M].北京:北京广播学院出版社,2003

[2]张颂.播音创作基础[M].北京:中国传媒大学出版社,2011

[3]张颂.朗读学[M].北京:北京广播学院出版社,1999

[4]张颂.朗读美学[M].北京:北京广播学院出版社,2002

[5]张颂.语言传播文论[M].北京:北京广播学院出版社,2002

[6]张颂.广播电视语言艺术[M].北京:北京广播学院出版社,2001

[7]张颂.情声和谐启蒙录——张颂自选集[M].北京:北京广播学院出版社,2004

[8]杜晓红.普通话语音与发声[M].杭州:浙江大学出版社.2014

[9]杜晓红.播音主持艺术简明教程[M].北京:中国传媒大学出版社,2018

[10]付程.实用播音教程(第2册)[M].北京:中国传媒大学出版社,2006

[11]姚喜双.播音学概论[M].北京:北京广播学院出版社,1999

[12]鲁景超.广播电视即兴口语表达[M].北京:北京广播学院出版社,2000

[13]吴郁.主持人语言表达技巧[M].北京:中国广播电视出版社,2002

[14]吴郁.播音学简明教程[M].北京:北京广播学院出版社,2004

[15]赵秀环.播音主持快速入门十八招儿[M].北京:中国传媒大学出版社,2011

[16]白龙.电视新闻播音技巧[M].北京:中国广播电视出版社,2004

[17]白龙.播音员主持人训练手册[M].北京:中国传媒大学出版社,2001

[18]国家广播电影电视总局、广播影视从业人员资格管理领导小组办公室.播
    音主持专业理论与实践[M].北京:北京广播学院出版社,2003

[19]王宇红.朗读技巧[M].北京:中国广播电视出版社,2002

[20]李晓华.广播电视语言传播发声艺术概要[M].北京:北京广播学院出版
    社,1999

[21]高蕴英.教你播新闻(第一版)[M].北京:中国广播电视出版社,2005

[22]柴璠.播音语言表达技巧[M].北京:中国广播电视出版社,2002

[23]贾宁.播音员主持人稿件表达方法与技巧[M].北京:中国传媒大学出版
    社,2013

[24]李新宇.播音创作基础训练教程[M].北京:中国传媒大学出版社,2011

后　记

　　近年来,随着广播电视事业的飞速发展,广播电视节目形式呈现出多样化的趋势,播音员、主持人面临着严峻的挑战。为了能更好地驾驭各类节目,播音员、主持人不但要语言规范,字正腔圆,还要具备较强的语言表达能力,这就对播音主持教学提出了更高的要求。浙江传媒学院播音主持艺术学院结合一线实际,在抓好基础理论教学的基础上更加重视实践教学,制订出《播音主持创作基础实训教程》等实训课程的编写计划。历经两年的酝酿和写作,《播音主持创作基础实训教程》终于付梓。这本教程是编写组全体成员辛勤努力的成果,更是集体智慧的结晶。在成书的过程中,各位成员倾注了大量的时间和精力。我们利用节假日精心编撰,反复校对,数易其稿,最终将这本教程呈现给读者。

　　在本教程出版之际,怀揣一份欣喜,带着无限感激,向给予我们关心和帮助的朋友们表示诚挚的谢意。

　　首先,感谢浙江传媒学院播音主持艺术学院各位领导,感谢韩菊教授,他们给予了课题高度关注和支持。林鸿院长和韩菊教授为本教程的编写做了大量指导工作并提出了很多宝贵意见。他们的支持和帮助让我们信心百倍,勇往直前。

　　其次,本教程在编撰过程中参阅了张颂教授的《播音主持创作基础》及一些专家相关的论文和著作,并吸收了部分观点,在此一并表示深深的谢意。浙江广播电视集团李婷、湖南衡阳电视台刘宁为我们提供了一线丰富的专业资料,给予我们最真诚的帮助,在此表示衷心的感谢! 本教程训练素材多来自媒体的播出稿件、经典名篇和人民网、新华网等一些网站的优秀稿件,在此谨对这些作品的作者表示由衷的感谢! 感谢他们提供了优秀的训练范本! 有部分入选稿件难以找到姓名和出处,恳请作者谅解,也再次向各位作者表达深深的谢意!

　　再次,感谢浙江大学出版社的同志们,本教程的出版得到了出版社领导和工作人员的大力支持,他们为本教程的出版付出了艰辛的劳动,在此一并表示感谢!

　　由于时间仓促且编者水平有限,本教程难免存在疏漏和不严谨之处,敬请各位专家及读者不吝赐教,我们会不断完善和改进。

编者

2019 年 5 月于杭州

内容提要

　　《播音主持创作基础实训教程》是播音主持专业大学二年级专业基础课实训教材。该教程包括备稿、情景再现、内在语、对象感、停连、重音、语气、节奏八个部分。每部分既有理论讲解，又有训练方法提示，更有大量的训练材料，具有较强的指导性和实用性。该教程内容丰富、深入浅出，可作为高校的专业教材，也是播音主持爱好者理想的参考书。

图书在版编目（CIP）数据

播音主持创作基础实训教程 / 李静，于舸，王一婷
编著. —杭州：浙江大学出版社，2019.8（2024.6 重印）
（播音主持艺术丛书 / 杜晓红主编）
ISBN 978-7-308-19382-5

Ⅰ.①播… Ⅱ.①李… ②于… ③王… Ⅲ.①播音—
语言艺术—高等学校—教材 ②主持人—语言艺术—高等学
校—教材 Ⅳ.①G222.2

中国版本图书馆 CIP 数据核字（2019）第 163196 号

播音主持创作基础实训教程

李　静　于　舸　王一婷　编著

责任编辑	李海燕
责任校对	孙秀丽
封面设计	雷建军
出版发行	浙江大学出版社
	（杭州市天目山路 148 号　邮政编码 310007）
	（网址：http://www.zjupress.com）
排　　版	杭州青翊图文设计有限公司
印　　刷	浙江海虹彩色印务有限公司
开　　本	710mm×1000mm　1/16
印　　张	17
字　　数	342 千
版 印 次	2019 年 8 月第 1 版　2024 年 6 月第 4 次印刷
书　　号	ISBN 978-7-308-19382-5
定　　价	45.00 元

版权所有　翻印必究　　印装差错　负责调换

浙江大学出版社市场运营中心联系方式：0571－88925591；http://zjdxcbs.tmall.com